全国财经专业(新课程标准)精品教材

经济学基础
JINGJIXUE JICHU

主　编　丁志锦　李　曼

副主编　高腾群　陈祖德　黄祖梅

浙江工商大学出版社
ZHEJIANG GONGSHANG UNIVERSITY PRESS

图书在版编目(CIP)数据

经济学基础 / 丁志锦,李曼主编. —— 杭州:浙江工商大学出版社,2016.4

ISBN 978-7-5178-1473-3

Ⅰ.①经… Ⅱ.①丁… ②李… Ⅲ.①经济学 – 高等学校 – 教材 Ⅳ.①F0

中国版本图书馆 CIP 数据核字(2015)第 309820 号

经济学基础

主 编 丁志锦 李 曼

责任编辑 李相玲 姚 媛
封面设计 宣是设计
责任印制 包建辉
出版发行 浙江工商大学出版社
　　　　（杭州市教工路 198 号　邮政编码 310012）
　　　　（E-mail:zjgsupress@ 163. com）
　　　　（网址:http://www. zjgsupress. com）
　　　　电话:0571-88904980,88831806(传真)
排　版 奥创工作室
印　刷 北京文良精锐印刷有限公司
开　本 787mm×1092mm　1/16
印　张 15
字　数 384 千
版 印 次 2016 年 4 月第 1 版　2016 年 4 月第 1 次印刷
书　号 ISBN 978-7-5178-1473-3
定　价 34.00 元

前　言

经济学基础是高等院校财经类专业的一门基础课程,在学生职业能力的培养中具有举足轻重的地位。本书组织了高等院校教育第一线且具有丰富教学经验的教师进行编写,尽量使得本书体现高等教育的特色,以利于学生职业技能和素质的培养。具体来说,本书具有以下几个方面的特色。

首先,对理论部分只介绍经济学最基本和最重要的理论知识。超出学生能力范围的数学推导过程则在本书中略去。有兴趣的同学可以阅读"知识拓展"部分的内容以了解更多知识点。

其次,体现运用性。学习经济学理论知识的最终目的在于为实践提供指导和支持,因此,本书的编写力求做到理论与实践的完美结合。本书在介绍理论公式时,会配以相应的"案例运用"模块,让学生在了解所学的理论知识在哪些领域可以发挥作用的同时,提高自己运用所学理论解决相关实际问题的能力。

最后,通俗易懂。为了确保学生能够理解和掌握经济学的理论,本书在编写的过程中力求做到通俗易懂,尽量将晦涩枯燥的理论知识以直观的形式展现给学生。

本书共包括十一章。第一章为经济学导论,主要介绍了经济学研究的对象、特征、演变、经济学研究的内容,以及经济学研究方法;第二章至第七章主要介绍了微观经济学的相关知识,包括需求与供给理论、消费者行为理论、生产者行为理论、市场结构理论、要素市场分配理论和市场失灵与微观经济政策理论;第八章至十一章主要介绍了宏观经济学的相关知识,包括国民收入核算理论与决定理论、金融市场理论、失业与通货膨胀、经济周期与经济增长理论等。

本书在编写过程中借鉴了大量国内外已出版的相关书籍,在此,我们所有编者谨向原作者表示衷心的感谢。由于编者水平与能力有限,书中不足和错漏之处在所难免,恳请各位专家、学者与读者批评指正。

编　者

目 录
Contents

第一章 经济学导论

案例导入

大炮与黄油

经济学家们爱谈"大炮与黄油"问题。"大炮"代表军用品,是国家安全必不可少的;"黄油"代表民用品,是提高一国国民生活水平所必需的。假定一个国家用其全部资源来生产"大炮与黄油",则"大炮与黄油"问题可以引出经济学的定义。

任何一个国家都希望有无限多的民用品和军用品,这就是需要的无限性和多样性。但是,生产它们所必需的资源是稀缺的。稀缺性是指任何一个国家用于生产"大炮与黄油"的资源总是有限的,所有社会都会面临稀缺性问题。因此,任何一个国家都要决定生产多少"大炮与黄油"。在资源既定的情况下,"多"生产一单位"大炮",就要"少"生产若干单位"黄油"。权衡"得失",做出"取舍",这就是社会所面临的资源配置问题或选择问题。经济学研究的就是社会如何配置自己的稀缺资源的问题,简单来讲,经济学是一门选择的学问。

第一节　经济学概述

一、经济学研究对象

(一)稀缺性与选择

西方经济学认为,稀缺性的存在与选择的必要引起了经济学的产生。这正如天文学产生于游牧民族确定季节的需要,几何学产生于农业中丈量土地的需要,经济学则产生于稀缺性和选择性的需要。

什么是稀缺性呢? 西方经济学家把满足人类欲望的物品分为"自由取用物品"和"经济物品"。如果物品价格为零又能满足人们的需要,则称其为自由取用物品,如空气、阳光等。"自由取用物品"是无限的。经济物品是指有用且稀缺的物品,人们必须为使用经济物品付出一定的代价,因此,经济物品具有大于零的价格,经济物品也称为商品。"经济物品"是有限的,经济学从根本上说就是研究如何使用经济物品以满足人们欲望的需要的学问。而且在人类生活中"经济物品"占有十分重要的地位。由于一方面用来满足人类欲望的"经济物品"是有限的,而另一方面人类的欲望却是无限的,所以,相对于人类无限欲望而言,"经济物品"总是不足的。或者说生产这些物品所需要的资源总是不足的,这就是稀缺性。这里所说的稀缺性,不是指物品或资源的绝对数量的多少,而是指相对于人类欲望的无限性来说,再多的物品和资源也是不足的。从这种意义上说,稀缺性是相对的。但从另一种意义上说,稀缺性又是绝对的,因为稀缺性存在于一切时代和一切社会,如从历史上来看,无论是落后的原始社会还是发达的资本主义社会都存在稀缺性;从现实中来看,无论是贫穷的不发达国家,还是富裕的发达国家都存在着稀缺性。由此看来,稀缺性是人类社会永恒的问题。所以它又是绝对的。

什么是选择性呢? 选择是由稀缺性引起的,因为同一种物品或资源都有不同的用途,人类欲望也有轻重缓急之分,因此,在用有限的物品与资源去满足人类的不同欲望时就必须做出选择。

所谓选择就是如何利用现有资源去生产"经济物品",来更好地满足人类的欲望。具体来说,选择就是要解决这样3个问题:第一,生产什么物品和各生产多少;第二,如何生产这些物品;第三,为谁而生产这些物品。这三个问题即"生产什么""如何生产""为谁生产",被认为是人类社会共有的基本经济问题。也就是说,由于资源的稀缺性,任何一个社会都毫无例外地面临着这3个基本的选择问题。经济学正是为了解决这些问题而产生的。这3个问题被称为资源配置问题。西方经济学常以大炮和黄油为例来说明选择问题,"大炮和黄油"一例是以稀缺性为背景的,这一比喻最早出现于德国。20世纪30年代末,希特勒政府已将德国的大量工业生产转向了军备生产。这导致了包括黄油在内的一些日常生活必需品的短缺。赫尔曼·戈林为了安抚公众的抱怨,曾发表了一个著名的演讲,在演讲中他宣称:"我们必须在大炮与黄油之间做出选择。"后来,西方经济学就以"大炮和黄油"为例来说明选择问题,具体来说:

第一,生产什么物品和生产多少物品。也就是说,是生产大炮还是生产黄油?或者生产多少大炮,生产多少黄油?即在大炮和黄油的生产上做出选择。

第二,如何生产这些物品。即用什么方法来生产大炮和黄油。是多用资本、少用劳动,采用资本密集型生产方法?还是多用劳动、少用资本,采用劳动密集型生产方法?不同的方法可以达到相同的产量,但效率不同。

第三,为谁生产这些物品。即生产出来的产品如何分配。这就是说大炮和黄油按什么原则分配给社会各阶级以及各成员。

(二)经济学的定义

经济学定义是个有较大争议的问题,经济学家从不同角度给经济学下了定义。英国经济学家 L. 罗宾斯给经济学所下的定义是:经济学是一门科学,它把人类行为作为目的,与可以有其他用途的稀缺资源之间的关系来研究。这个定义强调了稀缺性及选择问题,被西方经济学界广泛接受。其他的定义都是在此基础上发展而来的。

美国出版的《国际社会科学百科全书》中对经济学下的定义是:按广泛接受的定义,经济学是研究稀缺资源在无限而又有竞争性的用途中间进行配置的问题,它是一门研究人与社会,寻求满足他们的物质需求与欲望的方法的社会科学,这是因为他们所支配的东西不允许他们去满足一切愿望。

美国著名经济学家萨缪尔森给经济学下的定义是:经济学研究人和社会如何做出最终抉择,在使用或不使用货币的情况下,来使用可以有其他用途的稀缺的生产性资源在现在或将来生产各种商品,并把商品分配给社会的各个成员或集团以供消费之用。它分析改善资源配置所需的代价和可能得到的利益。

以上定义都强调了经济学是在资源得到充分利用的假设下来研究资源配置问题。但在现实生活中却存在着严重的资源利用不足。所以,有些西方经济学家试图将这一定义进一步扩大,使其不仅包括资源配置还包括资源利用,于是,又引申出资源利用这样 3 个问题:

第一,为什么资源得不到充分利用?即充分就业问题。也就是说,为什么大炮和黄油的产量达不到最大?与此相关的问题是:如何能使稀缺的资源得到充分利用,如何使大炮和黄油的产量达到最大。这就是西方经济学所说的"充分就业"问题。

第二,为什么产量不能始终保持最大?即经济波动与经济增长问题。也就是说,为什么大炮与黄油的产量不能始终保持最大?尽管资源并没有变,但产量却有时高,有时低。与此相关的问题是:如何使大炮和黄油的产量不断地增长。这就是西方经济学所说的"经济波动与经济增长"问题。

第三,解决以上问题必然涉及货币购买力的变动问题,即通货膨胀问题。因为现代社会是一个以货币为交换媒介的商品社会,货币购买力的变动对以上各种问题的解决影响很大。这样,解决以上各种问题就必然涉及货币购买力的变动问题。这就是西方经济学所说的"通货膨胀"问题。

以上这三个问题被称为"资源利用"问题。这样一来,西方经济学研究的范围就扩大了,不仅包括资源配置,而且包括资源利用问题。

综上所述,西方经济学的研究对象是:资本主义制度下如何解决资源配置与资源利用问题。

二、经济学的特征

1. 经济学的特征之一:强调假设的重要性

假设是理论分析的必要模式,是一种抽象。它可以使我们排除次要因素,分析主要因素。例如,"经济人"假设就是西方经济学最基础的假设,它是在对经济过程中的人的动机和行为进行描述的基础上,通过分析与提炼抽象出来的。"经济人"具有两个基本特征——自利和理性。正是有了"经济人"假设的抽象,西方经济学建立了比较完整和成熟的理论体系。但是,现实人并非全都自利、并非全都理性。针对"经济人"假设的非现实性,"经济人"假设常常遭到责难。有人试图以此推翻和否定西方经济学理论体系。但这种尝试至今未能成功。其原因何在?为什么"经济人"在遭到如此漫长严酷的批判和考验之后,仍能"死里逃生",成为"长命百岁"的"经济人"?我们知道,假设是所有科学建立理论的必要前提,假设即使不符合实际,也不能说明由此推出的结论就站不住脚。判断理论是否有效的标准并不是看假设是否与现实完全相符,而是看理论解释和预测实际现象的能力。因此,只要能在假设与现实之间建立起合乎逻辑的联系,那么,假设及由此推出的结论就算是有效的了。因此,要求假设必须百分之百符合现实,要求理论能够解释和预测所有实际现象,等于是扼杀科学研究本身,那就不会有任何理论可言。马克思曾说,如果理论与现实完全一致,那么理论就是多余的。所以,建立理论必须以假设抽象为前提。如果不进行抽象,把所有因素同时考虑和分析,那么理论分析势必寸步难行。这就像是在研究一张比例与原图一样的地图,根本不可能,也没有必要。因此,如果把"经济人"看成一种建立理论的必要前提,一种抽象,那么,"经济人"不可能百分之百符合现实人,也没有必要百分之百符合现实人,否则就不能称其为抽象。所以,问题的关键不在于抽象,而在于是否科学的抽象。

经济学强调假设的重要性这一特征尤为突出,以至于广为流传这样一个经济学故事。从前有3个不幸的人,分别是物理学家、化学家、经济学家,他们共乘一条船。船遭遇风浪而失事,他们被抛到一个荒岛上,岛上找不到任何食物。有一听罐头被海水冲到岸上,但没有工具,如何打开这听罐头便成了问题。物理学家用石头和树枝做了一个杠杆系统,对罐头施加压力,没能打开罐头;化学家用燃烧树皮和树叶的办法,把罐头放在水中煮沸,但还是没能把罐头打开。这时物理学家和化学家气急败坏地转向一直非常傲慢地站在一旁的经济学家问:"你说怎么办?"经济学家慢条斯理地说:"假设我有一把开罐头刀……"这个故事虽然是一则笑话,但说明了经济学分析问题和解决问题都是从假设开始的。事实上,物理学和化学研究也需要做简单化的假设,因为假设是所有科学的共同特征。例如,在几何学里"点"被假设成没有大小,"线"被假设成没有粗细,"面"被假设成没有厚薄;在力学里,物体的运动被假设成没有摩擦,这些假设也是不符合实际的。但为什么经济学家的假设总是被人拿出来当作笑柄,以此来讽喻经济学家呢? 其缘由大概是由于经济学家把简单化的假设运用到人类行为的分析中,而人类行为与无生命的物质相比更为我们所熟知。因此,我们对经济学家的简单化假设就更敏感。

2. 经济学的特征之二:强调预测的重要性

著名经济学家、1976 年诺贝尔经济学奖获得者弗里德曼认为,理论就是预测的工具,能正确预测未来的理论就是好理论,预测功能好的理论,同样也是解释功能好的理论。在某种程度上,预测就是解释,当一个理论预测正确时,它的假设也必定是正确的,否则就不能推导出正确的预测。因此,正确的理论就是能够进行预测的理论。弗里德曼预测至上的观点也遭到一些经济学家的反对,引起一场反对风暴。著名经济学家、1970 年诺贝尔经济学奖获得者萨缪尔森极力主张解释优先于预测。但是,有的经济学家认为,实际上解释与预测之间不可兼得,理论要么解释经济体或某种市场为什么按照一定的方式发展变化,要么是预测变量的未来值,不可能两方面都做得很好。达尔文的进化论就是一个很好的例子,该理论根据物种灭绝的事实,对生物进化问题做了很好的解释,但他不能很好地预测下一个物种的出现。

对于经济学的这一特征也流传这样一个故事:一位经济学家搭乘一架 4 个引擎的飞机,由美国的纽约飞往英国的伦敦,途中不明飞行物体撞击了飞机,发出一声闷响,飞机下坠。此时,飞行员告诉乘客们有 1 个引擎坏了,乘客们到达伦敦的时间将延迟半小时。过了一会儿,同样的事情发生了,飞行员又一次告诉乘客第 2 个引擎坏了,飞机到达时间将延迟一个半小时。后来,不可思议的事情再一次发生,第 3 个引擎也坏了,现在飞机到达的时间将延迟 5 个小时。这时,经济学家转过身来,对后排的乘客说:"按照这样的比率,如果最后 1 只引擎坏了,我们会整夜待在这里!"这则笑话说明基于过去的经验对未来进行预期是经济学的核心特征,但我们如何基于过去来推测未来,则成为极具挑战性的问题。现实生活中是否存在着类似这则笑话说的把旅行时间和引擎失灵的数目简单关联,得出错误的结论和预期,而没有注意到引擎失灵带来的可怕的、不可逆转的后果——机毁人亡!

3. 经济学的特征之三:强调约束条件的重要性

英国经济学家马克·布劳格认为,经济学的任何一项知识命题都是趋势定律。所谓趋势定律就是当其他条件不变时才成立的定律或假说。所以,他把经济学的陈述比喻成是一张期票,只有在其他条件不变时才能兑现的期票。这表明经济学是强调约束条件的。张五常在其老师赫舒拉发的书《价格理论及其应用》的序言中写道:赫舒拉发的经济学问的重点是他永远从局限条件的指定起笔,去处理任何问题。他说,《价格理论及其应用》来来去去讲的都是局限条件的变化对选择行为的影响。经济学强调不同约束条件下会得出不同结论的这一特征由此可见一斑。再如,微观经济学的供求定理也是在其他条件不变时才成立的,如此等等,不胜枚举。

对于经济学的这一特征也有一则笑话。一家公司在某报纸的分类广告栏中登出一则招聘经济学家的广告,广告中写道:申请人应是"一只手(one-handed)"。有一位长着两只手、困惑不解的经济学家打电话到该公司询问何故,得到的答复是:"我们对所雇佣的经济学家感到厌倦了,因为他们回答问题时总是说,一只手……另一只手……(on the one hand...and on the other...)"这则笑话说明经济学家回答问题总是"一方面……另一方面……",因为经济学家做出不同的假设,会有不同的结果,所以经济学家的回答总是模棱两可。对于经济学家来说,面对实际问题往往难以给出确定的答案,因为经济理论是在其他条件不变的情况下做出的,而经济学家又无法"基于其他条件不变"去回答实际问题,因为我们无法保证其他因素完全不变。所以,经济学家的答案往往很多,不是唯一的。如果你向10位经济学家提出同一个问题,你将得到至少11种看法。这说明任何一位经济学家都会提出各自不同的看法,而且说明经济学家之间的意见很难达成一致。以至于有这样一种说法,只有经济学这门学科才会出现两个观点相反的人分享诺贝尔经济学奖这种情况。

三、经济学的演变

经济学的演变从整个经济学发展历史来看,从萌芽到现在已有几百年的历史了,它大体经历了以下几个时期。

第一个时期:前古典经济学时期。这一时期包括古代、中世纪的经济思想和重商主义流行时期。这一时期是经济学知识的原始积累时期,重商主义是这一时期的最后形态,重商主义时期(15—17世纪中叶)是西方经济学的萌芽阶段。就像资本主义原始积累构成资本主义生产方式的前史一样,重商主义构成了西方经济学的前史。

第二个时期:古典经济学时期。从17世纪中叶到19世纪70年代前为止,是西方经济学的创立和发展阶段。这一时期的代表人物有配第、斯密、李嘉图、布阿吉尔贝尔、魁奈、杜尔哥、西斯蒙第、马尔萨斯、萨伊、约翰·穆勒等。按照经济理论的发展逻辑:危机—革命—综合—新的危机—新的革命—新的综合……于是,这一时期斯密实现了西方经济学中的第一次革命——斯密革命,建立了古典经济学理论体系,其标志是斯密于1776年出版了《国富论》,把矛头直接指向重商主义的经济思想和政策,批判了重商主义的国家干预经济、参与经济活动的主张,提出了自由放任的经济思想,抨击了重商主义的只有对外贸易才是财富来源的观点,明确提出了劳动价值论,指出利润来源于剩余劳动。在这一时期,发生了经济学说史上的第一次折中——约翰·穆勒综合。约翰·穆勒在1848年出版的第一本具有里程碑意义的经济学教科书《政治经济学原理》中把斯密的生产费用说、詹姆斯·穆勒等人的工资基金说、西尼尔的节欲论、李嘉图的地租论等进行了一个混合折中,由于他的经济理论全面系统地吸收和综合了前人成果,因此他曾长期被看作是李嘉图之后古典经济学的最大权威。

第三个时期:新古典经济学时期,从19世纪70年代到20世纪30年代,是微观经济学的形成与建立时期,以"边际革命"为标志。19 世纪 70 年代,奥地利经济学家门格尔、英国经济学家杰文斯、法国经济学家瓦尔拉斯 3 个居住在不同地方的人几乎同时提出了边际效用价值论,开始了边际革命。这一理论反对劳动价值论,认为商品的价值不是取决于商品中所包含的客观的劳动量,而是取决于人们对商品效用的主观评价,这是一种与古典经济学对立的主观价值论。用主观心理评价决定商品价格,这是在世界观上对古典经济学劳动价值论的革命。在边际效用论中还产生了一种新的分析方法,即边际分析方法。从数学上讲,边际量是总量函数的一阶导数,这与当时数学中微积分理论的发展成熟密切相关,这种用数学分析进行研究的方法,是一种方法论上的革命,使经济学进入了一个新的时期。由边际革命直接导引出了以马歇尔经济学为主要代表的新古典经济学的形成和发展。在这一时期,经济学说史上发生了第二次折中——马歇尔综合。马歇尔在 1890 年出版的第二本具有里程碑意义的经济学教科书《经济学原理》中提出了具有首创意义的均衡价格论,使他成为经济学上的第一个真正的集大成者。马歇尔发现,在边际主义学派同他们攻击的对象即古典学派之间(革命与反革命之间)竟然还有许多共同点:如在价值方面,尽管两派在价值源泉问题上各执一端,但在价格论上却都遵循着供求论的框架,而如果将价值论和供求论统一起来,则在价值源泉问题上两种对立的观点在供求论的框架内便可各得其所。在分配论方面,尽管双方观点各异,但是都认为分配论不过是价值论的延伸和具体运用,既然在价值论上有共同点,那么也就不难发现分配论上的共同点。特别是边际主义学说从根本上来说也是一种为自由竞争资本主义制度进行论证的学说,它以财产私有和自由竞争为前提,既以其边际效用论证了市场机制之功能,又以其边际生产力分配说明了自由竞争条件下的分配制度的公平合理性,这实际上为古典学派的自由放任经济学说做了进一步的补充和强化,而且边际主义者在政策主张上也总是鼓吹自由放任主义。于是,马歇尔就把两者进行折中,他把主观的、心理的边际效用价值论归结为决定需求、消费、买方的力量,把客观存在的劳动价值论归结为决定供给、生产、卖方的力量,当两种力量相等时,就处于相对静止、不再变动的均衡状态,形成均衡价格。这样一来,均衡价格论就把原来古典经济学和边际主义完全对立的世界观、价值论折中为一体。在方法论上,马歇尔在坚持古典经济学家李嘉图的演绎推理的同时,又广泛运用了边际革命者的边际分析法,因此,马歇尔的折中是世界观的折中、价值论的折中和研究方法的折中,这种三重意义上的折中,使革命者边际主义和被革命者古典经济学这两个革命和反革命从对立、互相排斥变成了互补,于是西方经济学通过边际主义革命,直到马歇尔,最后形成了新古典经济学。之所以被称为"新古典经济学",只是在古典经济学前加了个"新"字,一方面说明它仍然保留了古典经济学的传统,因为从 19 世纪 70 年代边际革命开始到 20 世纪 30 年代结束,新古典经济学同样把古典经济学的自由放任作为最高准则;但另一方面,它已不像古典经济学那样只重视对生产的研究,而是转向了消费、需求,他们把资源配置作为经济研究的中心,论述了价格如何使社会资源达到最优,并且以新的方法,从新的角度来论述自由放任的思想。所以,从这种意义上说,新古典经济学既是古典经济学的延续,但又有所不同,它是近代西方经济学中继古典学派之后的新的主流学派。

第四个时期:现代经济学时期,这一时期经历了两个阶段。

第一阶段是凯恩斯主义时代,即 20 世纪 30—60 年代末,是宏观经济学的建立与发展时期,以凯恩斯革命为标志。在 30 年代之前,在西方经济学中居正统地位的一直是新古典经济学,他们坚信资本主义经济可以通过市场上自由竞争的自动调节达到充分就业的均衡境地,因此,不可能发生普遍性生产过剩的经济危机。但是,面对 20 世纪 30 年代资本主义世界经济大危机和大萧条,新古典经济学家们在理论上和政治上都无法给予解释和解决,新古典经济学面临危机,于是爆发了凯恩斯革命,其标志就是他在 1936 年出版了《就业、利息和货币通论》。他在理论、方法和政策 3 个方面都提出了不同于传统的观点和主张。在理论上,凯恩斯的反对萨伊定律,萨伊认为供给本身创造自己的需求,需求是供给的函数,凯恩斯从理论上推翻了这种观点,他认为供给是需求的函数,从而抛弃了"储蓄会自动地转化为投资"的传统观点,由于三大心理规律,即边际消费倾向规律、资本边际效率和流动偏好规律的作用,导致有效需求不足,从而必然产生大规模失业、生产过剩的经济危机。在方法论上,凯恩斯回到了重商主义研究的宏观经济问题,开创了宏观经济分析方法,即总量分析。他关心经济中的总量,如总产量或收入总量,总消费、总投资、总就业量,特别是关心总支出如投资支出、消费支出、政府购买支出等所产生的收入效应。他认为只有需求增加了,特别是投资需求增加了,才能刺激生产。在政策上,凯恩斯反对新古典经济学的"自由放任",提出了国家干预经济生活的政策主张。凯恩斯的反危机政策有 3 个特点:国家调节和干预经济生活是其前提;财政政策是其重心;举债支出是其手段。面对凯恩斯对新古典经济学的革命,萨缪尔森于 1948 年出版了第三本具有里程碑意义的教科书《经济学》,开始了经济学上的第三次折中——萨缪尔森综合。在萨缪尔森看来,以凯恩斯理论体系为代表的现代经济学不过是恢复传统经济学充分就业假定前提的手段。因为传统经济学是以充分就业为其假定前提,而凯恩斯的理论是研究如何实现充分就业,一旦实现充分就业,两者的相对地位就要转化,凯恩斯的理论就要逐渐失去其重要性,反而会被传统理论取而代之。这样,凯恩斯的理论不仅不是攻击新古典经济学理论,使其濒于毁灭的对手,反而是把它从死亡线上拯救过来的恩人。因为实现充分就业后,恢复了传统的假定前提,其理论又可大行其道。萨缪尔森还阐明了新古典经济学理论和其革命者凯恩斯理论的逻辑关系,这就是:它们是适用于两种不同条件下的理论,因此,两者可以并存,整个凯恩斯的理论和新古典的理论可以结合在一起。他首创了"新古典综合"(neo-classical synthesis)一词来概括这种理论体系上的结合,于是,凯恩斯经济学和新古典经济学一起构成了现代宏观经济学和微观经济学的两个理论体系的基础。新古典综合派自出现后,一直处于第二次世界大战后西方经济学新的正统地位。

第二阶段是 20 世纪 70 年代初至今,是学派林立的时代。20 世纪 70 年代出现的滞胀意味着高失业率和高通胀率并存而并非替代关系,这就从根本上动摇了菲利普斯曲线,从而动摇了新古典综合的宏观经济学体系,因为新古典综合派的宏观经济学体系主要是由 IS 曲线、LM 曲线和菲利普斯曲线构成的,因此,滞胀的现实从经验上批判了占统治地位的凯恩斯主义,动摇了新古典综合派的正统地位。这时反凯恩斯主义的学派得到了发展的机会,于是,经济自由主义和政府干预主义两大思潮的争辩达到了白热化的程度。两大思潮内部又涌现出许多学派,如主张经济自由主义的学派有货币学派、供给学派、理性预期学派(新古典宏观经济学)等。在主张政府干预的学派中,除了原凯恩斯主义外,还有新凯恩斯主义经济学。在各种反凯恩斯主义学派中,真正动摇凯恩斯主义宏观经济学大厦根基的是新古典宏观经济学,这一学派因使用了理性预期这一概念而被称为理性预期学派,其创始人是卢卡斯。就像20世纪30年代大萧条推动了凯恩斯主义的发展一样,70年代的滞胀也有助于促进新古典宏观经济学的形成。总之,20世纪70年代的滞胀动摇了新古典综合学派的正统地位,使其面临危机,于是爆发了理性预期革命。面对理性预期革命的冲击,按照经济学发展的规律,西方经济学将面临着第四次综合,下一次综合是谁,不得而知,但可以肯定的是,经济学将随着新的综合的到来进入一个新历史时期。贝尔和克里斯多尔在《经济理论的危机》论文集的前言中,探讨了新的理论体系综合的各种可能性,他们说"假如我们看到一种知识结构在分化瓦解,发现它的碎片形成了相互对抗的学派,那么最终会带来的东西——如果我们钻研一下任何科学的历史——将是一种综合了更多内容的新的结构。虽然要讲出它会是什么样子还为时过早,我们猜想它将会在不同程度上,把这里提出的各种论点包含的因素结合在一起"。

第二节　经济学研究内容

经济学研究的基本问题包括资源配置与资源利用,由此经济学被分为微观经济学和宏观经济学。

一、微观经济学

微观经济学是指以单个经济单位为研究对象,通过研究单个经济单位的经济行为和相应的经济变量单项数值来说明价格机制如何解决社会资源的配置问题。

1. 理解微观经济学概念的注意点

在理解微观经济学概念时,应注意以下几点:

第一,研究的对象是单个经济单位的经济行为。单个经济单位是指组成经济的最基本的单位——家庭与厂商。家庭是经济中的消费者和生产要素的提供者,它以实现效用(即满足程度)最大化为目标;厂商是经济中的生产者和生产要素的需求者,它以实现利润最大化为目标。

第二,解决的问题是资源配置。资源配置即生产什么、如何生产和为谁生产的问题。解决资源配置问题就是要使资源配置达到最优化,即资源在这样的配置下能给社会带来最大的经济福利。微观经济学从研究单个经济单位的最大化行为入手,来解决社会资源的最优配置问题。

第三,中心理论是价格理论。在市场经济中,家庭和厂商的行为要受价格的支配,生产什么、如何生产和为谁生产都由价格决定。价格像一只"看不见的手",调节着整个社会的经济活动,从而使社会资源的配置实现最优化。因此,价格理论是微观经济学的中心理论,其他内容则围绕这一中心理论展开。正因为如此,微观经济学也被称为价格理论。

第四,研究方法是个量分析。个量分析是对单个经济单位和单个经济变量的单项数值及其相互关系所做的分析。例如,某种商品的价格、某种产品的产量就属于价格和产量这类经济变量的单项数值。微观经济学就是分析这类个量的决定、变动及其相互之间的关系。

2. 微观经济学的三个基本假定

(1)完全理性。个体最优化行为起着关键的作用,它是"价格调节使整个社会的资源配置实现最优化"的前提。经济行为是理性的。西方经济学家认为,人都是自私的,首先要考虑自己的经济利益,在做出一项经济决策时,对各种方案进行比较,选择一个花费最少、获利最多的方案。这样的人就是"经济人",有理性的经济行为。理性的行为也可以表述为:产生最优化的行为。

温馨提示

一个经济社会的三个基本组织结构包括:

①消费者:花一定的收入进行消费,使自己获得最大的满足,即效用最大化。

②生产者:利润最大化。

③政府:对既定目标寻求最优化决策。如政府建立社会保障体系,要寻求如何以最少的投入让绝大多数人享受最大的保障,如何做到公平,等等。

(2)市场出清。商品价格具有充分的灵活性,使市场的需求与供给迅速到平衡,可以实现资源的充分利用,不存在资源闲置或浪费。

(3)完全信息。消费者和厂商可以免费、迅速、全面地获得各种市场信息。假设从事经济活动的主体对各种信息都充分了解。比如对于消费者来说,完全的信息是指消费者了解欲购商品的价格、性能、使用后自己的满足程度,等等。

如果在现实中并非完全符合实际,能不能说假设就没有意义呢?并非如此,经济分析做出假定,是为了在影响人们经济行为的众多因素中,抽出主要的、基本的因素,在此基础上,可以提出一些重要的理论来指导实践。假设是理论形成的前提和条件,但假设在大体上不违反实际。

3. 微观经济学的理论体系框架

微观经济学的理论体系框架如图1—1。

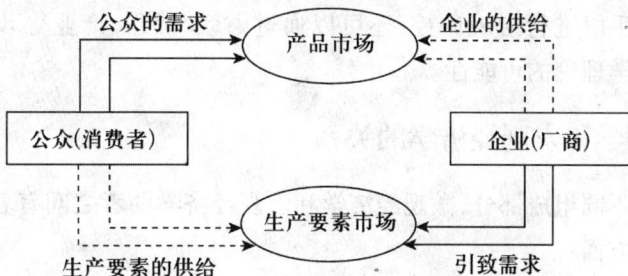

注:图中的实线、虚线各表示需求关系和供给关系

图1-1　微观经济学的理论体系

二、宏观经济学

宏观经济学以整个国民经济为研究对象,通过研究经济中各有关总量的决定及其变化来说明资源如何才能得到充分利用。

1. 理解宏观经济学概念的注意点

在理解宏观经济学概念时,应注意以下几点:

第一,研究的对象是整体经济。也就是说,宏观经济学所研究的不是经济活动中的各个单位,而是由这些单位所组成的整体。这样,宏观经济学就要研究整体经济的运行方式与规律,从总体上分析经济问题。

第二,解决的问题是资源利用。宏观经济学把资源配置作为既定的前提,分析现有资源未能得到充分利用的原因、达到充分利用的途径以及如何实现增长等问题。

第三,中心理论是国民收入决定理论。宏观经济学把广义国民收入(国内生产总值等总量概念)作为最基本的总量,以国民收入的决定为中心来研究资源利用问题,分析整个国民经济的运行。国民收入决定理论被称为宏观经济学的核心,其他理论则是运用这一理论来解释整体经济中出现的各种问题。

第四,研究方法是总量分析。总量是指能反映整个经济运行情况的经济变量。这种变量有两类:一类是个量的总和,如国民收入是组成整个经济的各个单位的收入之总和,总投资是各个企业的投资之和,等等;另一类是平均量,如价格水平是各种商品与劳务的平均价格,等等。总量分析就是分析这些总量的决定、变动及其相互关系,并通过这种分析说明经济的运行状况,决定经济政策。因此,宏观经济学也被称为"总量经济学"。

2. 宏观经济学的基本假设

宏观经济学基于以下两个基本假设:

(1)市场机制是不完善的。自从市场经济产生以来,市场经济国家一直在繁荣与萧条的交替中发展,一个国家、一个地区乃至整个世界爆发的经济危机,已经成为市场经济的必然产物。经济学家认识到,如果只靠市场机制自发调节经济就无法克服危机、失业、滞胀等一系列问题。这是建立宏观经济学理论的必要性。

(2)政府有能力对经济实施宏观调控,纠正市场经济运作中出现的偏差。政府可以通过行政、经济、法律等手段进行宏观调控,还可以通过财政、货币、产业等政策进行经济干预。这是建立宏观经济学理论的可能性。

三、微观经济学和宏观经济学的关系

作为经济学的不同组成部分,微观经济学和宏观经济学两者之间有着非常密切的联系,主要表现在以下几方面:

第一,微观经济学与宏观经济学是相互补充的。为了实现经济学的目的,使得社会经济福利最大化,既要实现资源的最优配置,又要实现资源的充分利用。微观经济学是在假定资源已实现充分利用的前提下,分析如何达到最优配置的问题;宏观经济学则是在假定资源已实现最优配置的前提下,分析如何达到充分利用的问题。两者从不同的角度分析社会经济问题。因此,微观经济学与宏观经济学不是相互排斥的,而是相互补充的,它们共同组成经济学的基本原理。

第二,微观经济学与宏观经济学的研究方法都是实证分析方法。微观经济学与宏观经济学都把社会经济体制作为既定的前提,不分析社会经济体制变动对经济的影响,只分析这一经济体制下的资源配置与利用问题。这种不涉及体制问题只分析具体问题的方法,就是实证分析。因此,微观经济学与宏观经济学都属于实证经济学的范畴。

第三,微观经济学是宏观经济学的基础。单个经济单位之和构成整体经济,宏观经济学分析的经济总量就是由经济个量加总而成的,对宏观经济行为和经济总量的分析是以一定的微观经济学分析为基础的。举个例子,失业理论和通货膨胀理论作为宏观经济学的重要组成部分,总要涉及劳动供求和工资决定理论以及商品价格如何决定的理论,而充分就业的宏观经济模型,正是建立在以完全竞争为假定前提的价格理论和工资理论基础之上的。

根据微观经济学与宏观经济学的含义及其理解我们可以分析,微观经济学和宏观经济学在研究的对象、解决的问题、中心理论和分析方法上都有所不同,可以用表1-1进行比较。

表1-1 微观经济学与宏观经济学比较

区别	微观经济学	宏观经济学
研究的对象	市场、企业、家庭等单个经济单位	国民经济总量及国民经济的总体运行
解决的问题	资源配置	资源利用
中心理论	价格理论	国民收入决定理论
研究方法	个量分析	总量分析
先驱者	斯密《国富论》1776年(看不见的手原理——市场机制)	凯恩斯《就业、利息和货币通论》1936年(看得见的手——需求管理理论)
假设条件	完全理性;市场出清;完全信息	市场机制不完善;政府有能力调节经济,纠正市场机制的缺点
研究范围	需求、供给及价格理论;消费者行为理论;生产和企业组织理论;市场结构及厂商均衡理论	收入及要素分配理论;国民经济核算理论;国民收入决定理论;宏观经济政策理论;通货膨胀理论;经济增长和就业理论

诺贝尔经济学奖

诺贝尔奖由发明炸药的瑞典人诺贝尔先生捐赠,于1895年设立,1901年首次颁奖。受奖对象为在物理、化学、医药、文学以及对世界和平有杰出贡献的人。但在19世纪末,社会科学尚在萌芽阶段,因此没有被包括在内。

到了1968年,当世界最古老的中央银行——瑞典银行成立300周年时,该行总裁感叹地问:"为什么诺贝尔奖只为自然科学而设立?"他认为人类生活环境的改善,社会科学有它重要的贡献,他全力争取设立诺贝尔经济学奖,最后终于得到瑞典政府的同意,并经国会批准,由瑞典中央银行拨款设立另一个基金,颁赠给"以科学研究发展静态和动态的经济理论,以及对提高经济分析有积极贡献的人士"。

尽管经济学奖与其他五个奖的奖金来源及颁发组织不同,但其奖金金额、荣誉、仪式及遴选程序均相同。经济学奖的遴选首先由委员会将一份详细的问卷寄给世界各地的著名经济学者,征求他们的提名。通常经由各国学者推荐的候选者在100—200名左右。然后委员会聘请权威的经济学家研判这些提名学者的学术成就。经过遴选,进入"初赛",然后再进一步分析他们的成就,经过了这一次审查,只有5位进入"准决赛"。到了这个阶段,如果五位之中任何一位获奖,均不会令人感到失望,正因为这样难以取舍,所以经常出现两位候选人同时得奖。例如,1969年第一届经济学奖即由挪威的弗里希及荷兰的丁伯根分享。遴选的主要标准是候选人的学说、成就对经济学的发展及现实世界的影响,这些影响一定要能促进现实世界或经济学的发展;另一个重要的考虑因素,就是候选人提出学说的独创性。而且,这些独创性必须是要有意义的、能解决实际问题的,而不是一些不着边际的空想。

萨缪尔森教授说得对:"经济学仍是一门前景广阔的科学。科学是一个创造性的自我修正过程,诺贝尔奖是在走不尽的途中的里程碑而非终点。"

(资料来源:编者整理)

第三节　经济学研究方法

一、观察与实验

观察与实验是科学研究的开始。其中,"观察"是指在不进行人为干预的前提下,将实际发生的经济现象及其过程客观地记录下来。"实验"则是在某种人工控制条件下,小范围模拟现实经济现象,并据此对现实经济现象进行分析和推断。

一般来说,经济现象是不可逆的随机过程,因此,经济学研究只宜使用观察法,而不宜使用实验法。例如,一个农民率先栽种苹果发了财,于是推而广之,号召广大农民群起效仿,结果并不会使所有农民都发财,而是导致市场供过于求,价格下跌,大家都赔钱。不过,有时候经济学家也进行实验。例如,一个农民率先栽种苹果发了财,于是在周围局部范围内推广,结果许多农民都跟着富了起来。奥妙在于,一个较小的局部范围内,各种自然条件和社会经济条件比较相似,外部大环境相对稳定,从而经济过程的可重复性比较大。

在观察和实验时,需要掌握一定的科学调查统计技术,如全面普查、重点调查、典型调查、抽样调查等。由于经济信息常常涉及人的切身利益,当事人常常会有意无意、或多或少地隐瞒甚至假造数据和事实,因而,为了获得确切的事实材料,还需要掌握必要的访谈技巧,一般的原则是拉近感情、隐蔽企图、旁敲侧击、催人入眠、多方印证。此外,还要注意有意识地发现问题。所谓问题,主要是一些与众不同或违反常理的奇异现象。如一个村经济发展很快,或很慢,与周边村庄形成鲜明的对照,就值得研究一下,这个村为什么发展这么快或这么慢?善于发现问题,是科学研究的基本功。其中,最重要的是独立思考,大胆质疑,不轻信他人,不迷信权威。

二、个人探索与文献研究

通过观察与实验发现问题之后,下一步就是分析和探讨问题的原因及其内在机制。从根本上来说,这只能靠个人探索,并提出自己独立的见解。但是,强调个人探索并不等于将自己封闭起来单干独闯。在漫长的历史发展中,前人已经做了大量研究,积累了大量文献资料,这使得后人能够在前人研究的基础上,更有效率地开展研究。因此,在开始分析某一个现象或问题时,第一步要做的就是下功夫查阅有关文献资料,了解前人研究成果,这已经成为现代科学研究的基本范式。

三、理论模型

科学研究从形式上来看,就是对通过观察与实验得到的经验数据材料加以概括和抽象,建立相应理论模型(theoretical model)的过程,也就是要抓住现实对象最主要的本质特征,忽略其他非本质的细枝末节,将现实对象予以简单化、理想化。例如,"市场经济"就是一个最基本的理论模型,它包括一系列假设,如:假设厂商和居民都是有理性的,都要追求自身利益的最大化;假设市场上具有众多的厂商和居民户,从而每一个厂商和个人都是既定市场价格的接受者,都不能操纵市场价格;假设资源可以自由流动;假设厂商和个人能够及时、方便、轻易地获得所有各种市场信息;等等。

在研究中建立理论模型,可以使问题大大简化,提高研究效率,但同时也会导致理论常常与现实脱节。因此,经济学研究结论一般不能在现实经济生活中直接套用。如西方经济学理论研究结论"在市场经济条件下,能够实现最佳资源配置",就与现实不完全相符。理论模型可以用文字描述,也可以用数学公式(mathematics formula)表达。现代西方经济学一般倾向于应用数学公式,其基本做法是:将所有研究对象都称为变量(variables),然后先做出一定的假设（hypothesis），通常假定除所要研究的少数几个主要变量外，其他所有变量和外部条件都不变（other things constant，或 ceteris paribus），在此假设前提下，再以有关数据材料为基础，通过逻辑分析和统计检验，建立主要变量之间的逻辑关系。

建立理论模型时要注意"合理假设"。原则上，只有无关紧要的因素，才可以忽略不计，或假设为不变。但究竟哪些因素可以忽略不计，哪些因素不能忽略？需要根据具体问题具体分析。例如，研究一块石头的下落运动，可以将空气阻力忽略不计，但如果研究羽毛的下落，就不能将空气阻力忽略不计了。

知识拓展

诚信测试与数据模型

费尔德曼每周末都给部门内的同事们带小甜饼吃，小甜饼很受欢迎，由部门扩大到了整个公司，为支付必要的成本，他将免费赠予转为有偿提供，只是这个有偿的形式是基于拿取甜饼者的自愿和信用。他通常是在公司的一个公共区域摆上甜饼篮和一个收钱的盒子。1984 年的一天，费尔德曼提出了辞职，转而专门从事甜饼生意，令朋友们惊异不已，认为其靠个人诚信自愿付费机制来售卖甜饼的商业计划绝不会成功。但费尔德曼的"疯狂行径"居然延续至今，生意甚好，长达 20 年。

主人公很不一般，他曾经是个从事美国国家安全研究机构的雇员，更重要的是，他有发现世界的眼睛！一个小小卖甜饼的，居然研究起了"公司诚信"这个现代组织理论中最复杂和最难计量的问题。他发现，公司里面每天卖出小甜饼的数量和他收到的钱并不相等，有心的费尔德曼并不挖空心思去设计各种防止受骗的方法，而是开始用心登记每天卖出的甜饼数和收到的硬币数。经过一段时间，他就改变一下销售的环境设计，比如将敞口的投币盒换成窄口的、在投币盒旁边放置提醒投币的小标签，等等。这些举措和当天的一些客观条件（如天气、是否晋升加薪日等）都作为一个参数，被纳入到费先生的数据模型中。也许费尔德曼是建立了这样一个数据模型：

Money $= a_1 + a_2 *$ （cookie disapeared）$+ a_3 *$ （type of box）$+ a_4 *$ （weather）$+ a_5 *$ （other factors）（其中，$a_1 \cdots a_5$ 都是常数，Money，cookie disapeared，type of box 等都是参数，是费先生每天记录的数据。）

稍微学过高等数学的人都知道，只要拥有足够的数据，将它们带入上述回归方程，使用 user friendly 的 SPSS 回归统计软件（或者高级统计软件 SAS，操作稍复杂），按几个按钮，就会出来一大堆的表格告诉你：$a_2 = 0$ 的假设有没有通过？如果通过，则表明从数据的关系来看，消失掉的 cookie 的数量和费先生最后拿到钱的多少一点关系都没有；反之，则反。

$a_3 = 0$ 的假设有没有通过？如果通过，则表明从数据的关系来看，用什么盒子来收集钱币和费先生最后拿到钱的多少一点关系都没有；反之，则反。

其他以此类推……

很显然，费先生的模型里面，这些参数等于 0 的假设检验都没有通过。费尔德曼每天拿到多少钱,不仅和他卖出 cookie 的多少有关,和当天的天气、用什么盒子、公司的规模、光顾雇员的层级等都有关系。type of boxes,company scale,rank of staff 这些参数,是不是和公司诚信、公司欺诈有直接的显示意义?敞开的盒子收的钱比窄口的盒子收的钱少,显然就是有人偷钱,直接反映了这个公司员工的诚信度。

这就是计量经济学家研究社会问题的方法,统称计量经济学。显然,这些都是非常成熟的统计方法。费尔德曼从问题选择到研究方法,都是一流的。令人折服的,是费尔德曼发现世界的眼睛。

(资料来源:史蒂芬·列维特,史蒂芬·都伯纳著,刘祥亚泽,《魔鬼经济序》,广东经济出版社 2007 年版。)

四、规范分析与实证分析相结合的方法

规范分析研究经济活动"应该是什么"或社会经济问题"应该是怎样解决的"。这种方法就是依照经济事物的社会价值判断,规范经济政策措施和经济行为后果的是否可取性。规范分析是从"现有的事实"推导出"应当如何"的逻辑结构。当经济学的研究把因果分析与价值判断结合在一起时,这种经济学就叫作规范经济学。

实证分析说明经济现象"是什么"以及社会经济问题"实际上是如何解决的"。这种方法首先要提出对经济现象给予解释的理论,然后用事实来验证理论,并依据理论对未来做出预测(图 1-2)。实证分析是从"现有的事实"推导出"将会是什么"的逻辑结构。当经济理论把自己局限于表述经济活动的原因与结果以及各经济变量的函数关系时,这种理论就称为实证经济学。

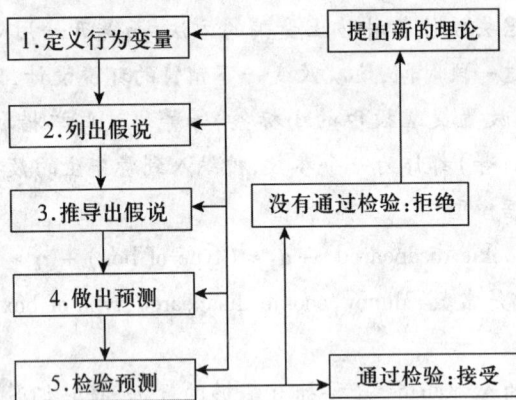

图 1-2　实证分析的逻辑结构

经济学首先需要从事实出发,把握未来的可能的事实;但不可能到此为止,因为经济学是人们选择的理论指南,所以还必须从事实出发,进而解决"应当如何"的问题。这就必须有这两种方法的结合,即实证分析与规范分析相结合。

五、均衡分析与非均衡分析方法

当正反两种力量正好相等、相互抵消时,我们说此时处于均衡状态。在西方经济学中,

其均衡是指在一个经济体系中,由于各种经济因素的相互作用而产生的一种相对静止状态。在经济学中,其不仅是指这种状态意义下的均衡,更是指行为意义下的均衡。所谓行为均衡,是指在这种状态下,谁也没有动机来打破现存的状态。市场均衡,就不仅是状态均衡,更是行为均衡,亦即供需双方都不再愿意改变价格与产量。

均衡分析(equilibrium analysis)是指对均衡形成原因及其变动条件的分析,它假定经济变量的运动总是趋向于均衡状态,据此研究经济现象如何达到均衡。如西方经济学均衡价格理论,就是假定商品价格总有成为均衡价格的趋势,然后用"价格调节供求,供求影响价格"这一市场机制来阐明均衡价格是怎样形成的。它可分成局部均衡分析和一般均衡分析两种。

局部均衡分析假定,我们进行均衡分析的市场与其他市场间不存在相互影响。局部均衡分析是由英国经济学家马歇尔提出的。它考查经济系统的一个(或数个)消费者、一个(或数个)生产者、一个(或数个)企业或行业、一个(或数个)商品或要素市场均衡状态。例如,在分析某一商品市场均衡时,必须排除该市场以外的其他一切经济变量的变动对该市场所产生的影响。因此,必须假定"其他因素不就业",才能对该市场进行均衡分析。局部均衡的方法,是马歇尔在《经济学原理》中经常使用的分析方法,可以分析一个产品、一个市场中的供需均衡问题,也可以扩展为分析一些产品或一些市场中的均衡问题。为了进行这样的分析,就不能不排除其他产品或其他市场对正在进行的均衡分析的影响。所以,这种分析方法是建立在"其他条件不变"的假定前提下的。

一般均衡分析,是指对整个经济体系均衡状态的分析,研究所有的市场、所有商品的供求达到均衡的条件以及均衡的变化,亦即研究总体均衡。它是由瓦尔拉斯所提出的概念。总体均衡是瓦尔拉斯首先使用的分析方法。它是观察一个经济系统中所有的市场同时达到均衡的一种分析方法。瓦尔拉斯认为,各个市场相互依存、相互影响,某一市场的变动会影响到其他市场的变化,因此有必要进行总体均衡分析。

非均衡分析(unequilibrium analysis)则认为,经济变量并不一定趋向于均衡,均衡是偶然的,非均衡才是经常的。据此研究非均衡条件下各种经济变量的变化和运动规律。其基本分析方法被概括为"短边法则"(law of scarce side),即经济变量的数值取决于最短缺的因素。仍以商品价格为例,按非均衡分析方法,并不一定会形成均衡价格,在多数情况下,商品不是供过于求就是供不应求,只有偶尔情况下,才会实现供求均衡,达到均衡价格。当商品供过于求时,其价格由需求来决定,即所谓"买方市场"(buyer's market);当商品供不应求时,价格由供给决定,即所谓"卖方市场"(seller's market)。

目前,西方经济学中占主导地位的是均衡分析方法,如微观部分的均衡价格理论、消费者均衡、厂商均衡、宏观部分的国民收入均衡,都贯穿了均衡分析思路。作为一个系统,社会经济内部诸因素之间客观上存在一定的比例关系,因此均衡分析作为一种基本的经济学方法得到普遍应用,是很自然的。但另一方面,社会经济系统内部结构是相当松散的,并且经常处于变动中,包括各因素之间的数量比例关系,也都在不停地变化,因而非均衡分析的思路也应引起重视。

六、静态分析(static analysis)与动态分析(dynamic analysis)

静态分析和动态分析最早是由挪威经济学家弗瑞希于1933年从计量经济学的角度进行划分的。时至今日,经济学界常常将两者混淆在一起,导致许多纠缠不清的是非争论。对此,张建华先生提出了如下观点:

静态分析是在假定其他条件不变的前提下,以某些经济变量为自变量(不是以时间为自变量),研究作为函数的另一些经济变量随作为自变量的经济变量取值的变化而变化的规律。也就是说,抽象掉时间因素和事物发展变化的过程,分析经济现象的均衡状态及其形成条件。当所使用的变量都是同一时期的,即这是不考虑时间因素时的经济分析方法,就是静态分析。它是一种组合选择分析,其中自变量与函数的不同取值之间是一种并列关系,不存在时间先后顺序和前后演替关系。这种分析体现的是机械论(mechanism)思维方式,它假定其他因素都不变,只有一种或几种可变因素,在此前提下,孤立地研究可变因素对经济现象的影响,并把这种影响看作某种铁定不变的精确关系。

如以需求定理为例,假定其他条件都不变,只有价格与商品需求量在变化,其中价格为自变量,商品需求量为函数。一般的规律是:当商品价格比较高时,商品需求量就比较小;当商品价格比较低时,商品需求量就比较大。这就属于静态分析。

静态分析中,常用的是比较静态(conaparative static)分析,是指对两个均衡状态的比较分析。它并不论及怎样从原有的均衡状态过渡到新的均衡状态的变化过程,即对不同时点的状态进行比较。比如,"价格上升,需求下降""收入增加,需求曲线右移"等,都是比较静态分析的结果。

动态分析是指在经济研究中纳入时间因素,分析从一个均衡状态进入另一个均衡状态的变化过程。动态分析的中心在于经济状态随时间而变动的过程或变动的机制,而不是对变动前后状态的比较。动态分析在函数表达中的基本特点是变量具有时间特征。

动态分析则是以时间为自变量,研究各种经济变量随时间的变化而变化的规律。这是一种过程演化分析,其中不同的变量状态之间是一种生长生成、演替进化的关系,有一定的时间顺序和前因后果关系。这里体现的是系统论和随机概率论思维方式,它将各种相关因素看作一个系统整体,考虑这些相关因素之间的交互作用,研究它们各自以及它们共同对经济现象的影响,并认为这种影响并非铁定不变,而呈一种概率关系。例如,仍以价格和需求量的关系来讲,若用动态分析,就是首先搜集若干时期某种商品的价格和需求量(销售量)数据,建立商品价格和商品需求量的时间序列,从中可以看出商品价格与商品需求量随时间变化而变化的轨迹;然后进一步进行统计相关分析,看商品价格的变化与商品需求量的变化是否存在相关关系;最后再通过回归分析等方法建立商品需求量与商品价格之间的函数关系。结果可能使人大吃一惊:当商品价格较高时,商品需求量也较高;当商品价格较低时,商品需求量也较低,二者呈同方向变化,民间俗语称之为"买涨不买跌",与上述需求定理正好相反。

那么,我们应该相信哪个结论呢?其实,这两个结论都没有错,只是分析方法不同,结论也不同罢了。

一般地,静态分析的结论既不能用动态资料来证实,也不能用动态资料来证伪。需要注意的是,在文字描述上,静态分析常常给人以动态的错觉,如"当商品供过于求时,商品价格下降,引起需求增加,供给减少,逐渐趋于供求均衡;反之,当商品供不应求时,商品价格上涨,会促使供给增加,需求减少,最后也逐渐趋于供求均衡"这一段话,乍一看,商品价格、供给和需求都在变化,似乎是动态分析,但实质上是静态分析,其中价格与需求量取值的变化与时间无关。与此同时,动态分析到最后,通过对主要经济变量的时间序列数据做相关分析、回归分析等处理,建立起主要经济变量之间的函数关系,形如 $Q_d = 1\,000 - 3P$ 等,似乎是静态分析,但其实是动态分析,其中价格 P 本身是以时间为自变量的函数,从而需求量 Q_d 也是随着时间的变化而变化。

目前,经济学基础理论研究普遍采用静态分析方法。如西方经济学中的边际效用递减规律、边际替代率递减规律、边际技术替代率递减规律、边际收益递减规律、边际消费倾向递减规律以及凯恩斯关于有效需求决定国民收入原理等,都是静态分析方法的杰作。

七、边际分析(marginal analysis)

边际分析方法是一种变量分析方法,它主要着眼于变量的比较,即研究当自变量每发生一个变化时,因变量的变化程度。也可以说,是研究一种可变因素的数量变动会对其他可变因素的变动产生多大影响的方法。边际分析方法是贯穿整个西方经济学理论的一个基本分析方法,是现代经济学的又一常用的分析方法。如微观经济学中的边际效用、边际产量、边际成本、边际收益等概念,宏观经济学中的边际消费倾向、边际储蓄倾向等概念,以及与其相联系的一系列"边际"原理,都体现了边际分析方法。曼昆《经济学原理》指出,"理性人考虑边际量",并将其列为经济学的十大原理之一。

从数学的角度看,边际分析方法就是对某变量求极值或者求一阶导数。从几何的角度看,就是求曲线或直线的斜率。要注意一点,边际分析只适用于存在极值的函数关系。如函数单调递减,或单调递增,或呈正比例关系等,就不适用边际分析。

边际分析是19世纪后期奥地利学派的门格尔、维塞尔、庞巴维克等人开创的,目前已经成为西方经济学普遍应用的基本方法,其要点是把经济变量之间的关系看作一种函数关系,研究"自变量的增量"所引起的"函数的增量"的变化,其目的是要确定一个最佳的自变量值和函数值。例如,在小麦地里施用化肥,施肥量少了,产量上不去,施肥量多了,同样也可能使麦苗致病,甚至可能将麦苗"烧死",导致产量下降。那么,施多少化肥才合适呢?这就需要进行试验研究。一般的做法是:将一块试验田分成若干试验小区,各试验小区其他条件保持一致,只是施肥量分别从少到多,逐渐增加,然后观察比较各试验小区间小麦产量的变化,看一看随着施肥量的增加,小麦产量的增加呈什么规律,最后确定一个最佳的施肥量和最佳的小麦产量,这就是边际分析。

西方经济学家普遍非常重视"边际分析方法",把边际分析法的发现和应用看成一场"边际革命"。自19世纪70年代"边际革命"兴起后,边际概念和边际分析法立刻得到广泛传播,并构成西方经济学的重要组成部分。实质上,"边际"就是一阶导数,边际分析实质上就是将微分学引进了经济学。它导致了西方经济学的一场时代革命,史称"边际革命"。

八、个体分析、整体分析与系统分析相结合的方法

个体分析与整体分析是一对互补的分析社会经济现象的方法,是确定社会科学研究起点的基本研究规则。当某些现象中个体之间不发生反馈关系时,仅仅从个体出发就能对该社会现象进行可靠的分析。在某些社会现象中,个体之间必然要发生正、负反馈的关系,这时要能得到可靠的认识,就有必要把社会现象作为一个整体来进行分析。只采用其中任何一种分析方法,都不可能获得完整、全面而可靠的知识。

系统分析是奥地利生物学家贝塔朗菲提出的。源于20世纪20年代"机体生物学",它强调生命现象不能用机械论观点来揭示其规律,只能把它看作一个整体或系统来加以考察。举例来讲,一台拖拉机由许许多多个零件组成,每个零件都可以拆下来,拆下来之后,每个零件还是一个完整意义上的零件,这些零件重新组装起来,还是一台完整的拖拉机,像这样"部分可以脱离整体单独存在"就是机械论的观点。显然,这种机械论的观点是不能适用于生命现象的。有一个经典的说法是:一只手被砍下来,虽然仍然叫作"手",但实际上作为一只手的生命机能已经完全消失了,也就是说,部分不能脱离整体单独存在,这就是系统论的观点。1947年,贝塔朗菲把系统论观点进一步推广到一般情形,提出了"一般系统论",其代表作是1968年出版的《一般系统理论——基础、发展与应用》。

系统论新的归纳和发展:(1)事物都是一定历史环境的产物;(2)事物都是由若干元素组成的系统;(3)系统内部各元素之间相互联系形成一定的结构;(4)系统结构的形成取决于系统所处的外部环境;(5)系统结构在外部环境的推动下不断发展变化;(6)系统的结构决定系统的功能,这是系统论思想的核心;(7)一定的系统结构能够提高系统能量的有效系数,从而使系统的整体功能大于内部各元素孤立功能之和,这就是著名的"系统效应",也即所谓的"$1+1>2$"。

目前,系统论思想在经济学界已经引起广泛关注,但在经济学基础理论研究中,系统论和系统分析(systemtical analysis)方法并没有真正落到实处。一般经济学家还是习惯于传统机械论思维方式。如微观经济学部分的边际收益递减规律,假定其他因素都不变,只有一种可变生产要素,结果表明:随着该可变生产要素投入量的增加,边际产量起初递增,随后转为递减,直至变为负数。这就是一个比较典型的机械论分析。它有一个致命的弱点,就是假定其他条件不变,认为产量的变化与其他条件无关,这就无法解释边际产量为什么会由"递增"转为"递减"。对此,只有使用系统论思想才能做出科学的解释。

在经济学基础理论研究中应用个体分析、整体分析与系统分析相结合的方法,最重要的是形成"系统结构观点",要看到事物内部各因素之间以及事物与其周围环境之间存在一定

的相互联系,并形成一定的结构,共同影响事物的发展变化。

关键术语

　　资源配置　资源利用　稀缺性与选择　微观经济学　宏观经济学　规范分析　实证分析　均衡分析　非均衡分析　静态分析　动态分析　边际分析

练习与思考

一、选择题

1.一个人渴望获得单位的提拔属于(　　)。

A. 生理需要　　　　　　　B. 尊重需要　　　　　　C. 安全需要　　　　　　D. 自我实现需要

2.以下四个问题,在生产可能性曲线中,不能说明的问题是(　　)。

A. 生产什么　　　　　　　　　　　　B. 如何生产

C. 为谁生产　　　　　　　　　　　　D. 如何最有效率地生产

3.以下表述中,属于实证分析方法的是(　　)。

A. 存在失业对国家经济发展有利　　　　B. 存在失业对国家经济发展不利

C. 2011 年 6 月份的 CPI 高达 5.6%　　　D. 适度的通货膨胀并不是坏事

4.以下表述中,属于规范分析方法的是(　　)。

A. 目前,中国 5% 的通货膨胀率是合理的

B. 改革开放以来,中国经济飞速发展

C. 2008 全球金融危机以来,中国经济发展减速

D. 目前,中国仍然属于发展中国家

5.以下问题中,属于微观经济学研究范围的是(　　)。

A. 通货膨胀率为什么居高不下

B. 美国失业率的高低

C. 绿豆价格飞涨的原因

D. 中国的经济每年保持7%左右的增长速度

6.以下问题中,属于宏观经济学研究范围的是(　　)。

A. 大蒜的价格再度回落　　　　　　B. 目前,中国正在实行紧缩性货币政策

C. 小罗这个月的预算为 1 000 元　　　D. 某厂商将今年的产量削减为 2 000 万吨

二、简答题

1.经济学所要解决的主要问题是什么?

2.简述规范分析与实证分析的区别。

3.简述微观经济学与宏观经济学之间的联系。

第二章 需求与供给理论

1. 重点掌握需求理论、供给理论与均衡价格的决定。
2. 了解价格政策。
3. 明确供给定理如何调节经济。
4. 掌握需求价格弹性理论及其运用、计算。
5. 掌握供给价格弹性的种类。

能力目标

1. 能联系实际,画图分析限制价格的原理、运用、利弊。
2. 能运用弹性理论解释谷贱伤农、薄利多销现象。
3. 能进行均衡价格、弹性的计算。

案例导入

亚当·斯密悖论

水是生活必需品,是维系人类生存的重要物质,但它的价格低廉;反之,钻石并不是人类生存的必需品(其实是一种奢侈品),但它的价格却非常高昂,普通人一般消费不起。以上矛盾便是著名的亚当·斯密悖论,即对人类非常有用的物品其价格非常低廉,而对人类不怎么有用物品的价格却如此高昂。

表面上看,亚当·斯密悖论似乎高深莫测、无法理解。其实,只要学习了本章的供给和需求理论,以上悖论就可以被很好地理解了。对水和钻石而言,其供给和需求曲线的形状共同决定了交点的位置,从而决定了各自价格的高低。

第一节 需求理论

一、需求、需求表与需求曲线

(一)需求

需求是指在某一特定时间内,对于每一种可能的价格,消费者愿意并且能够购买的某种商品量。

西方经济学中的这一需求概念,与人们在日常生活中所说的需求是有区别的。日常生活中所说的需求仅仅表示人们对某种物品的购买欲望,而西方经济学中所说的需求则是指人们对某种商品有购买力的需要。明确地说,需求的概念有两个构成要素:一是有购买欲望;二是有支付能力。二者缺一不可。一个穷人向往拥有一辆轿车,但是没有支付能力,因而产生不了需求;同样,一个富人有能力购买劣质的家具,但他不愿意购买,也不可能产生需求。

需求有个别需求和市场需求之分。所谓个别需求,是指单个消费者的需求,而市场需求则是指在某一市场中所有消费者的个别需求之和。在本书中,我们主要讨论市场需求。

(二)需求表

需求是与一定的价格水平相联系的,人们愿意并且能够购买的商品量,是随价格的变化而变化的。消费者在不同价格水平下对某商品的需求量可以用表 2 – 1 表示。这种表示商品的价格与需求量之间对应关系的表,称为需求表。

表 2 – 1 某商品的需求表

需求量 / 价格/(元/千克)	个别需求量/千克			市场需求量/千克
	A 消费者	B 消费者	其他消费者	
4	4	28	668	700
8	8	15	477	500
12	12	5	333	350
16	16	1	183	200
20	20	0	80	100

从表 2 – 1 中,我们既可以看到不同价格下 A、B 消费者对该产品的需求量,也可以看到不同价格下整个市场对该产品的需求量。

（三）需求曲线

需求曲线是表示商品价格与需求量之间关系的一条曲线。当我们把需求表中的数据在坐标系中描绘出来时，就得到该商品的需求曲线。图 2-1 是根据表 2-1 中某商品的价格与市场需求量的数据绘制的一条市场需求曲线。纵轴表示某商品的价格（P），横轴表示某商品的需求量（Q）。

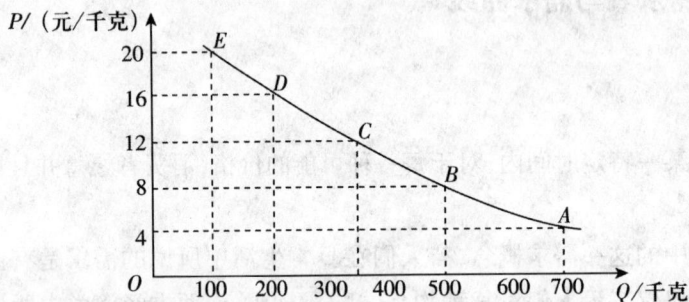

图 2-1　某商品的需求曲线

从图 2-1 可以看出，需求曲线是向右下方倾斜的，其斜率为负值，这说明价格与需求量之间存在着反方向变化的关系。

二、影响需求的因素和需求函数

（一）影响需求的因素

在一种商品市场上，引起市场需求量变动的因素是多种多样的，其中商品价格是最重要的因素。除此之外，影响需求的因素还有以下几种。

1. 消费者的收入水平和社会收入分配的平等程度

消费者收入水平对商品需求的影响一般是同方向的。当消费者收入增加时，他对商品的需求一般也增加；反之，当消费者收入减少时，他对商品的需求也减少。当然，并不是任何商品的需求都与消费者收入呈同方向变动，对劣质商品和低档商品的需求就与消费者收入呈反方向变动。收入增加时，对劣质品和低档品的需求反而减少。另外，社会收入分配的平等程度，对需求也有一定的影响。

2. 相关商品的价格

相关商品分为替代品和互补品两种。

替代品指两种商品都能用来满足同一种欲望，它们之间是可以互相替代的。例如，羊肉与猪肉、大米与面粉等。当两种相关商品之间为替代关系时，一种商品的价格与另一种商品的需求量呈同方向变化。如其中一种商品价格上升，则另一种商品需求量增加；相反，如一种商品价格下降，则另一种商品需求量减少。

互补品是指两种商品共同用来满足某一种欲望,两者之间是互相补充的。例如,汽车与汽油、钢笔与墨水等。当两种商品之间为互补关系时,一种商品的需求量与另一种商品的价格呈反方向变化。如其中一种商品价格上升,则另一种商品的需求量减少;如一种商品价格下降,则另一种商品需求量增加。

知识拓展

超市为什么需要了解替代品和互补品

超市里出售货物的品种多得让人觉得摸不着头脑。表2-2第二行显示了在芝加哥某5家超市里销售的8类产品的品种数。

表2-2　超市的货物品种

品种	咖啡	冷冻披萨	热狗	冰激凌	薯条	普通谷类食物	意式面酱	酸奶
5家芝加哥超市的品种	391	337	128	421	285	242	194	288
两年时间里引进的品种	113	109	47	129	93	114	70	107
两年时间里撤下的品种	135	86	32	118	77	75	36	51

超市还在不断地往货架上加入新的货物品种并撤下旧的品种。表2-2中的第2行显示,这5家芝加哥超市在两年时间里商家新增113种新的咖啡品种,而第3行显示它们撤下135种原有品种。超市是如何决定要上架哪些品种,并撤下哪些品种的?

一位加州大学研究生院的教授在接受采访时指出,超市不一定要从它们的货架上撤下销售最缓慢的货物,而是要考虑货物之间的关系。特别是,它们要考虑撤下的货物是其余待售货物的替代品还是互补品。如果超市把某种销售缓慢的、可作为另一种商品替代品的商品撤下货架,情况会得到更好的改善。

(资料来源:哈伯德、奥布莱思著,张军等译,《经济学(微观)》,机械工业出版社2007年版。)

3. 消费者的偏好

消费者的偏好是指一个消费者对商品的喜好程度,而这一程度取决于消费者对商品的主观心理评价。消费者越喜好一种商品,他们对该商品的需求量就会越大。消费者的偏好有时会受广告、时尚、对其他消费者的观察、对健康的顾及和以前购买这种商品的经历等诸多外界因素的影响。

4. 消费者对该商品未来价格的预期

一般来说,消费者预期某种商品的未来价格会上升,他们可能会在价格上升前购买更多的这种商品,这种商品的需求量就会增加;相反,消费者预期某种商品的未来价格会下降,他们可能会在价格下降前减少购买这种商品,这种商品的需求量就会减少。

5. 人口数量与结构的变动

人口数量的增加会使需求量增加,人口数量减少会使需求量减少。人口结构的变动主要影响需求的构成,从而影响某些商品的需求。例如,人口的老龄化会减少对时髦服装、儿童用品等的需求,但会增加对保健用品等的需求。

6.政府的宏观经济政策

如果政府采取某些扩张性的经济政策,如增加财政支出、减免购物税和降低利息率等政策,市场对商品的需求量就会增加。相反,如果政府采取某些紧缩的经济政策,如削减财政支出、增加购物税和提高利息率等政策,市场对商品的需求量就会减少。

总之,影响需求的因素是多种多样的,有些主要影响需求欲望(如消费者喜好与消费者对未来的预期),有些主要影响需求能力(如消费者收入水平)。这些因素的共同作用决定了需求。

(二)需求函数

需求函数就是用函数关系来表示影响需求的因素与需求量之间的关系。以 D 代表消费者在一定时期内对某种商品的需求量,以 $a,b,c,d,\cdots,n$ 代表影响需求的因素,那么需求函数可以表示为

$$D = f(a,b,c,d,\cdots,n)$$

其中,价格对需求的影响最为直接,我们会着重加以描述。用 P 代表商品价格,D 代表商品需求量,于是该商品的需求函数可以表示为

$$D = f(P)$$

这就是说,某种商品的需求量是其价格的函数。

三、需求定理

1.需求定理的内容

通过上述分析,我们可以把商品的需求量与价格之间的关系加以概括,得出一般的规律,即在其他条件不变的情况下,某商品的需求量与价格之间呈反方向变化,商品价格上涨,需求量减少;商品价格降低,需求量增加。需求定理描述了在假定价格以外的因素不变的前提下,商品本身价格与需求量之间的关系。经济学家经过研究发现,香烟价格上升10%会引起需求量减少4%,尤其青少年对香烟价格更为敏感,需求量减少得更多。

2.收入效应与替代效应

商品需求量与其价格呈反方向变动的原因,经济学家用收入效应和替代效应予以解释。收入效应是指当商品价格上升时,消费者既定收入对商品的购买力下降,需求量减少;反之商品价格下降,既定收入的购买力上升,需求量增加。替代效应是指某种商品价格上升而其他商品价格不变时,消费者会转而购买其他的替代商品;某种商品价格下降时,消费者会减少购买其他替代品转而购买该商品。在现实生活中,收入效应和替代效应往往同时对商品需求量发生影响,使商品需求量与商品价格之间呈反方向变动。

3.需求定理的例外

需求定理所指的商品是一般的正常的商品,而不是所有的普遍的商品。因为对于某些

商品而言,需求定理并不适用。这些商品主要有以下4类:

(1)炫耀性商品。这些商品主要用来提高所有者的高贵身份和社会地位,如名人的豪宅、名车、名表、私人游艇、昂贵的首饰等,价格越高,越能显现拥有者的身价和地位,从而需求量不降反增。反过来,当这些商品价格下降后,由于其起不到身份与地位的象征作用,故需求量会减少。

(2)吉芬商品(giffen goods)。这些商品主要是指一些低档生活必需品,如粮、油、盐等日常生活用品。它们的价格往往在特定的社会条件下(如战争、灾荒、地震)升高,而人们又往往受到此种状况会持续的心理预期的影响而竞相抢购此类商品,以备日后生活所需。

(3)投机性商品。这些商品主要是指一些证券类商品,如股票、债券等。对于这些商品,人们通常会受到心理预期和投机心理的影响对其"追涨杀跌",即价格越高,越认为其具有更高的投资价值而越愿意出高价增购,价格越低,越认为其不具有投资价值而越不愿意增加购买甚至撤出。

(4)数量有限且不可再生的特殊商品。如古董、古画、珍邮等商品。由于这些商品数量极少且不可复制,故而显得珍贵、稀缺。而"物以稀为贵"的心理将增加人们对商品的升值预期,最终导致价格越高,对它们的需求量就会越大。

四、需求量的变动与需求的变动

需求量的变动是指在其他条件不变的情况下,由商品价格变动所引起的该商品需求量的变动。需求量的变动表现为需求量在同一条需求曲线上点的移动,如图2-2所示。需求量变动和需求变动的比较见表2-3。

在图2-2中,当价格由 P_0 上升为 P_1 时,需求量从 Q_0 减少到 Q_1,在需求曲线 D 上则是从 b 点向左上方移动到 a 点。当价格由 P_0 下降到 P_2 时,需求量从 Q_0 增加到 Q_2,在需求曲线 D 上则是从 b 点向右下方移动到 c 点。可见,在同一条需求曲线上,向左上方移动是需求量减少,向右下方移动是需求量增加。

需求的变动是指在商品价格不变的情况下,其他因素变动所引起该商品需求的变动。需求的变动表现为需求曲线的移动,如图2-3所示。

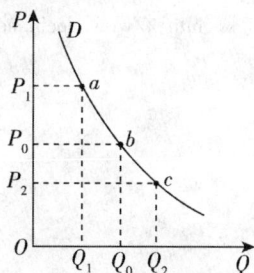

图2-2 需求量的变动　　图2-3 需求的变动

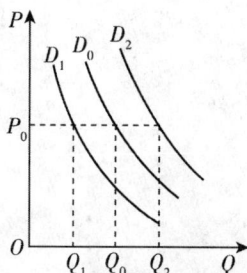

在图2-3中,价格是 P_0,由于其他因素变动(如收入变动)而引起的需求曲线的移动是需求的变动。例如,收入减少了,在同样的价格水平下,需求从 Q_0 减少到 Q_1,则需求曲线由

D_0 移动到 D_1。收入增加了,在同样的价格水平下,需求从 Q_0 增加到 Q_2,需求曲线由 D_0 移动到 D_2。可见,需求曲线向左下方移动是需求减少,需求曲线向右上方移动是需求增加。

表 2-3　需求量变动和需求变动的比较

	变动主体	价格 P	其他因素	图形表现
需求量变动	Q	变化	不变	曲线上点的移动
需求变动	D	不变	变化	整条曲线的位移

知识拓展

需求定理在实际生活中的应用

　　美国面临的许多环境问题之一就是如何处理家庭和企业每天产生的大量垃圾。在 1960 年,美国平均每人每天丢弃的垃圾为 2.6 磅,20 世纪 90 年代中期这个数目为 3.6 磅。随着垃圾量的增加,现有的垃圾堆积场都已经被填满,要在城区附近寻找新的堆积场已经越来越困难了。

　　有一个社区利用需求定理,使垃圾的收集问题得到了缓解。1987 年,宾夕法尼亚州帕克西的居民,每人每年向市政当局交纳固定的垃圾收集费 120 美元,当时他们每人每天丢弃的垃圾为 2.2 磅。由于收集费是固定的,居民如果再增加丢弃量,增加的部分就不再收费,因此对居民来说,减少垃圾丢弃量就没有利益驱动。

　　1988 年,帕克西改变收费办法。市政当局要求所有的垃圾都装在由市政当局出售的专用垃圾袋里。例如,一只容积为 40 磅的大垃圾袋收费 1.50 美元。因此,居民丢弃垃圾的边际成本就从零增加到每磅约 4 美分。未经批准的垃圾袋不得使用。另外,市政当局还实施了一项废物再利用计划。它发给每个家庭主妇一个桶,用来装废弃的罐头和瓶子,每周收集一次。此外还每月收集一次旧报纸。

　　结果和预料的一样,人们开始减少丢弃垃圾,第一年就见效,每人每天丢弃的垃圾减少到 1 磅以下。帕克西居民开始受益,因为他们比以前可以少付 30 美元的费用,市政当局收集垃圾的成本也减少了 40%。

（资料来源:豆丁网,http://www.docin.com/p-844854470.html）

第二节　供给理论

一、供给、供给表与供给曲线

(一)供给

供给是指厂商(生产者)在某一特定时期内,在所有价格水平上愿意而且能够出卖的商品量。显然,供给的概念也有两个构成要素:一是有出售的欲望;二是有供应能力。二者缺一不可。如果由于价格太低,厂商不愿意出售产品,那么即使有产品也不能在市场上形成有效的供给;反之,如果市场上某种商品供不应求而价格较高时,尽管厂商很想有更多的这种商品供出售,但由于供给能力的限制也不可能在市场上形成有效的供给。

与需求一样,供给也有个别供给和市场供给之分。所谓个别供给,是指单个厂商的供给,而市场供给则是指在某一商品市场中所有厂商的个别供给之和。本书主要讨论市场供给。

(二)供给表

供给也是与一定的价格水平相联系的。厂商愿意并且能够出售的商品量,是随价格的变化而变化的。厂商在不同价格水平下对某商品的供给量可以用表2-4表示,这种表示商品的价格与供给量之间对应关系的表,称为供给表。

表2-4　某商品的供给表

供给量　　价格/(元/千克)	个别供给量/吨			市场供给量/吨
	A 供给者	B 供给者	其他供给者	
1.8	5	10	35	50
1.9	10	20	50	80
2.0	15	25	60	100
2.1	20	30	100	150
2.2	25	40	135	200

从表2-4商品的供给表中,既可以看到不同价格下A、B供给者对该产品的供给量,也可以看到不同价格下整个市场对该产品的供给量。

(三)供给曲线

供给曲线是表明商品价格与供给量之间关系的一条曲线。当我们把供给表中的数据在坐标系中描绘出来时,就得到该商品的供给曲线。图2-4是根据表2-4中某商品的价格与市场供给量的数据绘制的一条市场供给曲线。纵轴表示某商品的价格(P),横轴表示某商品的供给量(Q),S即为供给曲线。供给曲线是一条向右上方倾斜的线,它的斜率是正值,价格与供给量之间存在着同方向变化的关系。

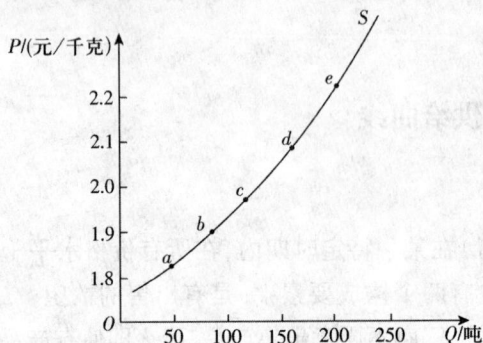

图 2-4 供给曲线

二、影响供给的因素及供给函数

(一)影响供给的因素

影响供给的因素除商品本身的价格外,还有其他经济和非经济因素,概括起来主要有以下几种:

(1)厂商的经营战略。在微观经济学中,一般假设厂商的目标是利润最大化,即厂商供给多少取决于这些供给能否给厂商带来最大的利润。如果厂商的经营战略是产量最大化或销售收入最大化,或有其他政治或社会道义等目标,那么供给就会受到这些因素的影响。

(2)其他商品的价格。在互补品中,一种商品的需求会随另一种商品价格的上升而减少,这种商品需求的减少会引起价格下降,从而使供给减少。反之,一种商品的需求会随另一种商品价格的下降而增加,这种商品需求的增加会引起价格上升,从而使供给增加。在替代商品之间,一种商品的需求随另一种商品价格的上升而增加,这种商品需求的增加会引起价格上升,从而使供给增加;反之,一种商品的需求随另一种商品价格的下降而减少,这种商品需求的下降会引起价格下降,从而使供给减少。

(3)生产技术的变动。在资源既定的条件下,生产技术的提高会使资源得到更充分的利用,从而供给增加。

(4)生产要素的价格。生产要素的价格下降,会使产品的成本减少,从而在生产价格不变的情况下,利润增加,供给量增加。反之,生产要素的价格上升,成本增加,从而在产品价格不变的情况下,利润减少,供给量减少。

(5)政府的政策。政府采用鼓励投资与生产的政策(如减税)可以刺激生产,增加供给量;反之,政府采用限制投资与生产的政策(如增税)则会抑制生产,减少供给量。

(6)厂商对未来的预期。如果厂商对未来的经济持乐观态度,则会增加供给量;如果厂商对未来的经济持悲观态度,则会减少供给量。

(二)供给函数

供给函数就是用函数关系来表示影响供给的因素与供给量之间的关系。以 S 代表消费者在一定时期内对某种商品的供给量,以 $a,b,c,d,\cdots,n$ 代表影响供给的因素,那么供给函数可以表示为

$$S=f(a,b,c,d,\cdots,n)$$

如果用 P 代表商品的价格,则该商品的供给价格函数可以表示为

$$S=f(P)$$

这就是说,某种商品的供给量是其价格的函数。

三、供给定理

1.供给定理的内容

通过上述分析,我们可以把商品的供给量与价格之间的关系加以概括,得出一般的规律,即在其他因素不变的条件下,供给量随价格的上涨而增加,随价格的下降而减少,供给量与价格存在同方向变化的关系。供给定理描述了假定价格以外的因素不变的前提下,商品本身价格与供给量之间的关系。

商品的供给量与价格同方向变动的主要原因,一是某种商品价格上升后,现有的厂商愿意生产和出售更多的这种商品;二是这种商品价格上升后,会吸引新的厂商进入该商品的生产行列,这样就必然使商品的供给量增加。

2.供给定理的例外

供给定理适用于大多数商品的供给。不过,也有一些商品的供给不符合供给定理:

(1)劳动。劳动也是一种商品,但这种商品并不始终遵循供给规律。例如,在劳动价格即工资开始上升时,劳动的供给会增加,但当工资增加到一定水平后,劳动者对闲暇的需要极为强烈,这样,工资水平的进一步上升不会产生更多的劳动供给,劳动的供给不仅不会增加,反而会减少。因为工作较少的时间就能取得足够的收入,劳动者会选择较短的工作时间,相应增加更多的娱乐时间。因此,劳动供给曲线可能先是正态递增,继而垂直,最后向后弯曲。

(2)某时期内可以规模生产的商品。某些商品由于受落后的生产条件限制,只能单件手工生产,但当采用先进的生产技术,实现了批量生产后,该商品生产成本锐减。此时即使该商品价格下降,生产者也会由于薄利多销,利润可观而继续增加商品的生产,供给量不降反增。

(3)无能力增加生产的商品,如土地、古董等。由于这些商品受人们认识能力、开发和制造能力的限制,在相当长的时间内无法提供更多的商品。由于土地是自然界直接提供的生产要素,虽然人们可以通过围湖造田或填海等方式增加土地的供给,但相对于土地总量来

说,无论地租(土地的价格)如何变化,土地的供给不变。古董是一种无法复制的物品,具有唯一性,因此无论其价格如何变化,其供给不变。

(4)证券类投资产品。这些产品往往受社会、政治、军事、人们的心理预期等方面的影响较大,价格越高,越不愿卖出,即供给反而越少。

四、供给量的变动与供给的变动

供给量的变动是指在其他条件不变的情况下,商品本身价格变动所引起的供给量的变动。供给量的变动表现为供给量在同一条供给曲线上的移动,如图2-5所示。

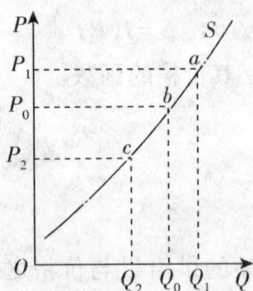

图2-5 供给量的变动

在图2-5中,当价格由 P_0 上升为 P_1 时,供给量从 Q_0 增加到 Q_1,在供给曲线 S 上则是从 b 点向右上方移动到 a 点。当价格由 P_0 下降为 P_2 时,供给量从 Q_0 减少到 Q_2,在供给曲线 S 上则是从 b 点向左下方移动到 c 点。可见,在同一条供给曲线上,向左下方移动是供给量减少,向右上方移动是供给量增加。

供给的变动是指在商品本身价格不变的情况下,由其他因素变动所引起的供给量的变动,供给的变动表现为供给曲线的移动,如图2-6所示。在图2-6中,价格是 P_0,由于其他因素变动(如生产要素价格的变动)而引起的供给曲线的移动是供给的变动。例如,生产要素价格下降,厂商所得到的利润增加,从而产量增加,供给量从 Q_0 增加到 Q_1,则供给曲线由 S_0 移动到 S_1;生产要素价格上升,厂商所得到的利润减少,从而产量减少,供给量从 Q_0 减少到 Q_2,则供给曲线 S_0 移动到 S_2。可见,供给曲线向左上方移动是供给减少,供给曲线向右下方移动是供给增加。

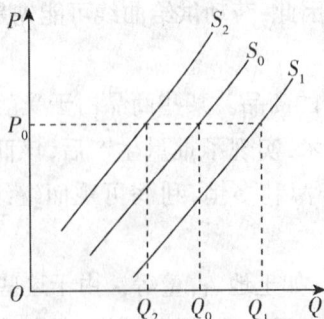

图2-6 供给的变动

我们可以看到,"供给量的变动"与"供给的变动"仅一字之差,但含义明显不同。归纳起来,两者的根本区别在于:①前提条件不同;②变化的形态不同。

第三节　均衡价格的确定

在市场经济中,价格是由供给和需求两种因素共同作用决定的,这种价格又称均衡价格。本节我们来分析研究均衡价格的形成和确定,以及变动的实质。

一、均衡价格的概念

均衡价格就是在市场中形成需求和供给相对平衡状态时的市场价格,这时商品的供给量和需求量相等。

在市场中,需求和供给是两种相反的力量。市场上某种商品的价格越低,人们对它的需求量就越多,而企业的供给量却越少;反之,商品价格越高,人们的需求量就越少,而企业的供给量却越多。市场上的需求方和供给方对市场价格变化的反应是相反的,生产者和消费者分别从各自的利益出发,对市场价格信息做出不同的反应。双方的反应达到力量均衡时,所形成的价格就是均衡价格。

对于均衡价格的理解,应注意以下 3 点:

(1)均衡价格的含义。均衡是指经济中各种对立的、变动的力量处于一种力量相当、相对静止、不再变动的状态。均衡一旦形成之后,如果有另外的力量使它离开原来均衡的位置,则会有其他力量使之恢复到均衡。由此可见,均衡价格就是由于需求与供给这两种力量的作用使价格处于一种相对静止、不再变动的状态。

(2)决定均衡价格的因素是需求和供给。在完全自由竞争市场,需求和供给两方面共同决定着商品的价格,不存在主次之分。因此,需求和供给的变动都会影响均衡价格的变动。

(3)市场上各种商品的均衡价格是最后的结果,其形成过程是在市场的背后进行的。

二、均衡价格的形成

表 2－5 是某商品均衡价格形成表。通过该表可以看出,2 元/千克为均衡价格,100 吨为均衡数量。

根据表 2－5 可以得到均衡价格与供给曲线和需求曲线的关系,如图 2－7 所示。在图 2－7 中,曲线 D 是某种商品的需求曲线,S 是该商品的供给曲线,它们相交于 E 点,E 点对应的价格 P_0 就是均衡价格。与该价格对应的交易量 Q_0 既是供给量,又是需求量,即均衡数量。E 点表示该商品在市场上达到均衡状态的均衡点。

表 2-5　均衡价格的形成

需求量/吨	供给量/吨	价格/(元/千克)
50	200	1.8
80	150	1.9
100	100	2.0
150	80	2.1
200	50	2.2

下面进一步说明均衡价格的形成。

均衡价格是通过市场供求关系的自发调节形成的。一旦市场价格背离均衡价格,供求的相互作用会自动使价格趋向于均衡价格,这就是所谓的"看不见的手"的作用。在纯粹的市场经济中,这只"看不见的手"指导着人们的经济活动,使市场价格永远向着均衡价格移动,均衡是必然要出现的一种趋势。可以用表 2-5 和根据该表所作的图 2-7 来说明均衡价格的形成过程。

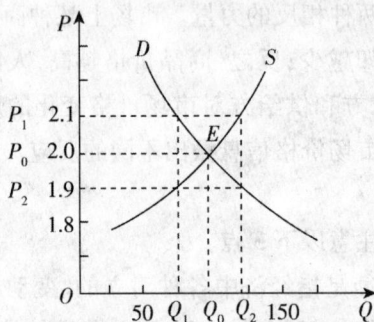

图 2-7　均衡价格的形成

在表 2-5 和图 2-7 中,某种商品的均衡价格为 P_0(2 元/千克),均衡数量为 Q_0(100 吨)。如果该商品在开始时的价格为 P_1(2.1 元/千克),高于均衡价格 P_0,那么,与 P_1 相对应的需求量为 Q_1(80 吨),与 P_1 相对应的供给量是 Q_2(150 吨),显然供大于求,市场过剩 70 吨。这种情况必然导致卖方的竞争,竞争的结果是价格的逐渐下降,随着价格的下降,需求量逐渐增多,供给量逐渐减少,直到价格降到 P_0,需求量与供给量一致,市场达到均衡。相反,如果市场价格为 P_2(1.9 元/千克),低于均衡价格 P_0,那么与 P_2 相对应的需求量是 Q_2(150 吨),与 P_2 相对应的供给量是 Q_1(80 吨),显然,需求量大于供给量,市场短缺 70 吨。这时竞争在买方展开,竞争的结果是价格逐渐上升。随着价格的上升,需求量逐渐减少,供给量逐渐增多,直到价格上升到 P_0 为止,这时的需求量与供给量一致,市场达到均衡状态。

温馨提示

均衡价格是所有商品的消费者和生产者都满意的价格,这一观点对吗?

在均衡价格下,供求相等并不意味着所有商品都找到了买主或者所有需要这种商品的人都得到了满足。有不少需求者与供给者会对这个价格表示失望。一部分消费者可能认为这个均衡价格太高而放弃或减少购买;一部分生产者可能觉得这个均衡价格太低而减少生产或增加库存。

三、需求、供给的变动与均衡价格和均衡数量的变动

在供给和需求一定的情况下,市场的均衡价格是唯一的。但在实际经济生活中,无论需求曲线还是供给曲线都会由于种种原因而发生变化,从而引起均衡价格和均衡数量的变动,现在我们来具体分析需求变动和供给变动对均衡价格的影响。

(一)需求的变动与均衡价格和均衡数量的变动关系

可用图 2-8 来说明需求变动对均衡价格和均衡数量的影响。

在图 2-8 中,既定的供给曲线 S 与最初的需求曲线 D_1 相交于 E_1,均衡价格为 P_1,均衡数量为 Q_1。需求增加后,需求曲线由 D_1 平移到 $D2$,均衡价格和均衡数量分别提高到 P_2 和 Q_2;需求下降后,需求曲线由 D_1 平移到 D_3,均衡价格和均衡数量分别降低到 P_3 和 Q_3。由此可见,在供给不变的条件下,需求增加会使均衡价格和均衡数量都增加,需求减少会使均衡价格和均衡数量都减少。

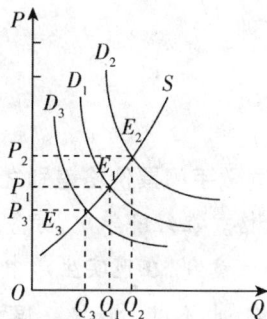

图 2-8 需求变动对均衡价格和均衡数量的影响

所以说,需求的变动会引起均衡价格与均衡数量同方向变动。

(二)供给的变动与均衡价格和均衡数量的变动关系

可用图 2-9 来说明供给变动对均衡价格和均衡数量的影响。

在图 2-9 中,在既定需求不变的条件下,供给变化前的均衡价格和均衡数量分别为 P_1 和 Q_1。供给增加后,均衡数量由 Q_1 增加到 Q_2,但均衡价格由 P_1 下降为 P_2;供给减少后,均衡数量由 Q_1 减少为 Q_3,均衡价格由 P_1 上升为 P_3。显然,当需求既定时,供给增加使均衡数量增加而均衡价格下降,供给减少会使均衡数量减少而均衡价格上升。

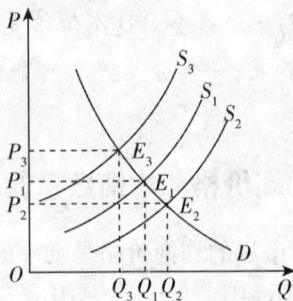

图 2-9 供给变动对均衡价格和均衡数量的影响

所以说,供给的变动既会引起均衡价格反方向变动,又会引起均衡数量同方向变动。

(三)供求定理

从以上关于需求与供给变动对均衡影响的分析可以得出以下结论:

(1)需求的增加引起均衡价格上升,需求的减少引起均衡价格下降;

(2)需求的增加引起均衡数量增加,需求的减少引起均衡数量减少;

(3)供给的增加引起均衡价格下降,供给的减少引起均衡价格上升;

(4)供给的增加引起均衡数量增加,供给的减少引起均衡数量减少。

这就是微观经济学中的供求定理。

知识拓展

不同歌手门票价格差别之谜

门票价格也就是歌手劳务的价格。在经济学中,劳务是一种无形的物品,其定价规律与有形的物品是一样的。我们一定会注意到,在现实生活中,美声唱法歌手演唱会的门票价格便宜——即使是"大腕",如迪里拜尔,也不过180元。但通俗唱法歌手演唱会的门票价格昂贵——像周杰伦、刘德华,已达千元以上。

用演唱这种劳务中所包含的劳动量恐怕无法解释这种差别。提供某种劳务的劳动量包括为此而用的培训时间与提供劳务所耗的活劳动。美声唱法是一种复杂劳动,需要长期专业培训,演唱也颇费力。与此相比,通俗歌手的劳动要简单。这就是说,同样一场演唱会,美声唱法包含的劳动量要多于通俗唱法。看来劳动量的差别并不能解释票价如此巨大的差别。

学过价格理论你就会知道,决定不同歌手门票价格差别的关键在于需求与供给,引起这种门票价格差别的也在于供求。美声唱法是阳春白雪的高雅艺术,然而曲高和寡,能欣赏它的是少数音乐修养较高的观众。通俗唱法是大众的艺术,能欣赏它的人很多,尤其是人数众多的青少年。

这就是说,当美声唱法歌手与通俗唱法歌手相当时(供给相同),由于通俗唱法的需求远远大于美声唱法,门票价格就自然高多了。我们还会注意到,由于通俗歌手收入丰厚,许多人都担当这类歌手,随着著名通俗歌手的增加,其门票价格也在下降。但由于能成为"大腕"的人仍然不多,供给增加有限,而歌迷对这些"大腕"的需求不减,"大腕"的门票价格仍然相当高,他们的收入依然丰厚。

说起来供求关系并不复杂,但利用它可以解释我们在现实中观察到的许多现象。

（资料来源:梁小民著,《西方经济学》,中央广播电视大学出版社2003年版。）

四、均衡价格理论的应用

(一)价格对经济的调节作用

在市场经济中,经济的运行、资源的配置都是由价格这只"看不见的手"来调节的,美国经济学家 M. 弗里德曼把价格在经济中的作用归纳为 3 种:①传递情报;②提供一种刺激,促使人们采用最节省成本的生产方法把可得到的资源用于最有价值的目的;③决定谁可以得到多少产品,即决定收入的分配。这三种作用实际上解决了资源配置所包括的三个问题:生产什么、如何生产和为谁生产。

从价格调节经济即决定"生产什么"的角度来看,价格的作用可以具体化为以下几种。

(1)价格作为指示器反映市场的供求状况。人们可以通过价格的变动来及时地了解市场中供求的变化:某商品价格上升,表示此商品供不应求;价格下降,表示供过于求。价格作为供求状况指示器的作用是任何其他指标都不能代替的。

(2)价格变动可以调节需求。在市场经济中,消费者享有完全的消费自由,购买消费决策只受价格的影响。当商品价格下降时,消费者会增加购买;而当商品价格上升时,消费者则减少购买。价格对需求的调节作用也是任何其他指标都不能代替的。

(3)价格变动可以调节供给。在市场经济中,生产者也是享有完全的生产自由,生产、销售行为只受价格影响。当商品的价格上升时,生产者会增加产量;而当商品的价格下降时,生产者会减少产量。价格对供给的调节作用也是任何其他指标都不能代替的。

(4)价格的调节可以使资源配置达到最优。通过价格对需求和供给的调节,最终会使需求等于供给。此时,消费者的欲望得到满足,生产者的资源得到充分利用。社会资源通过价格分配于各种用途上,这种分配使消费者的效用最大化和生产者的利润最大化得以实现,从而实现资源配置的最优化状态。

(二)市场调节的不完善性

根据价格理论,市场价格应该是供求平衡时的均衡价格,它是完全由市场上的供求关系自发地调节的。供求平衡的市场状态可以使市场稳定,可以使资源得到最佳配置。但是价格调节是在市场上自发进行的,有其盲目性,所以在现实中,有时由供求关系决定的价格对经济并不是最有利的。这就是说,由价格机制进行调节所得出的结果并不一定符合整个社会的长远利益。

一种情况是,从短期来看,这种供求决定的均衡价格也许是合适的,但从长期看,对生产有不利影响。例如,当农产品过剩时,农产品的价格会大幅度下降,这种下降会抑制农业生产,从短期看,这种抑制作用有利于供求平衡。但农业生产周期较长,农产品的低价格对农业产生抑制作用后,将会对农业生产的长期发展产生不利影响。当农产品的需求增加后,农产品并不能随之迅速增加,这样就会影响经济的稳定。因此,供求关系引起的农产品价格波动,从长远来看不利于农业的稳定,农业的发展需要稳定的价格。

另一种情况是,由供给和需求所决定的价格会产生不利的社会影响。例如,某些生活必需品严重短缺时,价格会很高。在这种价格之下,收入水平低的人无法维持最低水平的生活,必然会产生社会动乱。因此,市场均衡价格不一定符合整个社会的利益。

基于上述认识,国家制定一些价格政策来适当地控制市场价格就成为必要。价格政策的形式有很多,我们这里主要介绍两种,即支持价格与限制价格。

(三)支持价格

1.支持价格的概念

支持价格是政府为了扶持某一行业而规定的该行业产品的最低价格,如图2-10所示。

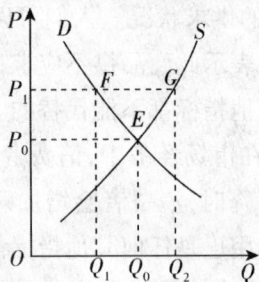

图2-10 支持价格的影响

从图2-10中可以看出,该行业产品由供求关系所决定的均衡价格为OP_0,均衡数量为OQ_0。政府为支持该行业生产而规定的支持价格为OP_1,$OP_1 > OP_0$,即支持价格一定高于均衡价格,这时需求量为OQ_1,相对应的供给量为OQ_2,由于$OQ_2 > OQ_1$,即供给量大于需求量,两者差额为供给过剩部分。

2.农产品支持价格的运用

许多国家都通过不同的形式对农产品实行支持价格政策,以稳定农业。在具体运用中,农产品支持价格一般采用两种形式。

(1)缓冲库存法,即政府或其代理人按照年份收购全部农产品。在供大于求时,增加库存或出口;在供小于求时,减少库存,以平价进行买卖,从而使农产品的价格由于政府的支持而维持在某一水平上。

(2)稳定基金法,也就是由政府或其代理人按照平价收购全部农产品,但并不用于建立库存进行存货调节,以平价买卖,而是在供大于求时努力维持一定的价格水平,在供给小于需求时,使价格不致过高。在这种情况下,收购农产品的价格也是稳定的,同样可以起到支持农业生产的作用。

3. 支持价格的作用

支持价格运用对经济发展和稳定有积极的意义。以对农产品实行的支持价格为例,从长期来看,支持价格确实有利于农业的发展,这是因为:

(1)稳定了农业生产,减缓了经济危机对农业的冲击;

(2)通过对不同农产品的不同支持价格,可以调整农业结构,使之适应市场需求的变动;

(3)扩大农业投资,促进了农业现代化的发展和劳动生产率的提高。正因为如此,实行农产品支持价格的国家,农业生产发展都较好。

但支持价格也有副作用,这主要是会使财政支出增加,使政府背上沉重的包袱。

(四)限制价格

1. 限制价格的概念

限制价格是政府为了限制某些生活必需品的物价上涨而规定的这些产品的最高价格,如图 2 - 11 所示。

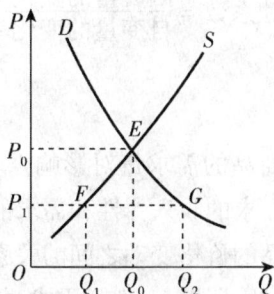

图 2 - 11 限制价格的影响

在图 2 - 11 中可以看出,这些产品由供求关系所决定的均衡价格为 OP_0,均衡数量为 OQ_0。但在这种价格时,穷人可能无法得到必需的生活品。政府为了制止过高的价格,规定的限制价格为 OP_1,$OP_1 < OP_0$,即限制价格一定低于均衡价格。这时需求量为 OQ_2,$OQ_2 > OQ_1$,产品供给不足,两者差额为供给不足部分。为了维持限制价格,政府就要实行配给制。

2. 限制价格的运用

限制价格政策一般是在战争或自然灾害等特殊时期使用的。但也有许多国家对某些生活必需品或劳务长期实行限制价格政策。例如,法国在第二次世界大战后对关系国计民生的煤炭、电力、煤气、交通与邮电服务等,都实行了限制价格政策。英国、瑞典、澳大利亚则对房租实行了限制价格政策。还有一些国家,对粮食等生活必需品实行了限制价格政策。

3. 限制价格的利弊

限制价格有利于社会平等的实现,有利于社会的稳定。但这种政策会引起严重的不利后果。这主要是因为：①价格水平低不利于刺激生产，从而使产品长期存在短缺现象；②价格水平低不利于抑制需求，从而会在资源缺乏的同时又造成严重的浪费；③限制价格之下所实行的配给制会引起社会风气败坏。正因为如此，一般经济学家都反对长期采用限制价格政策。

第四节 弹性理论及其应用

前面我们通过对需求、供给与价格之间关系的分析，揭示了需求规律、供给规律及均衡价格的确定和形成，从而使我们从定性角度初步明白了商品的需求量和供给量的变动会随着影响它们的各种因素的变动而变动。本节的弹性理论将进一步从量的角度来说明需求量和供给量的变动与影响因素变动之间的关系。

弹性的概念来自物理学。在经济学中借用弹性概念来表示自变量对因变量影响的程度。通常弹性的大小用弹性系数来表示，其公式为

$$弹性系数 = \frac{因变量的变化率}{自变量的变化率}$$

一、需求弹性

需求弹性是指在一定时期内，商品的需求量对影响需求量的因素变动的反应程度。需求弹性可以分为需求的价格弹性、需求的收入弹性和需求的交叉弹性，分别说明需求量变动与商品本身的价格、收入和其他商品的价格变动之间的关系。

其中最重要的是需求的价格弹性，所以，一般说需求弹性就是指需求的价格弹性。

（一）需求的价格弹性

1. 需求价格弹性的含义

需求价格弹性通常被简称为需求弹性，是指一种商品的需求量对其价格变动的反应程度，或者说是价格变动的比率引起的需求量变动的比率。它的大小可用弹性系数来表示，弹性系数等于需求量变动的百分比与价格变动的百分比的比值，即

$$需求的弹性系数 = \frac{需求量的变化率}{价格的变化率}$$

如果用 E_d 表示需求的弹性系数，用 Q 和 ΔQ 分别表示需求量和需求量的变动量，用 P 和 ΔP 分别表示价格和价格的变动量，则需求弹性系数的公式为

$$E_d = \frac{\Delta Q/Q}{\Delta P/P} = \frac{\Delta Q}{\Delta P} \cdot \frac{P}{Q} \qquad (2-1)$$

例如，某商品的单位价格由 5 元下降为 4 元（$P=5,\Delta P=-1$），需求量由 10 单位增加到

30 单位($Q=10,\Delta Q=20$),则该商品的需求弹性系数为 -10。

在理解需求弹性的含义时要注意以下几点:

(1)需求量和价格这两个经济变量中,价格是自变量,需求量是因变量,所以需求弹性就是指价格变动所引起的需求量变动的程度。

(2)需求弹性系数是价格变动的比率与需求量变动的比率的比率,而不是价格变动的绝对量与需求量变动的绝对量的比率。

(3)弹性系数的数值可以为正,也可以为负。如果两个变量为同方向变化,则为正值;反之,若两个变量为反方向变化,则为负值。但在实际运用时,为方便起见,一般都取其绝对值。

(4)同一条需求曲线上不同点的弹性系数大小并不相同。

2. 需求价格弹性的计算

根据价格和需求量变动幅度的大小,需求的价格弹性计算可分为点弹性计算法和弧弹性计算法。它们在表示需求量变化的百分比和价格变化的百分比之间的比率上是一样的,但它们所涉及的范围有所不同。

点弹性是指需求曲线上某一点的弹性。它等于需求量微小的变化比率与价格微小的变化比率之比。设商品原价格为 P_1,变化后的价格为 P_2,需求量原为 Q_1,变化后为 Q_2,则点弹性的公式为

$$E_d = \frac{Q_2 - Q_1}{Q_1} \Big/ \frac{P_2 - P_1}{P_1} \qquad (2-2)$$

点弹性的计算方法适用于价格和需求量变化极为微小的情况,如果商品价格与需求量的变化都相当大,就要计算需求曲线上两点之间一段弧的弹性,即弧弹性。

在计算一条曲线与一段弧的弹性系数时,在价格上涨和价格下降的不同情况下,由于需求量 Q 和价格 P 的基数不同,因此价格上升时的弹性系数和价格下降时的弹性系数不同。为了消除价格上升与下降时计算的弹性系数的差别,价格和需求量的变动都取变动前后的平均值,即采用中点法计算弧弹性。如图 2-12 所示,在需求曲线上,有 A 点(Q_1,P_1)、B 点(Q_2,P_2),$P_1 > P_2$,$Q_1 < Q_2$,计算 A 点到 B 点的需求弹性时,中点法计算公式为

$$E_d = \frac{Q_2 - Q_1}{(Q_2 + Q_1)/2} \Big/ \frac{P_2 - P_1}{(P_2 + P_1)/2} \qquad (2-3)$$

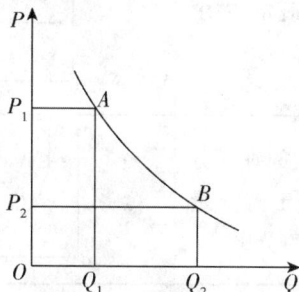

图 2-12 弧弹性的计算

3. 需求价格弹性的分类

不同的商品,其需求弹性各不相同。根据需求弹性系数的大小,把需求的价格弹性分为以下五种类型:

(1)完全无弹性:$E_d = 0$,表示不管商品价格如何变动,其需求量固定不变,即需求量与价格无关,称为完全无弹性。这在现实生活中是一种罕见的情况。在这种情况下,需求曲线是一条垂直于横轴的直线,见表2−6。

(2)需求无限弹性:$E_d \to \infty$,称为需求对价格有完全弹性。这时,在某一既定价格水平上,商品需求量无限大,即买方将不受限制地尽量收购。这在现实生活中也是一种罕见的极端情况。在这一情况下,需求曲线是一条平行于横轴的直线,见表2−6。

(3)单位需求弹性:$|E_d| = 1$,表示需求量变动的程度与价格变动的程度相等,称为需求对价格有单位弹性。在这种情况下,需求曲线是等轴双曲线,见表2−6。

严格地说,以上三种类型都是理论上的假设,在现实生活中是非常罕见的。现实生活中,绝大多数商品的需求弹性多属于以下两种。

(4)需求缺乏弹性:$0 < |E_d| < 1$,表示需求量变动的程度小于价格变动的程度,称为需求对价格缺乏弹性。在实际生活中,一般生活必需品的需求都缺乏弹性,如粮食、食盐等,价格变动对这些生活必需品的购买量影响不大,因而这类商品的消费总量大体上是稳定的,见表2−6。

(5)需求富有弹性:$1 < |E_d| < \infty$,表示需求量变动的程度大于价格变动的程度,称为需求对价格富有弹性。在实际生活中,奢侈品的需求受价格影响较大,价高时可以少购甚至不购,价低时则可以多购,所以这类商品的需求对价格是富有弹性的,见表2−6。

表2−6 需求弹性分类简表

需求弹性类型	弹性系数	含义	图形	举例
完全无弹性	$E_d = 0$	无论价格如何变动,需求量不变		胰岛素
需求无限弹性	$E_d \to \infty$	价格既定,需求量无限		黄金
单位需求弹性	$|E_d| = 1$	价格变动百分比等于需求量变动百分比		衣服

续 表

需求弹性类型	弹性系数	含义	图形	举例
需求缺乏弹性	$0<\|E_d\|<1$	价格变动百分比大于需求量变动百分比		粮食
需求富有弹性	$1<\|E_d\|<\infty$	价格变动百分比小于需求量变动百分比		保健品

4. 影响需求弹性的因素

不同的商品,其需求的价格弹性不同。需求的价格弹性的高低主要取决于下列因素:

(1)消费者对某种商品的需求程度。一般来说,消费者对生活必需品的需求强度大而稳定,所以生活必需品的需求弹性就小,如粮食、油、盐、蔬菜这类生活必需品的需求弹性都较小。而奢侈品、高档消费品的需求弹性就较大。

(2)商品的可替代程度。一种商品的可替代品越多,它的需求就越富有弹性;一种商品的可替代品越少,它的需求就越缺乏弹性。

(3)用于购买该商品的支出在总支出中所占的比重。一种商品的花费占收入的比例越大,当该商品涨价时,我们会越多地被迫减少对它的消费,即收入效应越大,需求弹性就越大。

(4)商品本身用途的广泛性。一般来说,商品的用途广泛,需求弹性就大;用途小,则需求弹性小。因为一种商品的用途越多,则消费者的需求量在这些用途之间调整的余地就越大,需求量做出的反应程度就越大。

(5)商品的耐用程度。一般来说,使用时间长的耐用消费品需求弹性大,而使用时间短的非耐用消费品需求弹性小。

在以上影响需求弹性的因素中,最重要的是商品的需求程度、替代程度和在支出中所占的比例。商品的需求弹性到底有多大,是由上述这些因素综合决定的,不能只考虑其中的一种因素。而且,某种商品的需求弹性也因时期、消费收入水平和地区的不同而不同,见表2-7。

表2-7 部分商品及服务的需求价格弹性

产 品	价格弹性
西红柿	4.6
青 豆	2.8
出租车服务	1.2

产　品	价格弹性
家　具	1.0
电　影	0.87
鞋　子	0.7
香　烟	0.51
医疗保险	0.31
客车旅行	0.20
居民用电	0.13

（二）需求的收入弹性

需求的收入弹性是指某种商品的需求量对消费者收入变动的反应程度，即收入的变动比率引起的需求量变动比率。需求量变动比率与收入变动比率的比值就是需求的收入弹性系数，即

$$需求的收入弹性系数 = \frac{需求量变动的百分比}{收入变动的百分比}$$

如果用 E_m 表示需求的收入弹性系数，用 Y 和 ΔY 表示收入和收入的变动量，用 Q 和 ΔQ 表示需求量和需求的变动量，则

$$E_m = \frac{\Delta Q/Q}{\Delta Y/Y} = \frac{\Delta Q}{\Delta Y} \cdot \frac{Y}{Q} \tag{2-4}$$

一般来说，在影响需求的其他因素不变的条件下，需求量同消费者的收入呈同方向变化，所以需求的收入弹性系数为正值，即点 $E_m > 0$。但也有些商品，消费者收入增加反而导致这些商品需求量的减少，所以它的收入弹性为负值，即 $E_m < 0$。需求量同消费者收入呈同方向变化的商品在经济学上称为正常商品，而需求量同消费者收入呈反方向变动的商品为劣质商品。

知识拓展

需求收入弹性与企业经营

一般来说，当经济繁荣、社会收入增加时，企业就应努力增加需求收入弹性大的商品（高档商品、汽车、旅游服务等）的生产，减少"低劣品"的生产以取得更大的销售收入；对于需求收入弹性较小的生活必需品，可大体上维持产量，因为即使社会收入有较大增长，生活必需品销量也不会增加很多；对于低档需求品需求量会下降，企业则应及时减少产量。对个人而言，如果预期经济快速发展，可以考虑购买产品需求收入弹性大的企业的股票。当经济萧条、社会收入减少时，高档品需求量会迅速下降，企业应及时减产；生活必需品（食品、日用百货、教育医药）则不太受经济景气的影响，经营比较平稳；低档品需求量会迅速上升，企业则

应及时增产。对个人而言,如果感觉经济萧条,可以考虑资金从收入弹性大的企业股票中抽出,转投到产品需求收入弹性小的企业,如日用百货的生产和销售。

基于现代企业自身的特性,在运用需求收入弹性时,应切记以下3个原则:①需求收入弹性大的商品,利润大、风险也大;②需求收入弹性小的商品,利润小、风险也小;③不同收入弹性的组合,可降低风险,保证一定的利润。

(资料来源:编者整理)

(三)需求的交叉弹性

需求的交叉弹性是需求的交叉价格弹性的简称,它表示的是其他商品价格的变化对这种商品需求量变动的影响程度。需求的交叉弹性是指一种商品的需求量对另一种商品的价格的反应程度,即是由其他商品价格变动的比率引起的,即

$$需求的交叉弹性系数 = \frac{甲商品需求量变动的百分比}{乙商品价格变动的百分比}$$

需求的交叉弹性系数可以是正值,也可以是负值,它取决于商品之间的关系。一般来说,互补商品的交叉弹性系数是负值,因为某商品的互补商品的价格与该商品的需求量呈反方向变化;替代商品的交叉弹性为正值,因为某商品的替代商品的价格与该商品的需求量呈同方向变化。

▓▓ 知识拓展

需求的交叉价格弹性在实践中的应用

我们掌握了需求交叉弹性的理论和方法,有利于企业制定自身产品的价格策略。特别是对于某些大型企业,往往拥有多条生产线,同时生产相互替代或相互补充的产品,用需求的交叉弹性分析各种产品之间的风险问题,从整体目标出发,统筹规划,协调好交叉产品的营销策略是十分必要的。例如,"柯达"及时放弃了"傻瓜"相机的专利和技术的损失,总收益却从"柯达"胶卷的空前旺销、稳销中得到补偿,为公司求得了长期稳定的盈利。

其次,企业可以利用需求的交叉弹性测定各部门之间的产品交叉关系,制定正确的产品竞争策略。例如,20世纪70年代末,汽车业竞争加剧,美国的"通用"和日本的"丰田"在生产"经济车"方面竞争十分激烈。以生产小型、廉价、高技术的"绅宝"——"经济车"公司也面临抉择,要么改为生产汽车配件,要么继续生产"经济车",要么争取生产"昂贵车"。"绅宝"公司通过对"昂贵车"的市场调查,分析预测出"昂贵车"的需求价格弹性以及相对于各种"经济车"的需求交叉弹性,于1979年推出全新的SAAB9000型涡轮增压"昂贵车",在与美国"通用"和日本"丰田"等"经济车"激烈的市场竞争中取得胜利,1983年的销售增长率达到42.9%,成为所有汽车行业中销售增长率最高的一家。小公司以少量的财力、生产能力却在激烈的市场竞争中脱颖而出,其原因之一就是受益于需求的交叉弹性理论和方法。

此外,在激烈的市场竞争中,需求的交叉弹性信息可以为企业的价格竞争策略提供依

据,比如"长虹"厂商在考虑降价策略时,一定需要估测到它的替代产品诸如"TCL""海信""康佳"等厂商可能产生的反响,并进一步分析预测对手的反应以及对自己销售所产生的影响,从而判断自己的降价策略是否可行。"饮水机"制造业很想知道"纯净水"的降价对"饮水机"的需求量有多大的促进作用,从而考虑对"纯净水"生产厂家是否应给予一定的支持。

综上所述,可以看出需求的交叉弹性在经济工作中应用广泛,并具有重要意义。掌握好需求交叉弹性的理论和方法,并把它运用于我们的市场经济之中,能够减少盲目性和随意性,达到发展经济提高经济效益的目的。

（资料来源:李秀兰,《关于需求交叉弹性的思考》,《管理理论与实践》,2000 年第 2 期。）

二、供给弹性

(一)供给弹性的含义

供给价格弹性简称供给弹性,是指供给量变动对价格变动的反应程度,即供给量变动比率与价格变动的比率之比,供给弹性的大小可以用供给弹性系数来表示,即

$$供给弹性系数 = \frac{供给量变动百分比}{价格变动的百分比}$$

例如,某种商品价格变动为 10%,供给量变动为 20%,则这种商品的供给弹性系数为 2。由于供给量的变动与价格的变化方向上是一致的,因此供给弹性系数均为正数。

如果以 E_s 代表供给弹性系数,用 P 和 ΔP 分别代表价格和价格的变动量,用 Q 和 ΔQ 分别代表供给量和供给量的变动量,则

$$E_s = \frac{\Delta Q/Q}{\Delta P/P} = \frac{\Delta Q}{\Delta P} \cdot \frac{P}{Q} \qquad (2-5)$$

(二)供给弹性的分类

根据弹性系数的大小,供给弹性可分为五种类别:

(1)供给完全无弹性,即 $E_s = 0$,表示无论价格如何变动,供给量始终不变。这时的供给曲线是一条与横轴垂直的直线,如图 2-13 中的 A。

(2)供给有无限弹性,即 $E_s \to \infty$。在这种情况下,价格既定而供给量无限。如在劳动力严重过剩的情况下,劳动力的价格(工资)即使不发生变化,劳动力的供给也会源源不断地增加。这时的供给曲线是一条与横轴平行的直线,如图 2-13 中的 E。

(3)单位供给弹性,即 $E_s = 1$。在这种情况下,价格变动的百分比与供给量变动的百分比相同。例如,某些机械产品的供给量变动幅度接近于它们的价格变动幅度。这时的供给曲线是一条过原点并向右上方倾斜的直线,如图 2-13 中的 C。

(4)供给富有弹性,即 $E_s > 1$。在这种情况下,供给量变动的百分比大于价格变动的百分比。一般来说,劳动密集型产品的供给多属于这种情况,因为这种产品的生产增加或减少相对容易些,所以价格变动后,供给量能较大幅度地改变。这时的供给曲线是一条向右上方倾斜且较为平坦的直线,如图 2-13 中的 D。

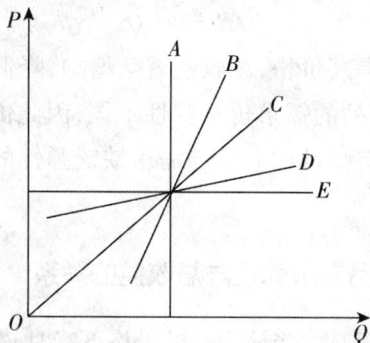

图 2 - 13 供给弹性

（5）供给缺乏弹性，即 $E_s < 1$。在这种情况下，供给量变动的百分比小于价格变动的百分比。一般来说，资本密集型产品的供给多属于此类情况，因为这类生产不容易很快增加或减少，所以价格变动后，供给量的增减不会太大。这时的供给曲线是一条向右上方倾斜且较为陡峭的直线，如图 2 - 13 中的 B。

（三）影响供给弹性的因素

供给弹性的大小主要受下列因素影响：

（1）生产时期的长短。市场上价格发生变化若影响供给量的增减，都必须经过一段时间来调整生产要素，改变生产规模。从价格的变化到供给量的变化有一个过程，存在一个时滞：时间越短，供给弹性越小；时间越长，供给弹性越大。

（2）生产的难易程度。一般而言，容易生产而且生产周期短的产品对价格的反应快，其供给弹性大。反之，不易生产且生产周期长的产品对价格变动的反应慢，其供给弹性也就小。

（3）生产要素的供给弹性。从一般理论上讲，供给取决于生产要素的供给。因此，生产要素的供给弹性大，产品供给弹性也大。反之，生产要素的供给弹性小，产品的供给弹性也小。

（4）生产所采用的技术类型。一般来说，技术水平高、生产过程复杂的产品，其供给弹性小，而技术水平低、生产过程简单的产品，其供给弹性大。

三、需求价格弹性的运用

需求价格弹性的大小，同消费者购买该商品货币支出的变动和生产者的总收益都密切相关。因为价格变动引起需求量的变动，从而引起了消费者货币支出的变动。同时，消费者的支出和生产者的收益在量上是相同的，即为价格和销售量（需求量）的乘积。所以，分析需求弹性对总收益的影响实际上也就是分析需求弹性对居民户总支出的影响。

总收益也可以称为总收入，指厂商出售一定量商品所得到的全部收入，即价格与销售量的乘积。如果以 TR 代表总收益，P 为价格，Q 为销售量，则

$$TR = P \cdot Q$$

按照这一公式,好像只要提高价格,总收益就会增加,降低价格,总收益就一定会减少,实际并不是这样。由于各种商品的需求价格弹性不同,因此价格变化对总收益的影响也不一样。下面,我们分析需求富有弹性的商品与需求缺乏弹性的商品的需求价格弹性与总收益之间的关系。

(一)需求富有弹性的商品需求弹性与总收益的关系

如果某种商品的需求富有弹性,当该商品的价格下降时,需求量(即销售量)增加的幅度大于价格下降的幅度,从而总收益(总支出)会增加;当该商品的价格上升时,需求量(销售量)减少的幅度大于价格上升的幅度,所以总收益(总支出)会减少,如图2-14所示。在图2-14中,D 是某种需求富有弹性商品的需求曲线,当价格为 P_1 时,需求量为 Q_1,总收益为矩形 OQ_1AP_1 的面积;当价格为 P_2 时,需求量为 Q_2,总收益为矩形 OQ_2BP_2 的面积。而 $OQ_2BP_2 > OQ_1AP_1$。当价格由 P_1 降为 P_2 时,总收益由 OQ_1AP_1 增加到 OQ_2BP_2;相反,当价格由 P_2 上升到 P_1 时,总收益由 OQ_2BP_2 减少到 OQ_1AP_1。

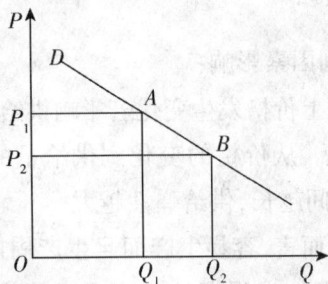

图2-14　需求富有弹性的商品与总收益的关系

根据这种富有弹性的商品价格上升与下降引起的总收益的变化可以得出以下结论:如果某种商品的需求是富有弹性的,则价格与总收益呈反方向变动,即价格上升,总收益减少;价格下降,总收益增加。需求富有弹性的商品价格下降而总收益增加,就是我们一般所说的"薄利多销"的原因所在。由此可以看出,能够做到薄利多销的商品是需求富有弹性的商品。

(二)需求缺乏弹性的商品需求弹性与总收益的关系

如果某种商品的需求是缺乏弹性的,当该商品的价格下降时,需求量(销售量)增加幅度小于价格下降的幅度,从而总收益(总支出)会减少;相反,当该商品的价格上升时,需求量(销售量)的减少幅度小于价格上升的幅度,从而总收益(总支出)会增加,如图2-15所示。

在图2-15中,D 是某种需求缺乏弹性商品的需求曲线。当价格为 P_1 时,需求量为 Q_1,总收益为矩形 OQ_1AP_1 的面积;当价格为 P_2 时,需求量为 Q_2,总收益为矩形 OQ_2BP_2 的面积,而 $OQ_1AP_1 > OQ_2BP_2$。当价格由 P_1 下降到 P_2 时,总收益由 OQ_1AP_1 减少到 OQ_2BP_2;相反,当价格由 P_2 上升到 P_1 时,总收益由 OQ_2BP_2 增加到 OQ_1AP_1。

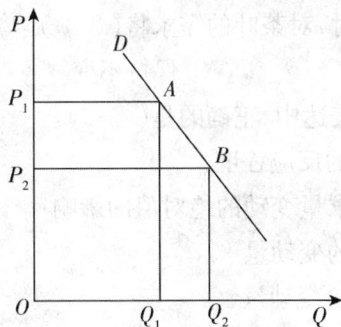

图 2 – 15　需求缺乏弹性的商品与总收益的关系

根据这种缺乏弹性的商品价格上升或下降引起的总收益的变化可以得出以下结论：如果某种商品是缺乏弹性的，则价格与总收益同方向变动，即价格上升，总收益增加；价格下降，总收益减少。"谷贱伤农"就是这个道理。在丰收的情况下，由于粮价下跌，农民的收入减少了。因为农产品的需求缺乏弹性，丰收造成粮价下跌，并不会使需求同比例增加，从而总收益减少，农民受损失。

由此看来，厂商定价应注意需求弹性不同的商品的价格变动对总收益的影响。如果商品的需求是富有弹性的，则价格与总收益成反方向变化，即价格上升，总收益减少；价格下降，总收益增多。如果商品的需求是缺乏弹性的，则价格与总收益成同方向变化，即价格上升，总收益增加；价格下降，总收益减少。

关键术语

需求　需求曲线　需求函数　需求量的变动　需求定理　供给　供给曲线　供给函数供给量的变动　供给定理　均衡价格　支持价格　限制价格　弹性系数　需求的价格弹性需求的收入弹性　需求的交叉弹性　供给弹性　供给弹性的分类

练习与思考

一、选择题

1. 需求曲线是一条向（　　　）倾斜的曲线。

A. 右下方　　　　B. 右上方　　　　C. 左下方　　　　D. 左上方

2. 供给曲线是一条向（　　　）倾斜的曲线。

A. 右下方　　　　B. 右上方　　　　C. 左下方　　　　D. 左上方

3. 已知某商品的需求函数和供给函数分别为：$Q_D = 14 - 3P$，$Q_s = 2 + 6P$，该商品的均衡价格是（　　　）。

A. 4/3　　　　B. 4/5　　　　C. 2/5　　　　D. 5/2

4. 消费者的收入增加 80% 时，某商品的需求量减少 40%，则该商品可能是（　　　）。

A. 奢侈品　　　B. 必需品　　　C. 低档商品　　　D. 吉芬商品

5. 当咖啡的价格急剧上升时,对茶叶的需求将(   )。

A. 减少   B. 增加   C. 保持不变   D. 无法判断

6. 在下列需求价格弹性的表达中,正确的是(   )。

A. 需求量变动对价格变动的反应程度

B. 价格变动的绝对值对需求量变动的绝对值的影响

C. 价格的变动量除以需求的变动量

D. 需求的变动量除以价格的变动量

7. 民航机票经常性价格打折说明飞机旅行需求(   )。

A. 富有价格弹性   B. 单位弹性

C. 价格弹性不足   D. 缺乏收入弹性

8. 中国政府为了扶持农业,对农产品规定了最低限价。政府为维持最低限价,应该采取的相应措施是(   )。

A. 增加农民的税收   B. 实行农产品配给制

C. 收购过剩的农产品   D. 对农产品实行补贴

9. 假定玉米市场的需求是缺乏弹性的,玉米的产量等于销售量且等于需求量,恶劣的气候条件使玉米产量下降20%,在这种情况下,(   )。

A. 玉米生产者的收入减少,因为玉米产量下降

B. 玉米生产者的收入增加,因为玉米价格上升低于20%

C. 玉米生产者的收入增加,因为玉米价格上升超过20%

D. 玉米生产者的收入减少,因为玉米价格上升低于20%

10. 两种商品中一种商品的价格发生变化时,这两种商品的需求量都同时增加或减少,则这两种商品需求的交叉弹性系数为(   )。

A. 正   B. 负   C. 0   D. 1

二、简答题

1. 什么是需求?影响需求的因素有哪些?

2. 什么是供给?影响供给的因素有哪些?

3. 需求量的变动与需求的变动有何不同?

4. 供给量的变动与供给的变动有何不同?

5. 什么是均衡价格?它是如何形成的?

6. 什么是供求定理?

7. 什么是需求弹性?需求弹性有几种类型?

三、技能训练

1. 运用供求理论论述为减少毒品犯罪的最佳措施是查毒方式还是禁毒教育方式?

2. 运用供求理论说明改革开放前广东的鱼价格很低但广东人为什么吃不上鱼?

3.案例分析：

人们说2007年是个"火爆"的年份,从年初的楼市上涨到股市的全线飘红,这一火爆的"金猪年"给人们的神经带来了足够的刺激。进入5月以来,猪肉似乎又成了"金猪肉",全国多数省区市猪肉价格同比大幅上涨,有些城市的猪肉价格已经达到历史最高。根据商务部市场运行司的统计,2007年5月上中旬,全国36个中心城市猪肉平均批发价格比上年同期上涨4.4元,涨幅43.1%。在北京市,5月市场的猪肉价格已经密集地出现了14次上涨。这次猪肉价格的大涨,可以说是近10年来罕见的。猪肉是关系到国计民生的问题,它既影响人们的一日三餐,又导致CPI的上涨,甚至会导致严重的通货膨胀;它关系到农民收入的提高,又关系到与其相关的上下游企业的发展。

对于猪肉价格上涨,我们的问题是：

(1)从需求的角度看,你认为刺激猪肉价格上涨的因素有哪些?

(2)从供给的角度看,你认为导致猪肉价格上涨的因素有哪些?

(3)从价格弹性的角度看,猪肉的价格弹性如何?

第三章 消费者行为理论

知识目标

1. 了解欲望效用、基数效用与叙述效用的含义及区别。
2. 了解总效用与边际效用的关系,掌握边际效用递减规律。
3. 掌握无差异曲线的含义及其特征,理解边际替代率递减规律。

能力目标

1. 能够运用边际效用递减规律分析消费者的行为,并解释日常生活中的一些经济现象。
2. 能运用消费者剩余相关的知识解释日常经济生活中的某些现象。
3. 能结合预算线及其变动与无差异曲线对消费者的行为进行分析。

案例导入

钻石和木碗

一个穷人家徒四壁,只得头顶着一只旧木碗四处流浪。一天,穷人到一条渔船上去帮工。不幸的是,渔船在航行中遇到了特大的风浪,被大海吞没了。渔船上的人几乎都被淹死了,穷人抱着一根大木头,最终幸免于难。穷人被海水冲到了一个小岛上,岛上的酋长看见穷人头顶的木碗,感到非常新奇,便用一大口袋最好的珍珠宝石换来了旧木碗,并派人把穷人送回了家。

一位富翁听见了穷人的奇遇,心中暗想:"一只旧木碗都能换回这么多的宝贝,如果我送去很多可口的食物,该能换回多少宝贝啊!"于是,富翁装了满满一船的山珍海味和美酒,找到了穷人去过的小岛。酋长接受了那位富翁送来的礼物,品尝之后赞不绝口,并声称要送给那位富翁最珍贵的东西。富翁一听,正心中暗自得意。一抬头,富翁猛然发现酋长双手捧着的"珍贵礼物",不由得愣住了:它居然就是穷人用过的旧木碗。

这个故事不仅蕴含着丰富的人生哲理,而且也包含着一定的经济学思想,即同样的东西,对不同的人而言,其效用往往存在很大的差异。

第一节　基数效用

一、什么是效用

消费者在做出购买某种商品的决策时,都要进行成本与收益的比较。对消费者而言,成本就是产品的价格,收益就是购买商品给其带来的效用。

那么,究竟什么是效用呢?在经济学中,效用是指消费者在消费商品或劳务的过程中所获得的满足程度。

消费者之所以会消费某种商品或劳务,是因为在消费过程中,其需求和欲望能得到一定程度的满足。食物可以充饥,衣服可以御寒,听演唱会可以带来精神上的享受等。一般而言,消费者获得的满足程度越高,效用就越大;反之,消费者获得的满足程度越低,效用也就越小。

消费某一商品或劳务是否具有效用以及效用的大小主要取决于以下因素:一是商品或劳务本身具有的满足消费者某种需要的客观属性;二是消费者的主观感受。

温馨提示

在理解效用这一概念时,有以下两个方面的问题是需要注意的:

首先,效用及其大小与消费者的主观感受有关,因此,同样的商品或劳务,对不同的消费者而言,效用各异,并没有统一的客观标准;

其次,判断某一商品或劳务是否有效用,关键看其是否能给消费者带来需要和欲望的满足。

二、效用的分类

以是否可以进行具体的衡量为标准,可以将效用分为基数效用和序数效用两种类型。

(一)基数效用

基数和序数都是来自于数学中的概念。基数是指 1,2,3…,可以进行加总求和。如 5 加 10 等于 15 等。而序数是指第一、第二、第三……,只能表示顺序和等级,不能进行加总求和。

在 20 世纪初期以前,经济学家们普遍接受基数效用的概念。他们认为,效用的大小可以用基数来衡量,以效用单位作为其计量单位。例如,对某一消费者而言,吃一块三明治的效用是 20 效用单位,喝一杯可乐的效用是 10 效用单位。由此可知,一块三明治的效用是一杯可乐效用的 2 倍。如果同时吃一块三明治和喝一杯可乐,则效用为 30 效用单位。

(二)序数效用

20 世纪 30 年代以后,西方经济学家们逐渐放弃了基数效用的概念,转而接受序数效用这一说法。他们认为,效用是无法具体衡量的,但是可以比较大小并分出等级或顺序。仍以前面的三明治与可乐为例,序数效用并不能确切地知道消费一块三明治或一杯可乐的效用具体为多少,但是,消费一块三明治的效用大于消费一杯可乐带来的效用,或者说,与可乐相比,消费者更加偏好三明治。

本节主要运用基数效用对消费者的行为理论进行分析,采取的主要方法是边际效用分析法,序数效用将会在下一节中进行介绍。

三、边际效用分析

(一)总效用和边际效用

总效用和边际效用是经济学中两个非常重要的概念。总效用(total utility,TU)是指消费者在一定数量的商品或劳务的消费中所获得的效用的总和,一般用符号 TU 表示。若消费者消费的商品或劳务的数量用 Q 表示,则总效用可以通过下式计算:

$$TU = f(Q) \tag{3-1}$$

边际效用(marginal utility,MU)是指消费者从每增加一单位的消费中所获得的效用的增加量,一般用符号 MU 表示。其计算公式如下:

$$MU = \frac{\Delta TU}{\Delta Q} \tag{3-2}$$

式中,ΔTU 和 ΔQ 分别表示总效用和消费量的变化量。

下面,通过一个具体的例子来展现总效用与边际效用之间的关系。如表 3-1 所示:

表 3-1　某消费者消费汉堡的数量以及相应获得的总效用之间的关系

消费汉堡的数量/个	总效用	边际效用
0	0	—
1	6	6
2	11	5
3	15	4
4	18	3
5	20	2
6	21	1
7	21	0
8	20	-1

从表 3-1 可以看出,当消费者没有汉堡可供消费时,所获得的总效用为 0 效用单位;当消费者消费 1 个汉堡时,所获得总效用为 6 个效用单位。因此,第 1 个汉堡的边际效用为 6 效用单位。根据表 3-1 第 1 列中的消费数量与第 2 列中的总效用数据,可以计算得到第 2 个至第 8 个汉堡的边际效用分别为 5、4、3、2、1、0、-1 效用单位。

根据表 3-1,以消费的数量为横坐标、效用为纵坐标,可以得到如图 3-1 所示的图形。

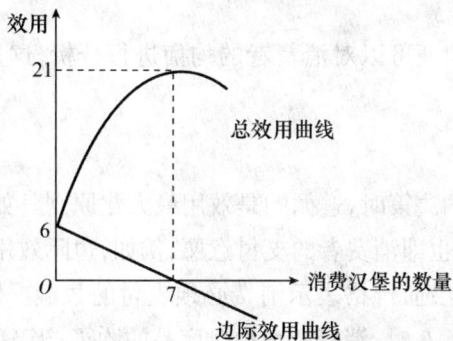

图 3-1　总效用与边际效用曲线

在图 3-1 中,曲线代表的是总效用曲线,直线代表的则是边际效用曲线,它是向右下方倾斜且穿过横坐标轴的。将总效用曲线与边际效用曲线综合在一起考察可以发现:当边际效用为正时,总效用会随着消费数量的增加以斜率递减的速度增长;当边际效用为 0 时(消费 7 个汉堡),总效用达到最大值(21 效用单位);当边际效用为负时,总效用反而减少。

从表 3-1 与图 3-1 中可以看出,当消费数量达到一定值以后,边际效用会出现负值。这就意味着对某种商品或劳务的消费达到一定值以后,继续增加对该商品或劳务的消费非但不能给消费者带来愉悦和满足,反而会使其产生厌恶和不愉悦。

从该例可以得出经济学分析中的一条重要规律,即边际效用递减规律。所谓边际效用递减规律,是指随着消费者对某种商品(或劳务)消费量的增加,他从该商品(或劳务)增加的每一单位消费中获得的效用增量是递减的。边际效用递减规律在社会生活中是普遍存在的。当一个人非常饥饿时,吃第一个包子能给其带来极大的满足,边际效用是最大的。随着吃的包子越来越多,饥饿状况慢慢得到缓解,以后每一个包子的边际效用慢慢减少。当他恰好吃饱时,总效用达到最大,那个包子的边际效用为 0。如果继续吃包子,他就会感觉到不舒服,总效用反而会下降,包子的边际效用就会变为负值。这是边际效用递减规律最直观的例子。

根据以上论述,边际效用递减规律具有以下几个特点:第一,边际效用与欲望的强弱成正比,与消费数量成反比;第二,商品的价格与边际效用有关,数量越小,边际效用越高,价值就越高;第三,边际效用是在特定的时间内起作用的。

温馨提示

虽然边际效用递减规律在经济学中是普遍成立的,但是也存在一些例外的情况致使这一规律常引发人们的争议。如成套的邮票、毒品以及货币等,边际效用递减规律在这些商品领域可能不再适用。以货币为例,当一个人持有货币的数量增加时,边际效用有可能会递减,但是递减的速度非常慢,也不可能递减到负数。当货币增加到一定数量以后,其边际效用将不变,保持为一个常数。

(二)消费者均衡

有了边际效用递减规律便可以对消费者的均衡进行分析,这里区分单一商品和商品组合两种情况。

1. 购买单一商品

消费者在做购买商品的决策时,遵循的是效用最大化原则。如前所述,边际效用代表着消费商品给其带来的收益,也即消费者的支付意愿,例如,边际效用 $MU = 5$,代表消费者愿意为该商品支付的价格为 5 元;而价格表示消费必须支付的数额。假设 1 单位货币与 1 单位效用是等价的,那么当 $MU > P$ 时,消费者增加对商品的购买;当 $MU < P$ 时,消费者减少对商品的购买;当 $MU = P$ 时,消费者获得的总效用达到最大值,此时的数量即为最佳消费量。

因此,消费者可以通过边际效用 MU 与价格 P 之间的比较来确定最佳购买数量,即最佳购买数量应使得最后 1 单位商品的边际效用 MU 与该商品的价格 P 恰好相等。

综上,购买单一商品时,消费者的效用最大化的条件为:

$$\begin{cases} MU = P \\ MU/P = 1 \end{cases} \tag{3-3}$$

案例运用

某消费者消费三明治的数量分别为 0、1、2、3、4、5、6 时,其获得的相应的总效用(TU)分别为 0、10、16、19、20、20、19。试回答以下问题:当三明治的市场价格分别为 0 元、3 元、1 元以及 1.5 元时,该消费者的最佳消费量分别为多少?相应的净效用分别为多少?

解:根据题目所给数据,第 1、2、3、4、5、6 块三明治的边际效用(MU)分别为 10、6、3、1、0、−1 效用单位。因此:

(1)当三明治的价格 $P = 0$ 时,根据效用最大化条件 $MU = P$,可知,消费者的最佳消费数量应该为 5 块三明治,此时其获得的净效用为 20 效用单位。若再增加消费量,总效用将降低。

(2)当三明治的价格 $P = 3$ 时,根据效用最大化条件 $MU = P$,可知,消费者的最佳消费数量应该为 3 块三明治,此时其获得的净效用为($19 - 3 \times 3 = 10$)效用单位。

(3)当三明治的价格 $P = 1$ 时,根据效用最大化条件 $MU = P$,可知,消费者的最佳消费数量应该为 4 块三明治,此时其获得的净效用为($20 - 4 \times 1 = 16$)效用单位。

(4)当三明治的价格 $P = 1.5$ 时,根据效用最大化条件 $MU = P$,可知,消费者的最佳消费数量应该为 3 块三明治,此时其获得的净效用为($19 - 3 \times 1.5 = 16.5$)效用单位。

由以上计算结果可知,只要确保边际效用与市场价格相等,即 $MU = P$,该消费量便是最佳的,消费者此时获得的总效用达到最大。其实,仔细分析就可以知道,MU 曲线与需求曲线其实是重合的。

2. 购买商品组合

消费者购买商品组合时的最佳消费量决策的依据也是效用最大化原则。在购买商品组合时,存在以下三条基本假设:第一,消费者的偏好不发生变化;第二,消费者的收入是既定的;第三,商品的价格不变。在以上三条假设下,便可以对购买商品组合下的消费量决策问题进行分析。

温馨提示

与购买单一产品时相比,购买商品组合时的最佳消费量决策问题需要注意以下两个因素:一是各种商品的边际效用是不同的,人们消费最后 1 单位可乐和最后 1 单位衣服获得的边际效用是不同的;二是不同商品的价格之间的区别以及消费预算。一杯可乐的成本远远低于一套衣服的成本,所以两者的价格也存在很大的差别。

在以上假设下,给消费者带来最大效用的商品组合数量应该满足的条件为:在不超过消费预算的前提下,消费者在各种商品上花费的单位支出给其带来的边际效用相等。以上条件可以用通俗的语言表达为:在消费者的收入和各商品价格既定的条件下,购买单位不同商品所获得的边际效用与其价格之比相等。

以上效用最大化原则可以运用两个公式来表述。为了简化起见,假设消费者只消费两种商品。效用最大化原则可以表述为:

$$I = P_X X + P_Y Y \tag{3-4}$$

$$MU_X / P_X = MU_Y / P_Y \tag{3-5}$$

其中,式 3-4 是预算约束条件,I 代表消费者的收入;P_X 和 P_Y 分别代表 X 和 Y 两种商品的价格;X 和 Y 分别代表 X 和 Y 两种商品的消费量。式 3-5 表示效用最大化条件,MU_X 和 MU_Y 分别代表 X 和 Y 两种商品的边际效用。

当 $MU_X / P_X > MU_Y / P_Y$ 时,表示同样的货币额,购买 X 商品的边际效用大于购买 Y 商品的边际效用。此时,消费者会增加对 X 商品的购买量,减少对 Y 商品的购买量。随着 X 商品消费量的增加与 Y 商品消费量的减少,由于边际效用递减规律的存在,X 商品的边际效用 MU_X 减少、Y 商品的边际效用 MU_Y 增加。最终将达到 $MU_X / P_X = MU_Y / P_Y$ 的均衡状态。

当 $MU_X / P_X < MU_Y / P_Y$ 时,表示同样的货币额,购买 X 商品的边际效用小于购买 Y 商品的边际效用。此时,消费者会减少对 X 商品的购买,增加对 Y 商品的购买。随着 X 商品消费量的减少与 Y 商品消费量的增加,由于边际效用递减规律的存在,X 商品的边际效用 MU_X 增加、Y 商品的边际效用 MU_Y 减少。最终将达到 $MU_X / P_X = MU_Y / P_Y$ 的均衡状态。

当 $MU_X / P_X = MU_Y / P_Y$ 时,消费者在任一商品上花费的单位支出所获得的边际效用相等,效用最大化条件得到满足,消费者此时获得了最大的效用。因此,他将不再对消费量进行调整。

温馨提示

当消费者消费的商品不止两种时,效用最大化条件也可以用类似的公式来进行表述:

$$I = P_1Q_1 + P_2Q_2 + P_3Q_3 + \cdots + P_nQ_n;$$

$$MU_1/P_1 = MU_2/P_2 = MU_3/P_3 = \cdots = MU_n/P_n$$

其中,第一个公式为预算约束条件;第二公式表示效用最大化条件,下标表示第几种商品。

案例运用

市场中有 X 和 Y 两种商品可供消费者林某消费,两种商品的价格分别为 $P_X = 4$ 元以及 $P_Y = 10$ 元。若林某的效用函数为 $U = X^2Y^2$,且预算约束为 $I = 1\ 000$ 元。试回答以下问题。

(1)林某的消费组合中各商品的消费量分别为多少?

(2)若政府对 Y 商品实行价格补贴,即消费者林某可以以原价格的50%购买 Y 商品,则林某的消费组合中各商品的消费量为多少?

(3)若某商场实行会员卡制度,持有会员卡可以以原价格的50%购买 Y 商品,但办理会员卡需要交纳100元的会员费。林某是否有必要办理会员卡呢?

解:可以按照效用最大化原理来解决这三个问题。

(1)根据效用函数 $U = X^2Y^2$,可得,$MU_X = 2XY^2$ 与 $MU_Y = 2X^2Y$。

预算约束条件为:$4X + 10Y = 1\ 000$ 元

效用最大化条件为:$2XY^2/4 = 2X^2Y/10$

联立两个方程解得:$X = 125, Y = 50$。

(2)对 Y 商品实行价格补贴时,两个条件分别发生改变。

预算约束条件为:$4X + 5Y = 1\ 000$ 元

效用最大化条件为:$2XY^2/4 = 2X^2Y/5$

联立两个方程解得:$X = 125, Y = 100$。

(3)实行会员卡制度时,两个条件分别发生改变。

预算约束条件为:$4X + 5Y = 900$ 元

效用最大化条件为:$2XY^2/4 = 2X^2Y/5$

联立两个方程解得:$X = 112.5, Y = 90$。

分别对不办理与办理会员卡两种情况下林某获得效用进行比较:

不办理会员卡时,$U = 125^2 \times 50^2$;

办理会员卡时,$U = 112.5^2 \times 90^2$。

比较后发现,办理会员卡后林某所获得的效用大于不办理时林某获得的效用。因此,林某应该办理会员卡。

知识拓展

消费者剩余的来源——市场交换

消费者剩余也称为净效用或者效用剩余,是指消费者愿意为某商品支付的价格与商品实际价格之间的差额,一般用符号表示,即 $S = MU - P$。市场价格 P 一般都是相对稳定的,消费者购买每杯可乐和每块面包所支付的价格都是相同的。然而,由于效用递减规律的普遍存在,开始消费的单位比后来消费的单位具有更高的效用。因此,消费往往都能获得一定的消费者剩余。以可乐为例子进行说明,假设对某消费者而言,可乐的边际效用曲线如图 3-2 所示,且可乐的价格为 1.0 元/杯。根据效用最大化条件 $MU = P$,可知,该消费的最佳消费数量为 8 杯可乐,此时,该消费者获得总效用为 44 效用单位,扣除购买可乐花费的 8 元(假设 1 元与 1 效用单位等价),消费者获得的净效用,也即消费者剩余为 36 效用单位。也可以按照以下的方法来计算消费者剩余:对于第 1 杯可乐,边际效用为 9 效用单位,扣除 1 元价格后,消费者剩余为 8 效用单位;对于第 2 杯可乐,消费者剩余为 7 效用单位;以此类推,直到第 8 杯可乐,消费者剩余为 0 效用单位;然后将以上各杯可乐的消费者剩余相加,即可得到总消费者剩余为 36 效用单位。

消费者剩余也可以通过坐标系中图形的面积来进行计算。如图 3-3 所示,市场的均衡价格为 P_E,消费者购买的均衡数量为 Q_E,消费者所支付的总成本为矩形 OP_EEQ_E 的面积,获得的总效用却为 $OPEQ_E$ 的面积。因此,消费者剩余即为图 3-3 中阴影部分三角形 P_EPE 的面积。

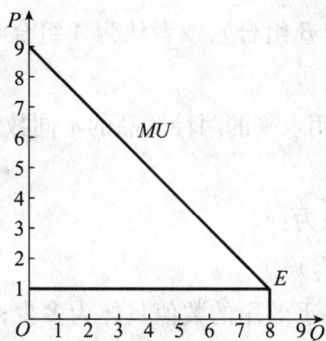

图 3-2　消费者剩余的计算　　　　图 3-3　均衡与消费者剩余

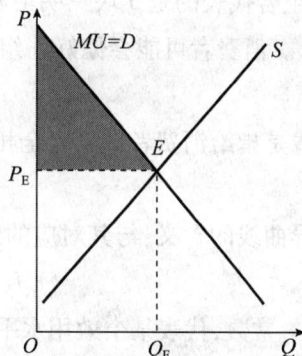

第二节　序数效用

前面介绍了基数效用以及边际效用递减规律,并运用边际效用分析法对消费者均衡进行了分析。然而,基数效用因依赖于消费者的主观心理状态而饱受人们的质疑。到了20世纪30年代,序数效用已被广大经济学家所接受并用于许多现实经济问题的分析。在序数效用中,用"偏好"取代了基数效用中的"效用单位";用"商品组合"取代了基数效用中的"商品"。序数效用的支持者认为,各种商品组合的具体效用大小虽然不能进行具体的衡量,但是消费者对不同商品组合的偏好程度是不一样的,这种偏好程度之间的差异则可以反映不同商品组合之间效用的大小和区别。

与序数效用相对应的分析方法是无差异曲线分析法。下面首先介绍无差异曲线的概念。

一、无差异曲线及其特征

(一)无差异曲线的含义

对于两种商品的不同数量组合,消费者或者偏好其中的一种,或者认为两种组合是无差异的。例如,A组合代表的是3块三明治和5杯可乐的组合,B组合代表的是4块三明治与4杯可乐的组合。消费者可能会偏好A组合(或者B组合),或者认为A组合与B组合之间是无差异的。

无差异曲线是指给消费者带来完全相同的效用水平的两种商品的不同数量组合所形成的曲线。

根据无差异曲线的含义,与其对应的效用函数为:

$$U = f(X_1, X_2) \tag{3-6}$$

式中,U为一常数,代表某个效用水平,而不在乎效用的数值具体为多少;X_1和X_2分别代表商品1和商品2的数量。

假设市场中有两种商品,消费者对它们各自消费量的组合有很多种。有些组合给消费者带来的效用高些,有些次之,有些则很低。将给消费者带来相同效用水平的组合列在一起,可得到如表3-2所示的数量组合表。

表 3 - 2　具有相同效用水平的商品数量组合

商品组合	效用水平 1		效用水平 2		效用水平 3	
	商品 1	商品 2	商品 1	商品 2	商品 1	商品 2
A	30	250	50	230	90	230
B	50	110	70	150	100	170
C	70	80	90	106	110	156
D	90	60	110	90	130	130
E	110	50	130	78	150	110
F	130	44	150	66	170	98

在表 3 - 2 中,由第 2 列与第 3 列所示的 6 种商品组合虽然数量各不相同,但是给消费者带来的效用水平是一样的,消费者对其的偏好程度是无差异的。同理,由第 4 列与第 5 列、第 6 列与第 7 列所示的商品组合的效用水平也是一样的。

以商品 1 的数量为横坐标、商品 2 的数量为纵坐标,建立直角坐标系。将表 3 - 2 中商品组合用坐标系中的点来表示,并将效用水平相同的点用平滑的曲线连接起来,便可以得到无差异曲线。如图 3 - 4 所示。

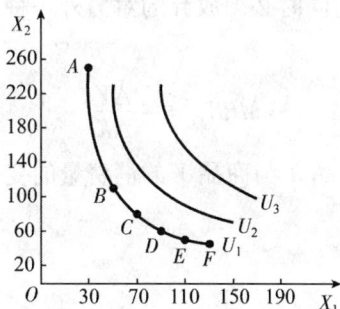

图 3 - 4　某消费者的无差异曲线图

与表 3 - 2 相对应,在图 3 - 4 中得到了三条曲线 U_1、U_2 和 U_3,分别与表 3 - 2 中的效用水平 1、2、3 相对应。需注意的是,同一条无差异曲线上的任意一点给消费者带来的效用水平都是一样的。以图 3 - 4 中的 U_1 曲线为例,其上的 A、B、C、D、E、F 点所代表的效用水平是相同的,消费者对其的偏好也是一样的。但是,图中的每一条无差异曲线都与特定的效用水平相对应,不同的无差异曲线所代表的效用水平是不同的。

温馨提示

原则上来说,无差异曲线可以在平面直角坐标系中画出无数条,图 3 - 4 中只是画出了具有代表性的三条而已。

（二）无差异曲线的特征

仔细观察图 3 – 4 中的无差异曲线，可以发现其具有如下几个方面的特征。

（1）无差异曲线是向右下方倾斜的，即斜率为负值。原因在于为了维持相同的效用水平，消费者在减少某种商品消费的同时，必须增加另外一种商品的消费。

（2）距离原点越近的无差异曲线所代表的效用水平越低；距离原点越远的无差异曲线所代表的效用水平越高。在图 3 – 4 中，三条曲线所代表的效用水平的关系为：$U_1 < U_2 < U_3$。

（3）任意两条无差异曲线之间是不可能相交的。

（4）无差异曲线是凸向原点的。即随着商品 1 的消费量的增加，无差异曲线的斜率的绝对值递减。无差异曲线的这一特征是由边际替代率递减规律决定的。

二、边际替代率递减规律

无差异曲线分析中的一条重要的规律便是边际替代率递减规律。

（一）边际替代率

边际替代率（marginal rate of substitution，MRS），是指在效用水平维持不变的前提下，消费者增加一单位某种商品消费的同时必须放弃的对另外一种商品的消费量。商品 X 对商品 Y 的边际替代率的计算公式为：

$$MRS_{XY} = -\frac{\Delta Y}{\Delta X} \tag{3 – 7}$$

其中，ΔX 和 ΔY 分别代表商品 X 与商品 Y 的消费量的变化。

温馨提示

欲维持效用水平不变，增加一种商品消费的同时必须减少另外一种商品的消费，ΔX 和 ΔY 之间的符号必定是相反的。因此，在边际替代率的计算公式前面加一个负号，就能确保计算所得的边际替代率为正数，从而便于比较。

以图 3 – 4 中的曲线 U_1 来进行说明。根据前文的介绍，整条曲线 U_1 上的商品组合的效用水平是相同的。当消费者沿着曲线 U_1 上的 A 点移动到 B 点时，消费者对商品 1 的消费增加了 20 单位，与此同时，却需要放弃 140 单位对商品 2 的消费。将有关数据代入边际替代率的计算式 3 – 7 可得，当沿着曲线 U_1 由 A 点移动到 B 点时，商品 1 对商品 2 的边际替代率为 7。

在式 3 – 7 中，若商品 X 消费量的变化趋近于无穷小，则可以将边际替代率的计算公式写成微分的形式：

$$MRS_{XY} = -\lim_{\Delta x \to 0} \frac{\Delta Y}{\Delta X} = -\frac{\mathrm{d}Y}{\mathrm{d}X} \tag{3 – 8}$$

　　式3－8表明,无差异曲线上任意一点的商品之间的边际替代率就是无差异曲线在该点的斜率的绝对值。

(二)边际替代率递减规律

　　边际替代率递减规律可以表述为:在效用水平维持不变的前提下,随着某种商品消费量的增加,消费者为了增加一单位该种商品消费而愿意放弃的另外一种商品的数量是递减的。仍然以图3－4中的曲线 U_1 来进行说明,当消费者沿着曲线 U_1 上的 A 点移动到 B 点、B 点移动至 C 点、C 点再依次顺序至 F 点时,消费者对商品1的消费依次增加了20单位,但是放弃对商品2的消费量分别为140单位、30单位、20单位、10单位以及6单位。与其相对应的边际替代率分别为7,1.5,1.0,0.5以及0.33。由此可见,随着消费者对商品1消费的增加,商品1对商品2的边际替代率是递减的。

　　如前文所述,边际替代率对应的是无差异曲线各点处斜率的绝对值,因此,边际替代率递减规律决定了无差异曲线是凸向原点的。

知识拓展

　　在通常状况下,无差异曲线是凸向原点的,但是,也存在两种例外的情况。

　　第一,如果两种商品是完全替代品,比如说橙汁和椰汁是完全可替代的,则橙汁对椰汁的边际替代率始终为常数1,表现在无差异曲线上,它是一条斜率为－1的直线,如图3－5所示。

　　第二,如果两种商品是完全互补品,比如说左鞋和右鞋是完全互补的,单独拥有一只左鞋并不能增加消费者的效用水平,除非有一只相应的右鞋与之配套。因此,当右鞋的数量多于左鞋时,左鞋对右鞋的边际替代率就为0。同理,当左鞋的数量多于右鞋时,左鞋对右鞋的边际替代率就为无穷大。此时,无差异曲线的形状如图3－6所示,它呈直角形状。其中,与横轴平行的无差异曲线的边际替代率 $MRS_{XY}=0$;与横轴垂直的无差异曲线对应的边际替代率 $MRS_{XY}\to\infty$ 。

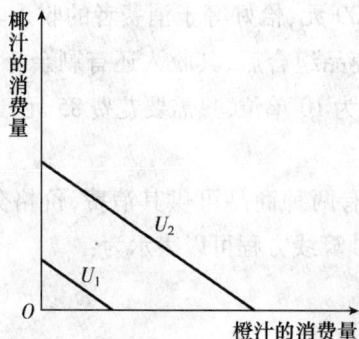

图3－5　完全替代品的无差异曲线　　　　图3－6　完全互补品的无差异曲线

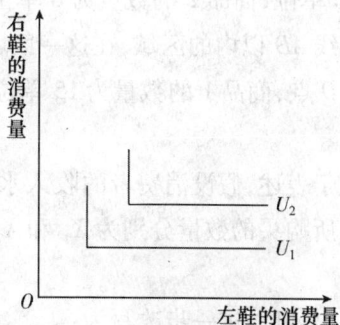

三、预算线及其变动

对大多数消费者而言,欲望都是无限的。消费者总是希望拥有更多自己喜欢的商品,如手机、笔记本电脑以及三明治等。但是,现实生活中,消费者的欲望未必都能得到实现,因为欲望的实现会受到其收入水平的限制。

(一)预算线

预算线(budget line),也称为消费可能性曲线,是指在消费者收入和商品价格既定的条件下,消费者所能购买到的不同商品的最大数量组合。

假设某消费者的收入为100元,市场中只有两种商品可供消费,商品1的价格为4元,商品2的价格为2.5元。则当消费者用其全部收入购买商品1时,可购买到25单位;当消费者用其全部收入购买商品2时,可购买到40单位。根据以上数据,可以得到如图3-7所示的预算线,用AB表示。

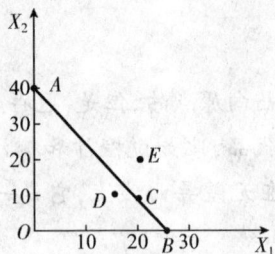

图 3-7 某消费者的预算线

在图3-7中,预算线将整个平面分成了三个区域。一个是预算线AB以外的区域,这一区域是消费者用尽其收入也不能实现的,如图3-7中的E点,代表商品1和商品2的数量都为20单位,共需要花费130元,超出了消费者的收入水平。另一个是整条预算线AB,这一区域是消费者用尽其收入所能购买到的最大商品数量组合,如图3-7中的C点,商品1的数量为20单位,商品2的数量为8单位,共需要花费100元,恰好等于消费者的收入。第三个是预算线AB以内的区域,在这一区域,消费者购买商品组合后,其收入还有剩余。如图3-7中的D点,商品1的数量为15单位,商品2的数量为10单位,只需要花费85元,还剩余15元。

为便于表述,假设消费者的收入水平为I,市场中有两种商品可供其消费,价格分别为P_1和P_2,所购买的数量分别为X_1和X_2。则消费者的预算线方程可以表示为:

$$I = P_1 X_1 + P_2 X_2 \tag{3-9}$$

式3-9可以进一步改写为:

$$X_2 = \frac{I}{P} - \frac{P_1}{P_2} X_1 \tag{3-10}$$

式 3 -10 表明,预算线是一条直线,它的斜率为 $-\dfrac{P_1}{P_2}$。

(二)预算线的变动

无论是图 3 -7 还是式 3 -9,都是在消费者收入水平和商品价格既定的假设下得到的,当收入水平或价格发生变化时,消费者的预算线也随之变化。预算线的变动主要包括四种情形。

(1)商品价格保持不变,消费者的收入水平变化,则会导致预算线的平移,如图 3 -8(a)所示。收入增加时,预算线向右平移;收入减少时,预算线则向左平移。

(2)消费者的收入水平不变,商品价格同比例同方向变化,则也会导致预算线的平移,如图 3 -8(a)所示。因为预算线的斜率为 $-P_1/P_2$,因此,商品价格的同比例同方向变化并不会改变预算的斜率,而只会改变其截距。具体而言,商品价格同比例升高,导致预算线由原来的 AB 向左平移至 $A''B''$;两种商品的价格同比例降低,则导致预算线由原来的 AB 向右平移至 $A'B'$。

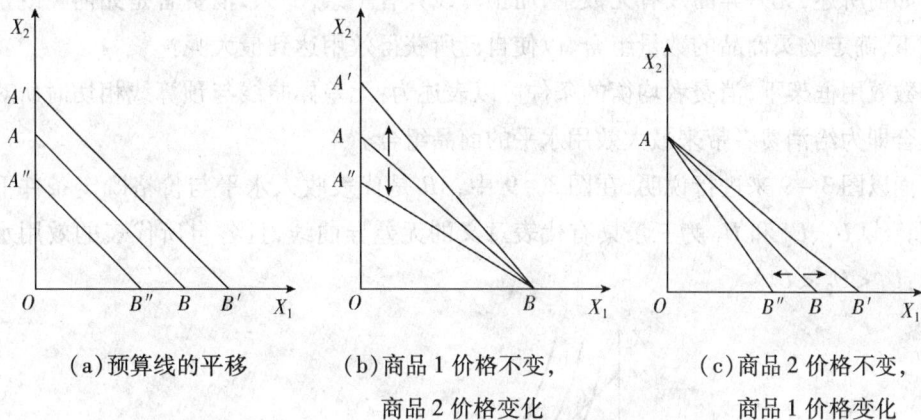

(a)预算线的平移　　　(b)商品 1 价格不变,　　　(c)商品 2 价格不变,
　　　　　　　　　　　　商品 2 价格变化　　　　　　商品 1 价格变化

图 3 -8　预算线的变动

(3)消费者的收入水平和商品 1 的价格保持不变,商品 2 的价格发生变化,则不仅预算线的斜率变化,其在纵轴上的截距也发生变化,具体参见图 3 -8(b)。当商品 2 的价格降低,全部收入可以购买到更多的商品 2,但全部收入购买商品 1 的数量却未受到影响,此时,预算线围绕着 B 点由原来的 AB 顺时针旋转至 $A'B$。反之,当商品 2 的价格升高,则预算线围绕着 B 点由原来的 AB 逆时针旋转至 $A''B$。

(4)消费者的收入水平和商品 2 的价格保持不变,商品 1 的价格发生变化,则不仅预算线的斜率变化,其在纵轴上的截距也发生变化,具体参见图 3 -8(c)。当商品 1 的价格降低,全部收入可以购买到更多的商品 1,但全部收入购买商品 2 的数量却未受到影响,因此,预算线围绕着 A 点由原来的 AB 逆时针旋转至 AB'。反之,当商品 1 的价格升高,则预算线围绕着 A 点由原来的 AB 顺时针旋转至 AB''。

案例运用

Eeic 每天将 10 小时用于工作或者休闲,若每小时的工资为 8 元,试画出他的预算线,当每小时工资下降至 5 元、升高至 10 元时,他的预算线将如何变化?

解:以横坐标表示工作获得的收入,纵坐标表示休闲。当 Eeic 将 10 小时全部用于工作时,获得收入为 80 元、休闲为 0 小时,对应于横轴上的点,反之,当 Eeic 将 10 小时全部用于休闲时,获得收入为 0 元、休闲为 10 小时对应于纵轴上的 A 点,链接 A、B 两点便可以得到预算线 AB。

当每小时工资下降至 5 元时,预算线围绕着点 A 逆时针移动至 AB″;

当每小时工资升高至 10 元时,预算线围绕着点 A 顺时针移动至 AB′。

四、消费者均衡分析

将无差异曲线与预算线结合在一起,便可以对消费者均衡进行分析。无差异曲线代表了消费者的偏好,预算线代表消费者在既定的收入水平上和商品价格内能够买得起的商品组合。如前所述,无差异曲线有无数条,而预算线只有一条,那么,消费者是如何在既定的预算约束下,确定购买商品的数量组合,以使自己所获得效用达到最大呢?

序数效用框架下,消费者均衡的条件可以表述为:无差异曲线与预算线相切时所对应的商品组合即为给消费者带来最大效用水平的商品组合。

下面以图 3-9 来进行说明,在图 3-9 中,AB 是代表收入水平与价格既定条件下消费者的预算线,U_1、U_2 和 U_3 为三条具有代表意义的无差异曲线,且各自所代表的效用水平的顺序为:$U_1 < U_2 < U_3$。

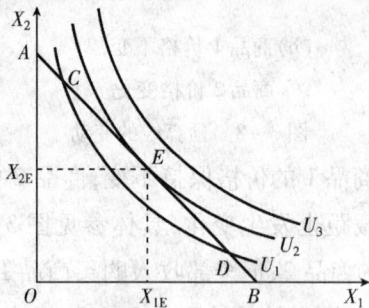

图 3-9 消费者的均衡

对图 3-9 仔细分析,无差异曲线 U_3 虽然代表的效用水平最高,但是其与预算线 AB 并不相交或者相切。说明在既定的预算约束下,无差异曲线 U_3 上的商品组合是无法实现的。无差异曲线 U_1 虽然与预算线 AB 相交于 C、D 两点,表明该曲线上的商品组合是可以实现的。但是两点所表示的商品组合并未给消费者带来最大的效用和满足。仔细观察图3-9可以看到,当沿着 C 点向右移动或者沿着 D 点向左移动时,预算线最终会与代表更高效用水平

的无差异曲线 U_2 相切于 E 点。E 点就是消费者在既定的预算约束下,能够达到的最大效用点,即消费者均衡点。此时,消费者得到了最大的效用和满足。

根据前文的介绍可知,预算线的斜率为两种商品价格比值的负数,而无差异曲线的斜率的绝对值即为商品的边际替代率。由数学知识可得,切点 E 处,无差异曲线 U_2 与预算线 AB 的斜率是相等的。即在切点 E,有如下关系式:

$$MRS = \frac{P_1}{P_2} \tag{3-11}$$

根据该结论,消费者均衡的条件可进一步表示为:当商品的边际替代率与两种商品价格之比相等时,其所对应的商品组合为既定预算约束条件下能给消费者带来最大的效用水平,此时达到了消费均衡状态。

知识拓展

需求曲线的推导

将无差异曲线与预算线的变动结合在一起,可以很方便地推导出商品的需求曲线,过程可以借助图 3-10 进行说明。

在图 3-10 中,假定收入水平和商品 2 的价格保持不变,初始状态下商品 1 的价格为 P_a,相应的预算线为 AB,该预算线 AB 与某一无差异曲线 U_1 相切于 E_1 点。由前面的分析可知,点 E_1 是一个均衡点。假设商品 1 的价格由 P_a 降低至 P_b,则预算线相应地由原来的 AB 围绕点 A 顺时针旋转至 AB'。此时,新的预算线 AB' 与另一条代表更高效用水平的无差异曲线 U_2 相切于 E_2 点。同理,如果商品 1 的价格由 P_a 升高至 P_c,则预算线相应地由原来的 AB 围绕点 A 递时针旋转至 AB''。此时,新的预算线 AB'' 与另一条代表更低效用水平的无差异曲线 U_3 相切于点 E_3。随着商品 1 价格的不断变化,我们就可以找到无数个与 E_1、E_2、E_3 相类似的点。用一条平滑的曲线将上述点连接起来,便可以得到价格—消费曲线,如图 3-10 (a) 中的线 PC 所示。

所谓价格—消费曲线是指在消费者收入水平以及其他商品价格保持不变的前提下,与某种商品的不同价格水平相对应的预算线与无差异曲线的切点所连成的曲线。

仔细观察图 3-10(a) 中的"价格—消费曲线" PC 上的各个点可以发现,商品 1 的不同价格都有一个商品 1 的需求量与之对应:在 E_1 点,商品 1 的价格为 P_a,商品 1 的需求量为 X_a;在 E_2 点,商品 1 的价格降低至 P_b,商品 1 的需求量增加为 X_b;在 E_3 点,商品 1 的价格升高至 P_c,商品 1 的需求量减少为 X_c,以此类推。考察更多的点,便可以得到更多的商品价格与消费量之间的一一对应关系。将上述商品价格与其消费量之间的关系描绘在一张坐标图上,便可以得到如图 3-10(b) 中所示的一条向右下方倾斜的直线,该直线即为消费者的需求曲线。

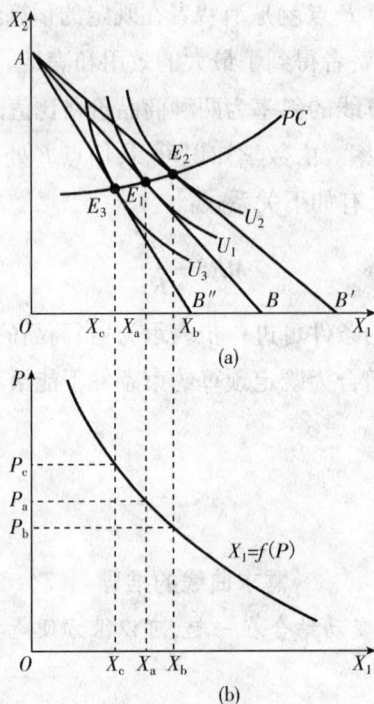

图 3 - 10 消费者需求曲线的推导

根据以上推导可以看出,在商品的各种不同价格水平下,消费者对该商品的需求量都是能给其带来最大效用水平的需求量。消费者对最大效用的追求导致需求曲线向右下方倾斜。

关键术语

效用　基数效用　序数效用　边际效用　消费者剩余　无差异曲线　边际替代率
预算线

练习与思考

一、选择题

1. 假设某位消费者将其所有的收入都花费在可乐和三明治上,该消费者的收入为 30 元,可乐的价格为 2 元一杯,三明治的价格为 4 元一个,以下可乐和三明治的各种数量组合会落在消费者预算线上的是(　　　)。

A. 5 杯可乐和三个三明治　　　　　　　　B. 5 杯可乐和 5 个三明治

C. 4 杯可乐和 6 个三明治　　　　　　　　D. 2 杯可乐和 6 个三明治

2. 落在同一条无差异曲线上的不同的点,代表的含义是(　　　)。

A. 效用水平相同,所消费的两种商品的数量之间的比例也相同

B.效用水平相同,但是所消费的两种商品的数量之间的比例不同

C.效用水平不同,但是所消费的两种商品的数量之间的比例相同

D.效用水平不同,所消费的两种商品的数量之间的比例也不同

3.当消费者的收入水平不变、所有商品的价格呈同比例降低时,该消费者的预算线(　　)。

A.向右上方平移　　　　　　　　　　B.向右下方平移

C.不发生变化　　　　　　　　　　　D.向右上方旋转

4.当商品的价格保持不变、消费者的收入水平降低时,该消费者的预算线将(　　)。

A.向右上方平移　　　　　　　　　　B.向右下方平移

C.不发生变化　　　　　　　　　　　D.向右上方旋转

5.无差异曲线距离原点的距离越远,代表(　　)。

A.效用水平越低　　　　　　　　　　B.效用水平越高

C.效用水平相等　　　　　　　　　　D.无法比较

6.造成消费者对某商品的需求量与其价格之间呈反方向变动关系的原因在于(　　)。

A.边际收益递减规律　　　　　　　　B.边际成本递减规律

C.边际效用递减规律　　　　　　　　D.边际产量递减规律

二、简答题

1.试简述基数效用与序数效用之间的区别。

2.什么是无差异曲线? 无差异曲线具有哪些特征?

3.简述基数效用理论下消费者效用最大化的条件。

4.简述序数效用理论下消费者效用最大化的条件。

5.什么是边际替代率? 什么是边际替代率递减规律?

三、技能训练

1.假设某一市场中有 X 和 Y 两种商品可供消费者消费,其中,商品 X 的边际效用函数 $MU_X=80-10X$;商品 Y 的边际效用函数为 $MU_Y=60-2Y$,商品的价格分别为 $P_X=10$ 以及 $P_Y=2$,如果该消费者的收入水平 $I=80$。请问能给该消费者带来最大效用的消费组合是什么?

2.假设某市场中有两种商品可供消费者消费,该消费者的效用函数为 $U=XY$,商品 X 的价格 $P_X=3$,商品 Y 的价格 $P_Y=2$。如果该消费者的收入水平 $I=240$,请问为使所获得的效用最大,该消费者应分别消费多少的 X 和 Y?

3.某消费者的收入为 240 元,商品 X 的价格 $P_X=20$,商品 Y 的价格 $P_Y=10$,不同数量的商品 X 和 Y 相对应的边际效用如表 3-3 所示。请问为了实现效用水平的最大化,该消费者需要分别购买多少单位的商品 X 和 Y? 此时,货币的边际效用为多少?

表 3 – 3　不同商品数量及其边际效用表

X 的数量	X 的边际效用	Y 的数量	Y 的边际效用
2	16	2	17
4	14	4	15
6	12	6	13
8	5	8	11
10	2	10	9
12	1	12	6
—	—	14	5.5
—	—	16	5
—	—	18	4
—	—	20	3
—	—	22	2
—	—	24	1

第四章 生产者行为理论

1. 了解短期生产函数与边际收益递减规律。
2. 了解等产量曲线的概念与特征;掌握边际技术替代率递减规律。
3. 掌握短期中各种成本的概念以及相互之间的关系。
4. 掌握各种短期成本与长期成本之间的关系。
5. 理解生产者均衡的条件以及利润最大化的条件。

1. 能够运用生产者均衡的条件确定厂商的均衡产量以及各种生产要素的最佳投入量。
2. 能运用机会成本的概念解释现实经济生活中的一些现象。
3. 能够根据厂商利润最大化的原则确定厂商的最优生产规模。

上大学的机会成本

现阶段,包括中国在内的世界大多数国家的高等教育都是收费的。因此,进入大学学习需要交纳一定数额的学费,这一成本是显而易见的。那么,除了交纳的学费以外,上大学是否还包括一些其他成本呢? 下面对上大学的经济成本进行深入的分析。

经济成本包括会计成本和机会成本。上大学的会计成本主要是指学费、书本费、资料费等。这是一种实实在在的支出,也就是显性成本。

那么,上大学的机会成本是指什么呢? 又该如何计算呢? 当一个人收到大学录取通知书时,总是面临着两种选择:积极求学或者工作。劳动与资本一样,都是一种重要的生产要素,是一种经济资源,如果将学习的时间投入到工作中去,肯定可以获得一定的劳动报酬,但是,这笔钱因选择继续求学而不得不放弃。这笔费用就是读大学的机会成本。这项成本不是实实在在的支出,只是因为放弃了工作而失去的可能的收入,是一种观念意义上的成本。

综上所述,读大学的经济成本为会计成本与机会成本二者之和。

当然,读大学也可以带来收益。例如,上大学可以提高人们自身的素质、提高人们的就业技能,获取更好的就业机会,获得更高的收入。将读大学多获得的收入与读大学的经济成本进行比较,如果收入明显大于成本,这就说明选择读大学在经济上是合理的;反之则说明选择工作在经济上更为合理。当然,以上只是粗略的分析,更加合理的计算是将资金的时间价值予以考虑。

经济生活中的各种厂商与单个人的选择和决策一样,也需要将会计成本和机会成本加以综合考虑,方能做出最佳的决策。本章主要对决定供给的生产者行为理论进行研究。在市场中,商品的供给者称为"厂商",即从事生产活动的经济单位。生产者行为理论主要通过对厂商经济行为的分析来说明供给的决定。

第一节　生产函数

一、生产与生产要素

所谓生产,是指厂商借助一定的技术手段,将各种生产要素转化为产出的过程。因此,要得到产出,就需要投入一定的生产要素。

生产要素是指厂商在生产过程中所使用的各种资源。在西方经济学中,我们通常将生产要素划分为以下四大类。

第一类:劳动(L),包括劳动者在生产过程中提供的体力劳动和脑力劳动。

第二类:资本(K),指在生产过程中使用的各种资金,包括实物形态的资本(如厂房、设备、原材料等)以及货币资本两大类。

第三类:土地(N),指生产过程中使用的各种自然资源,包括水、矿藏、石油等。

第四类:企业家才能(E),指企业家对整个生产过程进行组织和管理的能力。这一生产要素是由英国经济学家马歇尔提出来的。

任何产品都是以上四种生产要素(有时候是其中的两种或三种)共同作用的结果。

二、什么是生产函数

各种生产要素的投入量与厂商的产出量之间存在着一定的关系,这一关系可以通过生产函数来表示。

生产函数是指在特定的技术水平下,生产要素的数量组合与其所能生产的最大产出量之间的一一对应关系。

生产函数的数学表达式为:

$$Q = f(L, K, N, E) \tag{4-1}$$

式中,Q 代表总产量;L, K, N, E 分别代表劳动、资本、土地以及企业家才能这四种生产要素的投入量。

在经济学分析中,人们通常假定土地这种要素是固定不变的,而企业家才能又难以具体衡量。因此,人们一般将总产量看成是劳动和资本的函数:

$$Q = f(L, K) \qquad (4-2)$$

温馨提示

实践中,生产函数的具体形式是多种多样的。在经济学分析中,一种较为著名的生产函数形式为柯布 – 道格拉斯生产函数。它是由美国经济学家柯布与道格拉斯在对美国1899—1922年间的工业生产统计数据进行分析的时候发现的。其数学形式为:

$$Q = AL^{\alpha}K^{1-\alpha}$$

其中,A 与 α 都为常数,且 $0 < \alpha < 1$。α 与 $1 - \alpha$ 分别代表劳动所得与资本所得在总产量中所占份额的大小,体现了劳动与资本的相对重要性。

三、短期生产函数

(一)经济学分析中的长期与短期

在经济学中,时间是影响生产的一个重要因素。根据时间的特性,时间可以分为长期和短期。在短期内,厂商不可能改变所有的要素投入。厂商在短期内可以进行数量调整的生产要素投入是可变投入,如原材料和劳动等。反之,厂商在短期内无法进行数量调整的生产要素投入则是不变投入,如厂房和机器设备等。在长期内,厂商可以对所有生产要素进行调整,甚至进入一个新的行业或退出一个行业的生产。在长期中,生产要素投入则无可变投入与不变投入之分了。与时间的划分相照应,生产函数有短期生产函数与长期生产函数之分。

(二)总产量、平均产量以及边际产量

在短期生产函数中,经常假定只有一种生产要素可变,其余生产要素固定。具体而言,在生产函数 $Q = f(L, K)$ 中,经常假定资本投入 K 为固定,用符号 $\overline{K}$ 表示,而只有劳动投入可变,仍以符号 L 表示。则短期生产函数可以表示为:

$$Q = f(L, \overline{K}) \qquad (4-3)$$

根据式4 – 3所示的短期生产函数,可以非常方便地求得总产量、平均产量以及边际产量。

总产量是指一定数量的生产要素投入所能生产得到的产出数量。通常用符号 TP_L 表示(假定除了劳动 L 以外的其他因素都不变)。如表4 – 1中的第2列所示。

表 4 - 1　总产量、平均产量与边际产量之间的关系

劳动投入量	总产量	平均产量	边际产量
0	0	0	—
1	3 000	3 000	3 000
2	5 000	2 500	2 000
3	6 000	2 000	1 000
4	6 500	1 625	500
5	6 800	1 360	300
6	6 900	1 150	100

以劳动投入量为横坐标、总产量为纵坐标,根据表 4 - 1 中的第 1 列和第 2 列数据,便可以得到如图 4 - 1 所示的总产量曲线。

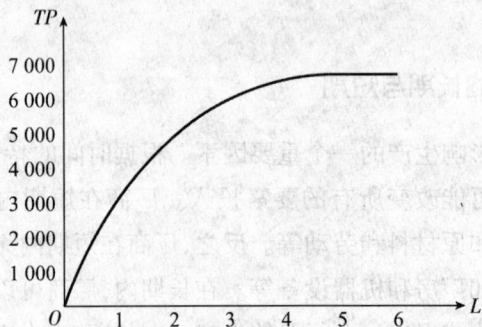

图 4 - 1　总产量曲线

平均产量是指每单位可变生产要素所生产出来的平均产量,通常用符号 AP_L 表示。如表 4 - 1 中的第 3 列所示。其计算公式为:

$$AP_L = \frac{TP_L}{L} \tag{4-4}$$

边际产量是指在其他生产要素保持不变的情况下,每增加 1 单位可变要素投入所带来的总产量的增加额,通常用符号 MP_L 表示。如表 4 - 1 中的第 4 列所示。其具体计算公式如下:

$$MP_L = \frac{\Delta TP_L}{\Delta L} \tag{4-5}$$

式中, TP_L 与 ΔTP_L 分别代表总产量及其变化量; L 与 ΔL 分别代表可变要素投入量及其变化量。

同理,以劳动投入量为横坐标、边际产量为纵坐标,根据表 4 - 1 中的第 1 列和第 4 列的数据,便可以得到如图 4 - 2 所示的边际产量曲线。

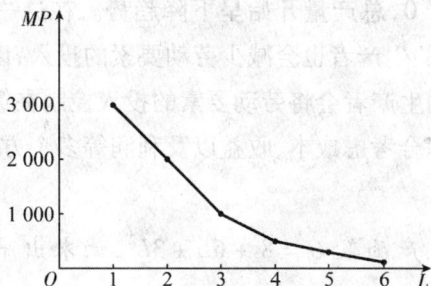

图 4-2 边际产量曲线

将总产量曲线、平均产量曲线与边际产量曲线绘制在同一幅图上,便可以清晰地看出三者之间的关系,如图 4-3 所示。

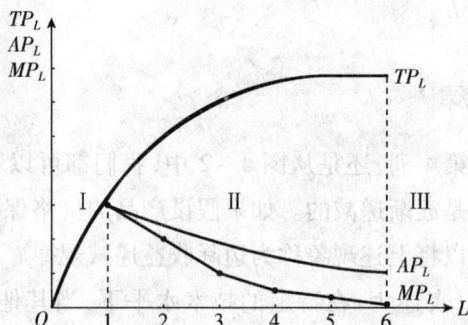

图 4-3 总产量曲线、边际产量曲线与平均产量曲线之间的关系

从图 4-3 中可以看出,总产量曲线、平均产量曲线与边际产量曲线之间的关系如下。

首先,当资本要素投入不变时,随着劳动投入的增加,总产量 TP_L、平均产量 AP_L 以及边际产量 MP_L 都呈增加的趋势。但是,当劳动投入增加到某一临界值之后,总产量 TP_L、平均产量 AP_L 以及边际产量 MP_L 都呈减少的趋势。总体而言,总产量曲线、平均产量曲线与边际产量曲线呈现出先增后减的倒"U"型形状。

其次,当边际产量 $MP_L = 0$ 时,总产量 TP_L 取得最大值。

最后,平均产量曲线与边际产量曲线相交于平均产量曲线的最高点。相交前,边际产量大于平均产量,平均产量增加;反之,相交后,边际产量小于平均产量,平均产量降低。

此外,根据图 4-3,可以将劳动投入量划分为以下 3 个阶段。

第 I 阶段,总产量和平均产量都呈增加趋势,且边际产量大于平均产量。这说明,增加劳动要素投入,不仅可以提高总产量,而且可以提高平均产量。理性的生产者不会将劳动投入量确定在这一领域,而是会继续增加劳动投入。

第 II 阶段,总产量继续呈增加趋势,平均产量下降但边际产量大于 0。在这一阶段,增加劳动要素投入可以提高总产量,当劳动投入增加到某一临界值(边际产量等于 0 时),总产量达到最大值。

第Ⅲ阶段,边际产量小于0,总产量开始呈下降趋势。在这一阶段,劳动要素的投入过多,即使劳动是免费的,理性的生产者也会减少劳动要素的投入,以增加总产量。

由以上分析可知,理性的生产者会将劳动要素的投入控制在第Ⅱ阶段,具体应将劳动要素投入控制在多少,则需要综合考虑成本、收益以及利润等多个方面的因素。

案例运用

若已知某厂商的短期生产函数 $Q=8+6L+3L^2$,试求出平均产量 AP_L 以及边际产量 MP_L。

解:由平均产量与边际产量的计算公式,可得:

$$AP_L = \frac{TP_L}{L} = \frac{8+6L+3L^2}{L} = \frac{8}{L} + 6 + 3L$$

$$MP_L = \frac{dTP_L}{dL} = 6 + 6L$$

(三)边际收益递减规律

无论是从表 4-1 中的第 4 列,还是从图 4-2 中,我们都可以看到一种现象:随着劳动要素投入的增加,边际产量是逐渐递减的。如果假设产品的价格保持不变,则边际产量与边际收益是等价的。此时,可以将上述现象称为边际收益递减规律。

边际收益递减规律可以表述为:在特定的技术水平下,当其他生产要素投入保持不变时,连续增加一单位某种生产要素的投入所带来的产量增加额最终会逐渐减少,从而导致边际收益递减。

边际收益递减规律产生的原因可以理解为:在厂商的生产中,各生产要素之间必定存在一个最佳的比例。当某种生产要素的投入较少时,其偏离要素之间的最佳比例较远,因此,增加该要素的投入可以带来总产量的较大幅度的增加,直至生产要素投入的配置达到最佳比例。此时,如果继续增加该生产要素的投入,则生产要素的配置将偏离最佳比例越来越远,此时,继续投入该生产要素非但不能带来总产量的增加,反而会使其减少。例如,越来越多的劳动投入到固定的土地或机器上,必将带来土地的拥挤和机器的超负荷运转,总产量的增加将会越来越少,边际收益递减。

案例运用

边际收益递减规律是一条普遍性的规律,在现实生活中可以观察到很多这方面的例子。例如,在水稻的生产中,肥料的投入就是一个典型的例子。前面几单位的肥料对水稻而言是必需的,直接关系到其能否生长。此后,再增加肥料的投入将能确保水稻的健康、快速生长。如果再增加肥料的投入,则水稻将会死亡。

四、长期生产函数

假设所有的生产要素都是可变的,并以此来研究长期生产函数。假设某厂商生产时的

投入要素只有劳动 L 和资本 K,则长期生产函数可以表示为:

$$Q = f(L, K) \tag{4-6}$$

式中,Q 代表总产量;L 和 K 分别代表劳动投入量和资本投入量。

(一)规模收益

所谓规模收益,是指在其他条件保持不变的情况下,厂商所有生产要素投入按相同比例变化时与所导致的产量变化之间的关系。按照要素投入变化比例与产量变化之间的关系,规模收益包括规模收益递增、规模收益不变与规模收益递减三种类型。

1.规模收益递增

即所有生产要素投入增加的比例小于产量增加的比例。如图 4-4 所示,当劳动和资本的投入分别为 2 单位时,厂商的产量为 200 单位。当厂商的产量增加 1 倍,变为 400 单位时,劳动和资本的投入均少于 4 单位。此时,就表现为规模收益递增。

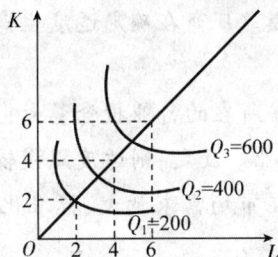

图 4-4 规模收益递增

2.规模收益不变

即所有生产要素投入增加的比例等于产量增加的比例。如图 4-5 所示,当劳动和资本的投入分别为 2 单位时,厂商的产量为 200 单位。当厂商的产量增加 1 倍,变为 400 单位时,劳动和资本的投入均增加至 4 单位。此时,就表现为规模收益不变。

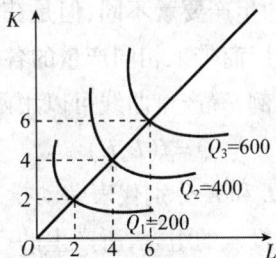

图 4-5 规模收益不变

3.规模收益递减

即所有生产要素投入增加的比例大于产量增加的比例。如图 4-6 所示,当劳动和资本的投入分别为 2 单位时,厂商的产量为 200 单位。当厂商的产量增加 1 倍,变为 400 单位时,劳动和资本的投入均大于4单位。此时,就表现为规模收益递减。

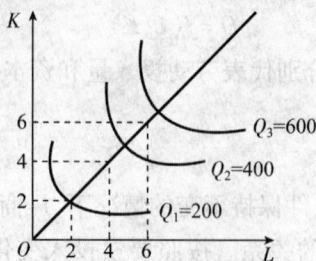

图4-6 规模收益递减

温馨提示

虽然扩大规模有时候可以使厂商获得规模收益递增带来的好处,但是,随着厂商规模的不断扩大,其所负担的管理和监督成本也随之上升。因此,对于追求利润最大化的厂商而言,有必要确定一个适度的生产规模。厂商在确定适度生产规模时,主要应考虑的因素包括以下两点:

第一,所在行业的技术特点。若所在的行业投资量大,设备复杂、先进,则厂商的适度规模相应的会大一些,如钢铁、汽车行业。反之,则适度规模较小。

第二,所在市场的条件。若所在市场需求量大、标准化程度较高,则厂商的适度规模相应的较大;反之,厂商的适度规模则较小。

(二)生产要素的最优组合

在对生产要素的最优组合进行分析时,需要用到两条重要的曲线:一条是等产量线;另一条则是等成本线。

1. 等产量曲线

在某些情况下,虽然厂商投入的生产要素不同,但是获得了相同的产量。所谓等产量曲线,是指在一定的技术水平下,能给厂商带来相同产量的各种生产要素投入量的不同数量组合形成的曲线。以两种生产要素为例,等产量曲线可以用函数关系表示如下:

$$Q = f(L, K) \tag{4-7}$$

式中,Q代表既定的产量水平;L和K分别代表劳动投入量和资本投入量。

假设有4种不同的劳动与资本投入的组合,所产生的产量却是相同的,如表4-2所示。

表4-2 带来相同产量的不同要素的组合

组合方式	劳动投入	资本投入	产量
A	12	2	20
B	6	4	20
C	4	6	20
D	2	12	20

根据表 4 - 2 给出的数据,可以画出与之相应的等产量曲线,如图 4 - 7 所示。

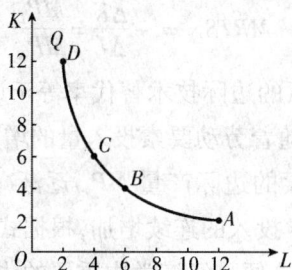

图 4 - 7　等产量曲线图

仔细观察图 4 - 7 中的等产量曲线可以发现,等产量曲线与无差异曲线类似,也具有以下几个方面的特征。

第一,在平面坐标系内存在着无数条等产量曲线,其中,距离原点越远的等产量曲线代表的产量水平越高,距离原点越近的等产量曲线代表的产量水平越低。

第二,任意两条等产量曲线之间是不可能相交的。

第三,等产量曲线是向右下方倾斜的。因为为确保产量保持不变,在增加一种要素投入的同时,必定需要减少另外一种要素的投入,而不能二者同时增加或减少。

第四,等产量曲线是凸向原点的。这主要是由边际技术替代率递减规律所决定的。

2. 边际技术替代率递减规律

边际技术替代率是指为了维持产量水平保持不变,增加一单位某种要素投入的同时所必须减少的另一种要素的投入量,通常用符号 $MRTS$ 表示。以劳动和资本两种生产要素为例,劳动对资本的边际技术替代率 $MRTS_{LK}$ 的计算公式为:

$$MRTS_{LK} = -\frac{\Delta K}{\Delta L} \tag{4-8}$$

式中,$MRTS_{LK}$ 代表劳动对资本的边际技术替代率;ΔL 和 ΔK 分别代表劳动和资本投入的变化量。因为在产量不变的前提下,劳动投入与资本投入之间是呈反方向变化的。因此,在式 4 - 8 的前面加上一个负号,以确保计算所得的边际技术替代率为正数。

当劳动投入量的变化值 ΔL 趋近于无穷小时,式 4 - 8 可以写成如下的微分形式:

$$MRTS_{LK} = -\lim_{\Delta L \to 0}\frac{\Delta K}{\Delta L} = -\frac{\mathrm{d}K}{\mathrm{d}L} \tag{4-9}$$

式 4 - 9 表明,等产量曲线上某一点的边际技术替代率与该点处等产量曲线的斜率的绝对值是等价的。

边际技术替代率与两种要素的边际产量之间是存在联系的。假设由图 4 - 7 中的等产量曲线中的 B 点移动至 C 点,劳动和资本投入的变化量分别为 ΔL 和 ΔK。总产量保持不变,则有下式一定成立:$MP_K \cdot \Delta K + MP_L \cdot \Delta L = 0$。整理得:

$$-\frac{\Delta K}{\Delta L} = \frac{MP_L}{MP_K} \tag{4-10}$$

结合式 4-8 与式 4-10,得到:

$$MRTS_{LK} = -\frac{\Delta K}{\Delta L} = \frac{MP_L}{MP_K} \qquad (4-11)$$

式 4-11 表明,两种生产要素的边际技术替代率等于该两种要素的边际产量之比。

再仔细分析式 4-11,可知,随着劳动要素投入量的增加,资本投入量随之减少。由于边际收益递减规律的作用,劳动要素的边际产量 MP_L 逐渐减少,而资本要素的边际产量 MP_K 则逐渐增加。因此,随着劳动要素投入的连续增加,根据式 4-11 计算得到的劳动对资本的边际技术替代率是逐渐递减的。这便是经济学中重要的边际技术替代率递减规律。

所谓边际技术替代率递减规律,是指在维持产量保持不变的前提下,随着某种要素投入量的不断增加,每一单位该要素所能替代的另外一种生产要素的数量是逐渐递减的。

温馨提示

截止到目前,我们已经学习了边际效用递减、边际替代率递减、边际收益递减以及边际技术替代率递减这四个规律。其中,前两个是与消费者行为理论相联系的;后两个是与生产者行为理论相联系的。学习中应注意总结和归纳。

3. 等成本线

由于资源的稀缺性,生产者不可能无偿、无限制地使用各种生产要素。因此,其生产活动必定受到成本的约束。

等成本线是指在成本和生产要素的价格保持不变的情况下,生产者能够购买到的 2 种生产要素的不同数量组合所形成的轨迹。

若以 C 代表既定的成本,ω 代表工资率,即劳动的成本;r 代表利息率,即资本的成本。则等成本线可以用函数形式表示如下:

$$C = \omega L + rK \qquad (4-12)$$

对上式进行整理后可以得到:

$$K = \frac{C}{r} - \frac{\omega}{r}L \qquad (4-13)$$

由式 4-13 可以看出,等成本线为线性的,其斜率为 $-\frac{\omega}{r}$。

以劳动投入为横坐标、资本投入为纵坐标建立平面直角坐标系,则可以根据等成本线的函数式得到等成本线图。如图 4-8 所示,它是一条直线,与横坐标的交点为 $\frac{C}{\omega}$,与纵坐标的交点为 $\frac{C}{r}$。

与消费者的预算线相类似,在图 4-8 中,等成本线也将整个平面区域划分为三个部分。等成本线以外的区域,如图 4-8 中的 B 点,是生产者目前的成本所不能达到的;等成本线以内的区域,如图 4-8 中的 C 点,代表生产者购买该点代表的生产要素组合外,其成本还有剩余。只有等成本线上的点，如图4-8中的 A 点，生产者的成本才恰好能够购买该点所代表的要素组合，不多不少。

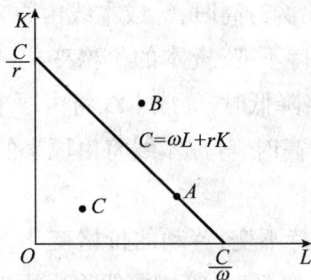

图4-8　等成本线示意图

知识拓展

与消费者的预算线类似，在等成本线中，当成本或者生产要素的价格发生变化时，也会导致等成本线的变动。这里包括以下4种情形。

第一，生产要素的价格保持不变，成本变化，则会导致等成本线的平移。如图4-9(a)所示。当成本增加时，等成本线由原来的 C_0 向右平移至 C_1；反之，当成本减少时，等成本线由原来的 C_0 向左平移至 C_2。

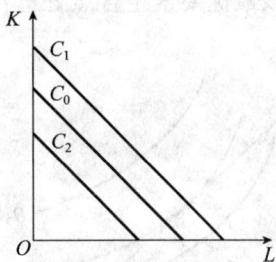

(a)成本变化，生产要素价格不变；或成本不变，生产要素价格同比例同方向变化

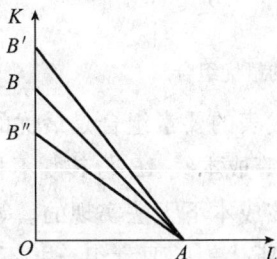

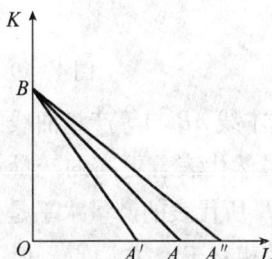

(b)成本及劳动价格不变，资本价格变化　　(c)成本及资本价格不变，劳动价格变化

图4-9　等成本线的变动

第二,成本保持不变,生产要素的价格同比例同方向变化,也会导致等成本曲线的平移。如图4-9(a)所示。当生产要素的成本同比例降低时,等成本线由原来的 C_0 向右平移至 C_1;反之,当生产要素的价格同比例升高时,等成本线由原来的 C_0 向左平移至 C_2。

第三,成本及劳动的价格保持不变,资本的价格变化,则会导致等成本线发生旋转。如图4-9(b)所示。当资本的价格降低时,等成本线将由原来的 AB 围绕 A 点沿顺时针方向旋转至 AB';反之,当资本的价格升高时,等成本线将由原来的 AB 围绕 A 点沿逆时针方向旋转至 AB''。

第四,成本及资本的价格保持不变,劳动的价格变化,也会导致等成本线发生旋转。如图4-9(c)所示。当劳动的价格降低时,等成本线将由原来的 AB 围绕 B 点沿逆时针方向旋转至 $A'B$;反之,当劳动的价格升高时,等成本线将由原来的 AB 围绕 B 点沿顺时针方向旋转至 $A''B$。

4. 生产要素的最优组合

结合等产量曲线与等成本线,可以对生产者实现产量最大化的最优生产要素组合进行分析。如图4-10所示。

在图4-10中,有3条距离原点越来越远的等产量曲线 Q_1、Q_2、Q_3,它们各自代表的产量水平之间的关系为: $Q_1 < Q_2 < Q_3$,图中还有一条等成本线 AB。其中,等成本线 AB 与其中的一条等产量曲线 Q_2 相切于 E 点。此时,E 点所代表的生产要素组合(即劳动投入量为 OL_1、资本投入量为 OK_1)是最优的,在该最优要素组合点处进行生产将能获得最大的产量。

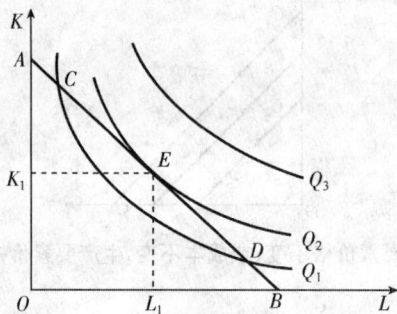

图4-10 生产要素的最优组合

为什么等成本线 AB 与等产量曲线的切点所代表的要素组合是最优的呢?图4-10中等产量曲线 Q_3 虽然代表着更高的产量水平,但是等成本线 AB 与其既不相交也不相切,因此,等产量曲线 Q_3 所代表的产量水平是生产者在该成本下无法实现的。等成本线 AB 与等产量曲线 Q_1 虽然相交于 C、D 两点。但是,该两点所代表的要素组合并不能给生产者带来最大的产量,因为由 C 点向右移动或者由 D 点向左移动,还有等成本线 AB 与等产量曲线 Q_2 相切的情况存在。即生产者在成本保持不变的情况下,将实现更大的产量。由此可见,只有等产量曲线 Q_2 与等成本线 AB 的切点 E 所代表的要素组合才是最优的,才能给生产者带来最大的产量。

由数学知识可知,在切点处,等产量曲线的斜率与等成本线的斜率是相等的。根据前文的介绍,等产量曲线在切点处的斜率的绝对值等于切点处的边际技术替代率,两种商品的边际技术替代率等于各自边际产量之间的比值,而等成本线的斜率则为一常数,等于两种要素价格之比的相反数。因此,结合式 4 – 11 以及式 4 – 13 可得,生产实现最大产量的最优生产要素组合的条件是:$MRTS_{LK} = -\dfrac{\Delta K}{\Delta L} = \dfrac{MP_L}{MP_K} = \dfrac{\omega}{r}$。对上式进行整理后得到:

$$\frac{MP_L}{\omega} = \frac{MP_K}{r} \qquad\qquad (4-14)$$

式 4 – 14 表明,当最后一单位货币成本无论购买何种生产要素所获得的边际产量都相等时,生产的生产要素组合将达到最优状态。

知识拓展

以上对生产要素最优组合的分析是以固定成本下实现最大产量为出发点的。其实,也可以以最小成本实现既定产量水平为分析视角加以分析,二者最终得到的结论是一致的。可以通过画图进行分析。

第二节　成本分析

理性的生产者总是以追求利润最大化为目标的,而利润是收益与成本之差。因此,分析生产者的行为,有必要进一步分析生产成本。

一、几个成本概念

在经济学的学习中,有几个成本的概念是需要学习和领会的。

会计成本是指可以通过会计账目反映出来,厂商在生产过程中按照市场价格实际支付的一切费用,也称为显性成本。如企业购买原材料的费用以及支付给员工的工资等。

资源一般具有多种用途,同时资源也具有稀缺性,当某种资源被运用于某种用途的同时也就放弃了同种资源运用于其他用途而获利的机会。因此,经济学家提出机会成本的概念,机会成本成为经济学中的一个重要概念。机会成本是指当生产要素被运用于某种用途时,生产者所放弃的使用该生产要素在其他用途中所能获得的最高收入,也称为隐性成本。

案例运用

假设某个人拥有 100 万元资金,他有三种投资途径:一是投资股票市场,一年获利 40 万元;二是投资基金市场,一年获利 25 万元;三是存入银行,一年获得利息收入 5 万元。那么,对此人而言,当他将 100 万元投资于基金市场时,机会成本就是他将 100 万元投资于股票市场每年所能获得的 40 万元。这是用来说明机会成本概念的典型例子。

因此,对厂商而言,既需要考虑会计成本,也需要考虑机会成本。经济成本这一概念也随之而生。经济成本是指会计成本与机会成本的总和。

$$经济成本 = 会计成本 + 机会成本 \tag{4-15}$$

根据时间的特性,生产函数分为短期生产函数和长期生产函数。与此类似,成本也可以分为短期成本和长期成本两种。

二、短期成本分析

(一)短期总成本

短期总成本是指短期内生产一定量产品所需要的成本总和。由于在短期内,有些生产要素可以调整,而有些生产要素不可以调整,因此,短期总成本又分为固定成本和可变成本两类。

固定成本指短期内在一定产量范围内不随产量变动而变动的成本。也就是厂商即使暂时关闭其工厂,什么也不生产也会承担的费用,包括厂房设备投资的利息、折旧费、维修费、各种保险费、部分税金,以及即使在暂时停产期间也要继续雇用的人员的工资和薪金。即使产量为零,这部分成本仍存在。

可变成本指短期内随着产量变动而变动的成本。这类成本包括工人的工资,厂商为购进原料以及其他物品而发生的支出,以及电力费、营业税和短期借款的利息等。它随产量的增加而增加,当产量为零时,可变成本为零。

如果用 STC 代表短期总成本,FC 代表固定成本,VC 代表可变成本,则有

$$STC = FC + VC \tag{4-16}$$

(二)短期平均成本

短期平均成本指短期内平均每一单位产品所消耗的全部成本。它是由平均固定成本和平均可变成本构成的。

平均固定成本(AFC)指短期内平均每一单位产品所消耗的固定成本。随着产量的增加,平均固定成本是逐渐减少的。用公式表示为

$$AFC = FC/Q \tag{4-17}$$

平均可变成本(AVC)指短期内平均每一单位产品所消耗的可变成本。随着产量的增加,平均可变成本是先递减,到达最低点以后再递增的。用公式表示为

$$AVC = VC/Q \tag{4-18}$$

如果用 SAC 代表短期平均成本,则有

$$SAC = STC/Q$$
$$SAC = FC/Q + VC/Q = AFC + AVC \tag{4-19}$$

（三）短期边际成本

短期边际成本指短期内厂商增加一单位产量所增加的总成本量。

如果用 SMC 代表短期边际成本，以 AQ 代表增加的产量，则有

$$SMC = \Delta STC/\Delta Q \tag{4-20}$$

值得注意的是，当产品成本由固定成本与可变成本之和构成时，该产品的边际成本与固定成本无关，而只与可变成本有联系。这是由于固定成本是始终固定不变的，而总成本等于固定成本加可变成本，所以边际成本，即多生产一个单位的产量时，总成本的增加量实际上等于增加该单位产品所增加的可变成本，故

$$SMC = \Delta STC/\Delta Q = \Delta VC/AQ \tag{4-21}$$

（四）各类短期成本的变动规律及其关系

表4-3说明了厂商在短期内的各种成本项目之间的关系。

表4-3　短期成本表

产量（Q）	总成本			平均成本			边际成本
	固定成本（FC）	可变成本（VC）	短期总成本（STC）	平均固定成本（AFC）	平均可变成本（AVC）	平均总成本（SAC）	短期边际成本（SMC）
0	1 200	0	1 200				
1	1 200	600	1 800	1 200.0	600.0	1 800.0	600
2	1 200	800	2 000	600.0	400.0	1 000.0	200
3	1 200	900	2 100	400.0	300.0	700.0	100
4	1 200	1 050	2 250	300.0	262.5	562.5	150
5	1 200	1 400	2 600	240.0	280.0	520.0	350
6	1 200	2 100	3 300	200.0	350.0	550.0	700

从表4-3中可以看出，固定成本在产量为零时仍有成本，并且不因产量的变化而变化，始终固定在1 200，其曲线也应是平行于横轴的一条曲线，这条曲线与横轴的距离为固定成本的金额。

可变成本随产量逐渐增加而递增。其曲线应是从原点出发，随产量递增而递增。

短期总成本是固定成本与可变成本之和，由于 FC 之值固定不变，所以短期总成本曲线与 VC 曲线的任一点垂直距离等于成本 FC。

从表4-3中还可以看出，平均固定成本随产量的逐渐增加而减少。平均总成本、平均可变成本和短期边际成本都是随着产量的增加先减少而后增加的。其曲线为"U"形，先下降而后上升。

表4-3不仅能反映出各成本之间的量化关系，而且也能看出它们各自的变动规律和相

互关系,具体表现如下。

1. 短期总成本、固定成本、可变成本的变动规律及关系

用图 4 – 11 来说明这 3 种成本的变动规律与关系。

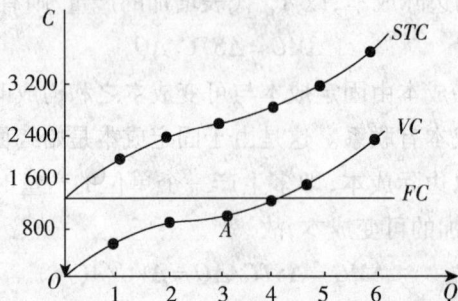

图 4 – 11　短期总成本曲线

在图 4 – 11 中,横轴 OQ 代表产量,纵轴 OC 代表成本,FC 为固定成本曲线,与横轴平行,它表示在一定的产量范围内,固定成本是不变的。VC 为可变成本曲线,它是一条由原点出发向右上方倾斜的曲线,其斜率为正,而且是逐步地由递减变化为递增的,表示可变成本随着产量的变动而同方向变动。特别应该注意的是,VC 曲线最初比较陡峭,表示这时可变成本的增加率大于产量的增加率。然后较为平坦,表示可变成本的增加率小于产量的增加率,最后又比较陡峭,表示可变成本的增加率又大于产量增加率。STC 为短期总成本曲线,它不从原点出发,而从固定成本出发,表示没有产量也不为零,其最小值等于固定成本。该曲线向右上方倾斜也表明了总成本随产量的增加而增加,其形状与 VC 曲线相同,也说明短期总成本的变动规律与可变成本的变动规律相同。

由图 4 – 11 可以得出可变成本的变动规律是:首先,在产量开始增加时,由于固定生产要素与可变生产要素的效率未得到充分发挥,因而可变成本的增加率要大于产量的增长率。其次,随着产量的增加,固定生产要素与可变生产要素的效率得到充分发挥,可变成本的增加率小于产量的增加率。最后,由于边际收益递减规律,可变成本的增加率又大于产量增加率。

2. 短期平均成本、平均固定成本、平均可变成本的变动规律及关系

用图 4 – 12 来说明这 3 种成本的变动规律及相互关系。

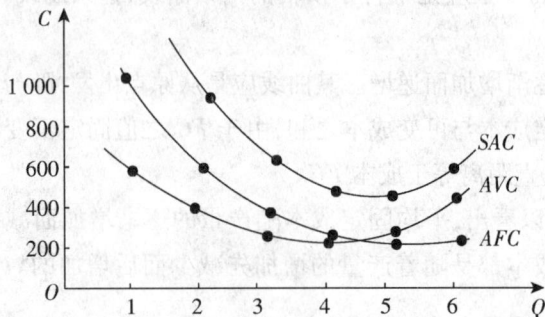

图 4 – 12　短期平均成本曲线

在图 4 - 12 中,*AFC* 为平均固定成本曲线。它最初比较陡峭,说明在产量开始增加时,其下降的幅度很大;以后越来越平坦,说明随着产量的增加,其下降的幅度越来越小。

AVC 为平均可变成本曲线,它是先下降而后上升,呈"*U*"形,表明其随着产量的增加先下降而后上升的变动规律。

SAC 为短期平均成本曲线,表明随产量的增加先下降而后上升的"*U*"形曲线。但它开始时比平均可变成本曲线陡峭,说明下降的幅度比平均可变成本大,以后的形状与平均可变成本曲线基本相同。

根据以上分析,可以得出这三种成本的变动规律:

平均固定成本的变动规律:最初减少的幅度很大,以后减少的幅度越来越小。也就是说,平均固定成本随着产量的增加而减少,这是因为固定成本总量不变,随着产量的增加,分摊到每一单位产品上的固定成本就减少了。

平均可变成本的变动规律:最初随着产量的增加,生产要素的效率逐渐得到发挥,因此平均可变成本减少。但产量增加到一定程度后,由于边际收益递减规律,平均可变成本又开始增加。

短期平均成本的变动规律:由平均固定成本与平均可变成本决定。当产量开始增加时,平均固定成本迅速下降,加之平均可变成本也在下降,因此短期平均成本迅速下降。以后,随着平均固定成本越来越小,它在平均成本中所占的比例越来越小,这时短期平均成本主要随平均可变成本的变动而变动,即随产量的增加而下降,产量增加到一定程度之后,又随产量的增加而增加。

3. 短期边际成本、短期平均成本、短期平均可变成本的变动规律与关系

用图 4 - 13 来说明短期边际成本的变动规律和这三个成本的相互关系。

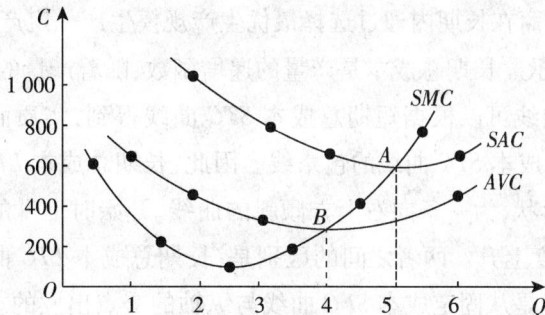

图 4 - 13 短期边际成本、短期平均成本、短期平均可变成本的关系

在图 4 - 13 中,*SMC* 为短期边际成本曲线,它是一条先下降而后上升的"*U*"形曲线。它的变动取决于可变成本,因为在短期中所增加的成本只是可变成本。所以短期边际成本的变动规律是:开始时,边际成本随产量的增加而减少,当产量增加到一定程度时,就随产量的增加而增加。

从图 4 - 13 中不仅可以看出短期边际成本与平均成本的关系,而且可以看出短期边际

成本与平均可变成本的关系。

在图 4 – 13 中,短期边际成本曲线 SMC 与短期平均成本曲线 SAC 相交于 SAC 的最低点 A。在 A 点,SMC = SAC,即短期边际成本等于短期平均成本。在 A 点左侧,短期平均成本在短期边际成本之上,并且一直在递减,这时 SAC > SMC,即短期边际成本小于短期平均成本。在 A 点右侧,短期平均成本在短期边际成本之下,并且一直在递增,这时,SAC < SMC,即短期边际成本大于短期平均成本。A 点称为收支相抵点,这时的价格为平均成本,平均成本等于边际成本,生产者的成本与收益相等,即:P = SMC = SAC。

短期边际成本与平均可变成本的关系和上述平均成本的关系相同。短期边际成本与平均可变成本相交于平均可变成本的最低点 B,在 B 点上 SMC = AVC,即短期边际成本等于平均可变成本。在 B 点左侧,平均可变成本在短期边际成本之上,短期边际成本小于平均可变成本,平均可变成本一直递减。在 B 点右侧,平均可变成本在短期边际成本之下,即短期边际成本大于平均可变成本,平均可变成本一直在递增。B 点称为停止营业点,即在这一点上,价格只能弥补平均可变成本,这时所损失的是不生产也要支付的固定成本。如低于这一点,不能弥补可变成本,则生产者就应停止生产。

三、长期成本分析

在长期内,所有的生产要素都是可变的,厂商甚至可以进入或者退出某一行业。因此,长期内,厂商的成本并无固定与可变之分。在长期成本分析中所使用到的成本概念主要包括三个:长期总成本、长期平均成本以及长期边际成本。

(一)长期总成本

长期总成本是指厂商在长期内通过选择最优生产规模生产一定产出所花费的最小总成本,通常用符号 LTC 表示。长期总成本是产量的递增函数,随着产量的增加而增加。

长期总成本 LTC 曲线可以根据短期总成本 STC 曲线得到,实质而言,长期总成本 LTC 曲线就是无数条短期总成本 STC 曲线的包络线。因此,长期总成本 LTC 曲线具有与短期总成本 STC 曲线相似的形状,为一条向右上方倾斜的曲线,开始时上升的速度比较快,然后变缓,最后又以较快的速度上升。两者之间的区别是:长期总成本 LTC 曲线是从原点出发的,而短期总成本 STC 曲线是从固定成本 SFC 曲线与纵轴的交点出发的。因为,在长期内所有的生产要素都是可变的,当产量为 0 时,长期总成本也为 0。

案例运用

在长期中,为了生产同样多的产量,厂商可以选择不同的生产规模。例如,在学校里开一家理发店,其客户是相对固定的。因此,它每个月提供的服务(即产出)也就相对固定。但是,该理发店租赁的店面面积可大可小,聘请的理发师和服务员可多可少。店面面积和员工人数不同,必然造成成本的差异。

（二）长期平均成本

长期平均成本是指厂商在长期内生产每单位产出所花费的最低成本,通常用符号 LAC 表示。其计算公式如下:

$$LAC = LTC/Q \qquad\qquad (4-22)$$

式中,LTC 和 Q 分别代表长期总成本和产量。

长期平均成本 LAC 曲线可以由短期平均成本 SAC 曲线推导得到。在长期内,厂商可以根据产量的不同,选择最优的生产规模进行生产。如图 4 - 14 所示,图中有 3 种不同的生产规模,分别用短期平均成本曲线 SAC_1、SAC_2 以及 SAC_3 表示。当产量水平为 Q_1 时,厂商会选择平均成本曲线 SAC_1 代表的生产规模进行生产,因为此时所花费的平均成本较低,为图中的 OC_1。同理,当产量水平为 Q_2 时,厂商会选择平均成本曲线 SAC_2 代表的生产规模进行生产,因为此时所花费的平均成本较低,为图中的 OC_2。当产量水平为 Q_3 时,厂商会选择平均成本曲线 SAC_3 代表的生产规模进行生产,因为此时所花费的平均成本较低,为图中的 OC_3。

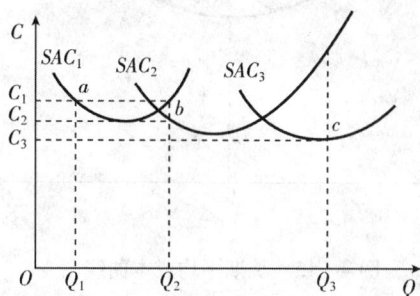

图 4 - 14　最优生产规模的选择

温馨提示

对厂商而言,长期与短期之间最大的区别在于是否能够根据产量的不同来选择最佳的生产规模。厂商在长期内可以选择最优的生产规模,在短期内则做不到。仍以图 4 - 14 进行说明,假设某厂商目前的生产规模由短期平均成本曲线 SAC_1 所表示,当产量水平为 Q_2 时,短期内,该厂商只能在由 SAC_1 所代表的生产规模下,以较高的平均成本 OC_1 进行生产,而不能选择由短期平均成本曲线 SAC_2 所代表最优的生产规模,尽管此时生产的平均成本为更低的 OC_2。

长期内,在各种不同的产量下,厂商都可以选择最优的生产规模进行生产。当产量有无数种时,就会有无数种最优生产规模,也就有无数条短期平均成本曲线相对应,如图 4 - 15 所示。长期平均成本 LAC 曲线就是这些无数条短期平均成本 SAC 曲线的包络线。长期平均成本 LAC 曲线与每一条短期平均成本 SAC 曲线都相切。每一条短期平均成本 SAC 曲线代表与不同产量对应的最优生产规模,而切点所代表的平均成本则为最低平均成本。因此,长期平均成本 LAC 曲线是厂商在长期内生产单位产品的最低平均成本所形成的轨迹。

在图 4-15 中,长期平均成本 LAC 曲线与短期平均成本 SAC_4 曲线相切于 SAC_4 的最低点。在这一点,厂商既能实现平均成本的最小化,也能实现短期平均成本的最小化。对于 SAC_4 左侧的短期平均成本 SAC 曲线,长期平均成本曲线均与其相切于各自最低点的左侧。而对于 SAC_4 右侧的短期平均成本 SAC 曲线,长期平均成本曲线均与其相切于各自最低点的右侧。

由图 4-15 所示的长期平均成本 LAC 曲线可以看出,它也是一条呈"U"形的曲线。随着产量的增加,长期平均成本也随之降低,当达到最低点之后,长期平均成本则开始升高。

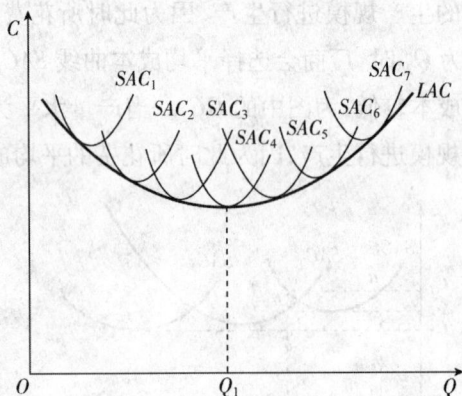

图 4-15　长期平均成本曲线图

知识拓展

是什么原因导致长期平均成本 LAC 曲线与短期平均成本 SAC 曲线一样,也是一条"U"形的曲线呢? 在短期内,只有部分生产要素投入是可变的。因此,短期平均成本 SAC 曲线呈"U"形曲线是由于边际收益递减规律造成的。但是,在长期内,厂商可以对全部的生产要素投入进行调整。因此,边际收益递减规律就不再适用了。那么,究竟是什么原因导致长期平均成本 LAC 曲线也呈现出"U"形特征呢?

经济学家们认为,长期平均成本 LAC 曲线也呈现出"U"形特征是由于规模经济和规模不经济导致的。

所谓规模经济是指产量规模扩大的比例大于长期平均成本增加的比例。例如,当厂商将生产要素投入增加80%时,引起产量增加了100%。

所谓规模不经济是指产量规模扩大的比例小于长期平均成本增加的比例。例如,当厂商将生产要素投入增加80%时,只带来产量50%的增加。

以上规模经济和规模不经济是由厂商变动自身生产规模时产生的,因此,二者也分别被称为规模内在经济与规模内在不经济。

此外,需要注意的是,此处所说的规模经济(规模不经济)与规模收益是不同的概念。规模收益反映的是生产要素投入的变动与产出变动之间的关系;而规模经济与规模不经济反映的是生产规模变动与平均成本变动之间的关系。

(三)长期边际成本

长期边际成本是指厂商在长期中每增加一单位产出而增加的成本,通常用符号 LMC 表示。其计算公式如下:

$$LMC = \Delta LTC / \Delta Q \qquad (4-23)$$

式中,ΔLTC 与 ΔQ 分别代表长期总成本 LTC 与产量 Q 的变化量。

长期边际成本 LMC 曲线可以由长期总成本 LTC 曲线推导得来。它也是一条呈"U"形的曲线,如图 4-16 所示。

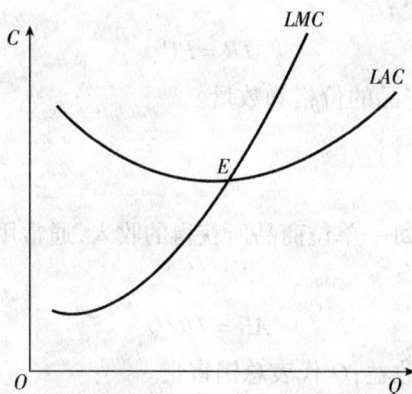

图 4-16　长期边际成本曲线与长期平均成本曲线之间的关系

在图 4-16 中,与短期边际成本 SMC 曲线和短期平均成本 SAC 曲线之间的关系类似,长期边际成本 LMC 曲线与长期平均成本 LAC 曲线也相交于长期平均成本 LAC 曲线的最低点 E。在 E 点的左侧,长期边际成本 LMC 曲线位于长期平均成本 LAC 曲线的下方,即 $LMC < LAC$,导致长期平均成本 LAC 曲线不断下降。反之,在 E 点的右侧,长期边际成本 LMC 曲线位于长期平均成本 LAC 曲线的上方,即 $LMC > LAC$,导致长期平均成本 LAC 曲线不断上升。最终,长期边际成本 LMC 曲线与长期总成本 LTC 曲线一样,都为一条"U"形的曲线。

第三节 利润最大化原则

一、收益与利润

收益是指厂商销售产品所获得的收入,即销售收入。在收益方面。比较重要的概念包括总收益、平均收益以及边际收益三个。

(一)总收益

总收益是指厂商按照一定的价格出售一定数量的产品时所获得的全部收入,通常用符号 TR 表示。其计算公式如下:

$$TR = PQ \tag{4-24}$$

式中,P 和 Q 分别表示产品的价格和数量。

(二)平均收益

平均收益是指厂商销售每一单位商品所获得的收入,通常用符号 AR 表示。其计算公式如下:

$$AR = TR/Q \tag{4-25}$$

式中,TR 代表厂商的总收益;Q 代表总销售量。

(三)边际收益

边际收益是指厂商每增加一单位产品的销售所获得的额外的收入,通常用符号 MR 表示。其计算公式为:

$$MR = \Delta TR/\Delta Q \tag{4-26}$$

式中,ΔTR 和 ΔQ 分别代表总收益和总销售量的变化量。

(四)利润

利润是指总收益扣除总成本之后的净收益,通常用符号 π 表示。它等于总收益与总成本之间的差,其计算公式为:

$$\pi(Q) = TR(Q) - TC(Q) \tag{4-27}$$

式中,TR 与 TC 分别代表总收益和总成本。因为总收益 TR 和总成本 TC 都是产量的函数,因此,利润 π 也是产量的函数,随着产量的变化而变化。

二、利润最大化原则

对厂商而言,追求利润最大化就是选择合适的产量,使自己获得的利润达到最大,这其实就是一个对利润计算式 4 – 27 求极值的问题。根据数学知识,将式 4 – 27 对产量 Q 求导并令导数等于 0,可得:$\dfrac{\mathrm{d}\pi}{\mathrm{d}Q} = \dfrac{\mathrm{d}TR}{\mathrm{d}Q} - \dfrac{\mathrm{d}TC}{\mathrm{d}Q} = MR - MC = 0$。对其进行整理后得到:

$$MR = MC \tag{4 – 28}$$

此即为厂商利润最大化的条件。也就是说,当厂商根据边际收益等于边际成本(即 $MR = MC$)的原则来确定其产量时,所获得的利润达到最大值。

当边际收益大于边际成本,即 $MR > MC$ 时,额外增加一单位产品的生产所获得的收益大于所增加的成本。此时,增加产量可以为厂商带来更多的利润。当边际收益小于边际成本,即 $MR < MC$ 时,额外增加一单位产品的生产时所获得的收益小于所增加的成本。此时,增加产量将会导致厂商所获得的利润减少。当边际收益等于边际成本,即 $MR = MC$ 时,额外增加一单位产品的生产时所获得的收益等于所增加的成本。此时,产量水平是最优的,能给厂商带来最大的利润。

案例运用

假设某厂商在一个完全竞争的市场中与其他厂商之间进行竞争,该厂商每天所能获得的最大利润是 10 000 元。假设厂商的平均成本 $AC = 9$ 元,边际成本 $MC = 10$ 元,平均可变成本 $AVC = 6$ 元。试求该厂商每天生产的最优产量是多少？厂商的固定成本是多少？

解:根据厂商利润最大化的条件有:

$P = MR = MC = 10$,即该产品的价格 $P = 10$ 元;

因为 $TR = P \cdot Q = 10 \cdot Q = 10\ 000$,所以 $Q = 1\ 000$;

即该厂商每天生产的最优产量是 1 000 单位。

固定成本 $FC = AC \cdot C = AVC \cdot Q = 9 \times 1\ 000 - 6 \times 1\ 000 = 3\ 000$(元)

即该厂商的固定成本为 3 000 元。

关键术语

生产函数　边际产量　边际收益递减规律　等产量曲线　等成本曲线　会计成本
机会成本　经济成本　固定成本　可变成本　边际技术替代率　边际成本　收支相抵点
停止营业点　边际收益　经济利润

练习与思考

一、选择题

1.已知某厂商的产量为 19 单位时,总成本为 190 元,当厂商的产量增加至 20 单位时,其平均成本变为 10 元,由此可以知道第 20 单位产品的边际成本为(　　)。

　　A. 5 元　　　　　　　　　　　　B. 20 元

　　C. 10 元　　　　　　　　　　　　D. 无法确定

　　2. 若等成本曲线与等产量曲线既不相交,也不相切。此时,如果该厂商欲达到等产量曲线所代表的产量水平,应该(　　)。

　　A. 增加投入　　　　　　　　　　B. 减少投入

　　C. 进入新的市场　　　　　　　　D. 以上都不对

　　3. 距离原点越近的等产量曲线,所代表的产量水平(　　)。

　　A. 越高　　　　　　　　　　　　B. 越低

　　C. 无法进行比较　　　　　　　　D. 相同

　　4. 对某厂商而言,当边际产量低于平均产量时,以下表述正确的是(　　)。

　　A. 平均产量增加　　　　　　　　B. 平均产量降低

　　C. 平均产量不变　　　　　　　　D. 无法判断

　　5. 当某厂商的成本保持不变,各种生产要素的价格以相同的比例升高时,其等成本曲线(　　)。

　　A. 向右上方平行移动　　　　　　B. 向左下方平行移动

　　C. 位置不变　　　　　　　　　　D. 向左下方旋转

　　6. 当各种生产要素的价格都保持不变,某厂商的成本增加时,其等成本曲线将(　　)。

　　A. 向右上方平行移动　　　　　　B. 向左下方平行移动

　　C. 位置不变　　　　　　　　　　D. 向左上方旋转

二、简答题

　　1. 简述经济学意义上的长期与短期之间的区别。

　　2. 简述等产量曲线的含义及其特征,并结合等成本线说明厂商均衡的条件。

　　3. 简述总产量与边际产量,边际产量与平均产量之间的关系。

　　4. 简述短期平均成本、平均可变成本以及边际成本之间的关系。

　　5. 为什么保龄球馆顾客稀少的情况下仍然营业,在什么情况下它会停止营业呢?

三、技能训练

　　1. 假设某厂商进行生产时的边际成本函数 $MC = 4Q^2 - 10Q + 120$,如果该厂商生产 5 单位产品的总成本为 1 190 元。试根据已给数据求出总成本函数、平均成本函数、可变成本函数以及平均可变成本函数。

　　2. 试根据短期总成本、固定成本、可变成本、短期平均成本、平均固定成本、平均可变成本以及短期边际成本之间的关系,以表 4-6 中已有的数据为基础,将整个表格中缺失的数据填写完整。

表4－6 短期中厂商各项成本之间的关系表　　　　　　　　单位:元

产　量	固定成本	可变成本	总成本	边际成本	平均固定成本	平均可变成本	平均成本
0	240	0					
1	240		308				
2	240	126					
3	240		420				
4	240	232					
5	240		530				
6	240	360					
7	240		700				
8	240	608					
9	240		1 080				

3.某厂商的生产函数 $Q = 10LK$,其中,Q 代表该厂商的产量;K 代表该厂商的资本要素投入;L 代表该厂商的劳动要素投入。假设每单位资本的价格为4元,每单位劳动的价格为2元,厂商将产量定为80单位时,该厂商应该如何组织生产?

第五章 市场结构理论

知识目标

1. 了解完全竞争市场、垄断竞争市场、寡头垄断市场以及完全垄断市场这四种市场结构的特征以及相互之间的区别。
2. 掌握不同市场结构中厂商的均衡条件。
3. 了解几种常见的博弈论模型。
4. 了解不同市场结构之间经济效率方法的差异。

能力目标

1. 能够运用市场结构理论对现实经济生活中的价格差异进行解释。
2. 能够辨别不同产品市场各自属于何种市场结构类型。
3. 能运用博弈方法分析现实生活中的一些经济问题。

案例导入

市场经济与竞争

沙丁鱼是欧洲人很喜欢的一道美味。但是,长期以来,由于沙丁鱼在运输过程中经常莫名其妙地死去,致使很多贩运沙丁鱼的商贩蒙受巨额的损失,也使得人们在餐桌上很难见到新鲜的沙丁鱼。

一位鱼商意外地发现了一种绝妙的解决方法。有一次,在运输过程中,由于准备的鱼槽不足,该鱼商只能将鲶鱼和沙丁鱼混装在同一个鱼槽中。结果,在到达目的地时,该鱼商意外地发现,沙丁鱼竟然一条也没有死。后来才发现,原来这是鲶鱼的功劳。由于鲶鱼是一种好动的鱼类,在水中总是喜欢不停地游来游去。相反,沙丁鱼则是一种非常懒惰的鱼类,在水中很少游动。鲶鱼的到来使得它们非常恐惧,从而改变了好静不好动的习性,也跟着鲶鱼在水中游来游去。结果,鱼槽里的水被鲶鱼搞活了。船到岸边的时候,这些沙丁鱼一个个都是活蹦乱跳的。后来,人们将这一现象称为"鲶鱼效应"。

自然界充满了竞争,在经济领域也未尝不是如此。说到竞争,人们感触最深的莫过于对中国电信的拆分。过去中国的电信行业是由一家垄断的,国家想方设法地进行通信设备的投资、改造,开展各种服务竞赛活动,但是收效甚微。通信费用依然居高不下,服务质量很差,安装一部电话居然要花费 5 000 多元,就是这样安装电话还要排上两三个月的队。不仅如此,电信部门还要收取装机费以及电话费押金。当时,电信行业就犹如上面鱼槽中的沙丁鱼。没有激励怎么会发展呢?

现在则发生很多的变化,中国电信被拆分成几个公司,几个公司就犹如鱼槽中的鲶鱼和沙丁鱼一样被搞活了,每一家公司都不可能像过去一样待在一潭死水里坐享其成。中国电信、中国铁通、中国移动、中国联通以及中国网通都行动起来,一家推出长途优惠服务,另一家则推出假日半费优惠;一家赠送话费,另一家也赠送话费;一家邮寄话费清单,另一家则亲自送话费清单;一家隔夜装机,另一家当天就装机;一家实行套餐优惠,另一家则实行接听免费……新鲜的招数层出不穷,消费者满意了,经营者也因此获得了更多的利润,中国的电信行业也得到了快速的发展。

这说明不同的市场结构,竞争程度和垄断程度是存在很大差别的,消费者获得的效用以及生产者获得的利润往往存在很大的不同,因此,各种市场结构的经济效率也很不一样。

第一节　市场结构概述

一、什么是市场结构

所谓市场,是指从事商品交易的场所和地点。它既可以是有形的,如菜市场、人才市场以及股票交易所等,也可以是无形的,如淘宝、京东商城等,它是随着电子计算机与网络技术的普及而发展起来的。

与市场相关的一个概念便是行业,行业是指生产同一类商品的所有厂商的总和。如所有生产家电的厂商便构成家电行业。

温馨提示

在分析市场结构时,人们通常将市场和行业看成是等价的。如计算机行业就是计算机市场、家电行业就是家电市场等。

一个行业可能包括许多厂商,也可能只包含一家厂商。因此,其竞争程度是不一样的。市场结构就是指市场的竞争和垄断程度。

二、划分市场结构的依据

经济学理论认为,划分市场结构的标准主要包括三个:一是市场集中度;二是厂商进入或退出某一市场的难易程度;三是厂商生产的产品之间的差异程度。

（一）市场集中度

市场集中度是指大企业对某一市场的控制程度，通常用市场占有额来衡量。在某一市场中，企业的规模越大、数量越小，大企业所占有的市场份额就越多，对市场价格的影响力也越大，该市场的集中度越高，垄断程度也就越高。在某一市场中，企业的规模越小、数量越多，企业所占有的市场份额就越少，对市场价格的影响力也越小，该市场的集中度越低，竞争程度也就越高。

温馨提示

在合并了麦道公司之后，全世界的飞机制造业就只剩下两家客机供应商：一家是波音公司；另外一家则是欧洲空客。二者垄断了全世界客机的生产和供应，导致市场的集中度非常高，该行业的垄断程度也非常高。

（二）厂商进入或退出某一市场的难易程度

一个容易进入和退出的市场里，厂商的数量会比较多，市场的竞争程度也就高；反之，在一个进入和退出困难的市场里，厂商的数量则较少，垄断程度就较高。造成某一市场进入困难的原因有很多，主要包括两种：一是自然方面的原因，分为资源控制和规模经济。例如，中国电信集团公司对中国电信业务的垄断就得益于它拥有世界第一大固定电话网络。二是法律方面的原因。通过法律规定的特许经营、许可证制度以及专利权等增加了厂商进入某一行业的难度。

（三）厂商生产的产品之间的差异程度

相对而言，厂商之间生产的产品差异越大，市场的垄断程度就越高；反之，厂商之间生产的产品差异越小，市场的垄断程度就越低。

案例运用

广州王老吉药业股份有限公司生产的王老吉凉茶，因其独特的中药配方以及适合中国人的口味，从而区别于其他产品，公司也因此而确立了其在同类产品生产中的领先和垄断地位。2005年，王老吉的销售量（400万吨）甚至超过了可口可乐的销售量（317万吨）。

三、市场结构的主要类型

根据上文介绍的划分市场结构的标准，所有的市场可以被划分为四种类型，即完全竞争市场、垄断竞争市场、寡头垄断市场以及完全垄断市场。现以表5-1对各种市场结构进行简单的概括和说明，具体内容在后文详细介绍。

表 5 - 1　四种市场结构之间的比较

市场结构类型	厂商数目和产品差别	对价格的控制程度	进入与退出限制	代表性领域
完全竞争市场	无穷多,同质产品	无控制,厂商被动接受价格	无进出限制	农业
垄断竞争市场	较多,很小或没有差别	在一定程度控制价格	进出相对容易	零售业
寡头垄断市场	几家,存在某些差异	较大程度控制价格	进出相对困难	汽车、钢铁、计算机等
垄断市场	一家,难以找到相近的替代品	完全控制价格	进出非常困难	公用事业,如水、电、气

第二节　完全竞争市场

一、完全竞争市场概述

完全竞争市场是一种只存在竞争而不存在垄断的市场结构。农产品市场就是一种典型的完全竞争市场。在这种市场结构中,厂商的数量多、规模小。

完全竞争市场具有以下四个方面的特征。

(一)市场中存在着大量的买者和卖者

单个买者和卖者所占的市场份额都非常小,对市场价格的影响微乎其微,都是既定市场价格的被动接受者。

(二)市场中销售的产品是同质的

即任何一家厂商所提供的产品都是完全相同的,不存在任何差别,产品之间是完全可替代的。

(三)进出无限制

厂商进出完全竞争市场没有任何限制,任何厂商都可以自由进入一个存在盈利机会的市场,也可以自由退出一个有亏损风险的市场,一切资源都可以在整个市场内自由流动。

(四)完全信息

买者和卖者都拥有关于市场的完全信息,都了解产品的市场价格并在既定的市场价格水平进行交易。

在现实社会中,完全具备上述四个特征的市场很少,几乎不存在。但是,对完全竞争市场的了解有助于对其他市场结构进行认识,因此,又是非常重要的。

二、完全竞争厂商面对的需求曲线

在完全竞争市场中,市场的需求曲线与单个厂商面临的需求曲线是不一样的。如图 5-1(a)所示,市场需求曲线是向右下方倾斜的,市场供给曲线则是向右上方倾斜的,两者共同决定了产品的市场价格 P_E。但是,对单个厂商而言,情况则不同。单个厂商并不具有影响和控制市场价格的能力,只能被动地接受市场价格,因此,单个厂商所面对的需求曲线是一条水平直线,弹性无穷大。如图 5-1(b)所示。

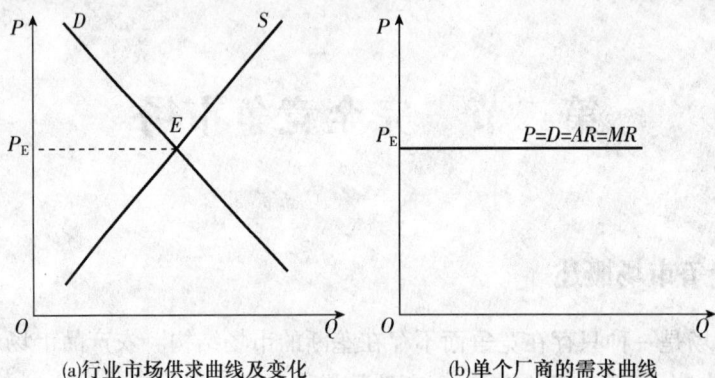

(a)行业市场供求曲线及变化　　　　(b)单个厂商的需求曲线

图 5-1　完全竞争市场及厂商的需求曲线

从图 5-1(b)中可以看出,在完全竞争市场中,单个厂商的需求曲线 D、平均收益曲线 AR 以及边际收益曲线 MR 这三条线是重合在一起的,即 $P = D = AR = MR$。首先,单个买者和单个卖者所占的市场份额非常小,二者皆是市场价格的被动接受者,因此 $P = P_E = D$;其次,由于市场价格 P 既定,厂商出售每单位产品所获得的平均收入为相同的 P,因此 $AR = P$;最后,厂商增加一单位产品的销售所获得的额外收入也都一样,都为 P,因此 $MR = P$。综上所述,$P = D = AR = MR$。

三、完全竞争市场的短期均衡

(一)完全竞争市场的短期均衡条件

短期内,厂商不能改变固定要素的投入,即不能选择最优生产规模进行生产,只能在既定的生产规模下进行生产。此外,根据前文的介绍,在完全竞争市场中,单个厂商都是市场

价格的被动接受者,即 $MR = P$。生产者行为理论揭示,完全竞争市场的短期均衡条件是边际收益与边际成本相等,即:

$$MR = SMC$$

以图 5 - 2 来进行说明。$MR = SMC$ 时所对应的产量 Q^* 即是厂商生产的最佳产量。当实际产量小于 Q^* 时,边际收益大于边际成本,即 $MR > SMC$。此时,增加产量对厂商是有利的,能给厂商带来更大的收益。当实际产量大于 Q^* 时,边际收益小于边际成本,即 $MR < SMC$。此时,减少产量对厂商是有利的,能给厂商带来更大的收益。只有当实际产量恰好等于 Q^* 时,厂商所获得的利润才达到最大值。

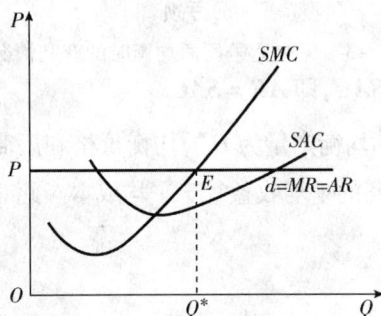

图 5 - 2 完全竞争厂商的短期均衡

在根据 $MR = SMC$ 原则确定的均衡状态下,厂商能获得最大的利润。但是,在均衡状态下就一定能确保厂商获得的利润大于 0 吗?答案是未必。这主要取决于均衡产量下厂商所获得的平均收益 AR 与所付出的平均成本 SAC 之间的大小。分以下三种情形来进行论述。

1. 均衡产量处的 AR 大于 SAC,即 $AR > SAC$

如图 5 - 3(a)所示。此时的均衡产量为 Q^*,均衡价格和厂商所获得的平均收益均为 P_1,而厂商的平均成本则为 P_2。厂商的平均收益大于平均成本,即 $P_1 > P_2$。此时,厂商所获得的收益为正,大小等于图 5 - 3(a)中阴影部分的面积。

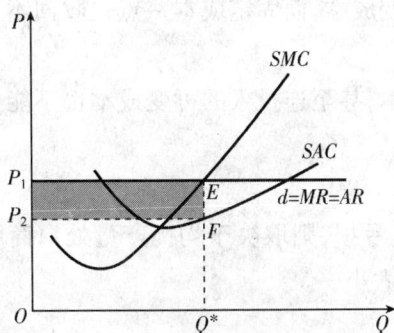

(a)收益为正

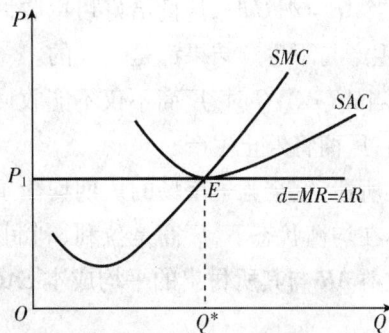

(b)收益为零

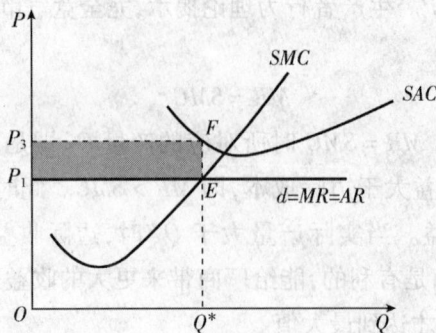

（c）亏损

图 5-3　完全竞争厂商均衡时的获利情况

2. 均衡产量处 AR 的等于 SAC，即 $AR = SAC$

如图 5-3（b）所示。此时的均衡产量为 Q^*，均衡价格和厂商所获得的平均收益均为 P_1，而厂商的平均成本也为 P_1。厂商的平均收益等于平均成本。此时，厂商所获得的收益为 0。

> **温馨提示**
>
> 此处所说的"厂商所获得的收益为 0"，是指厂商所获得的超额利润为 0，但是却能获得正常的利润。而在第一种情形中，厂商不仅获得了正常的利润，而且还获得了超额利润。

3. 均衡产量处的 AR 小于 SAC，即 $AR < SAC$

如图 5-3（c）所示。此时的均衡产量为 Q^*，均衡价格和厂商所获得的平均收益均为 P_1，而厂商的平均成本却为 P_3。厂商的平均收益小于平均成本，即 $P_1 < P_3$。此时，厂商将发生亏损，所获得的收益为负，厂商所遭受的损失等于图 5-3（c）中阴影部分的面积。

在这种情形下，厂商面临着以下三种选择。

（1）当 $AVC < AR < SAC$ 时，厂商虽然遭受亏损，但可以收回全部可变成本，还可以收回部分固定成本。因此，厂商可以继续生产。

（2）当 $AR = AVC$ 时，厂商恰好可以收回全部可变成本，而固定成本一点也收回不来。此时，厂商生产与不生产结果都是一样的。

（3）当 $AR < AVC$ 时，厂商不仅不能收回固定成本，甚至连投入的可变成本也不能全部收回。此时，厂商将停止生产。

综上所述，完全竞争市场的短期均衡条件是 $MR = SMC$。

具体在均衡状态下，厂商是盈利、利润为 0 还是亏损，则取决于均衡产量处厂商所获得的平均收益 AR 与其所付出的平均成本 SAC 之间的大小。

（二）完全竞争厂商的短期供给曲线

完全竞争厂商的短期供给曲线可以根据完全竞争市场的短期均衡推导得来。如图 5-4 所示。

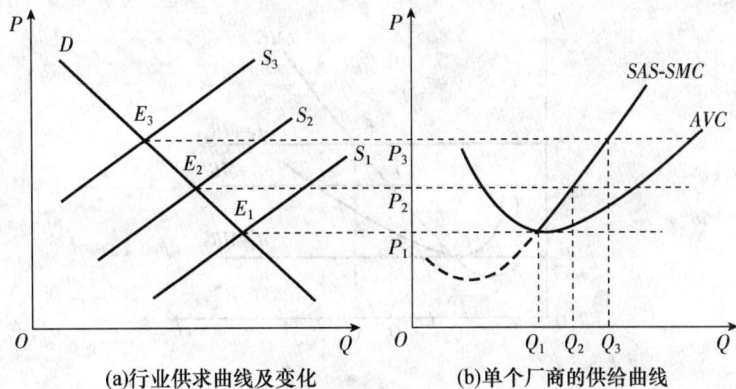

图 5 - 4　完全竞争厂商的短期供给曲线

在图 5 - 4(a)中,固定的市场需求曲线与三条市场供给曲线分别相交于三个均衡点 E_1、E_2 和 E_3,对应的市场价格分别为 P_1、P_2 和 P_3。由前文可知,在完全竞争市场中,厂商所获得的平均收益与市场价格相等,而完全竞争市场的短期均衡条件是边际收益等于边际成本,此时的产量是该厂商的均衡产量。如图 5 - 4(b)所示,当市场价格为 P_1 时,根据完全竞争市场短期均衡条件 $MR = SMC$ 所确定的产量为 Q_1;当市场价格为 P_2 时,根据完全竞争市场短期均衡条件 $MR = SMC$ 所确定的产量为 Q_2;当市场价格为 P_3 时,根据完全竞争市场短期均衡条件 $MR = SMC$ 所确定的产量为 Q_3;……以此类推,当有更多的市场价格时,人们可以得到更多组价格与产量之间的一一对应关系。将所有这些"价格—产量"组合用一条平滑的曲线连接起来,就得到一条向右上方倾斜的曲线,这条曲线便是完全竞争厂商的短期供给曲线 SAS。

仔细观察图 5 - 4(b)可以发现,完全竞争厂商的短期供给曲线与其短期边际成本曲线有一部分相重合。当市场价格低于平均可变成本(即 $P < AVC$)时,厂商就会停止生产。因此,可以将完全竞争厂商的短期供给曲线完整地表述为:完全竞争厂商的短期供给曲线就是该厂商短期边际成本 SMC 曲线高于平均可变成本 AVC 曲线最低点的那部分曲线。

四、完全竞争市场的长期均衡

根据前文的内容,在短期内,即使完全竞争厂商所获得的平均收益 AR 低于短期平均成本 SAC,但只要高于平均可变成本 AVC,即 $AVC < AR < SAC$,厂商虽然处于亏损状态,但仍会继续生产。但是,长期中,所有的生产要素都是可变的,并不存在固定成本一说。此时,完全竞争厂商只有在平均收益大于或等于长期平均成本,即 $AR \geq LAC$ 时,才愿意继续生产。

可以用图 5 - 5 来说明完全竞争厂商的长期均衡条件。

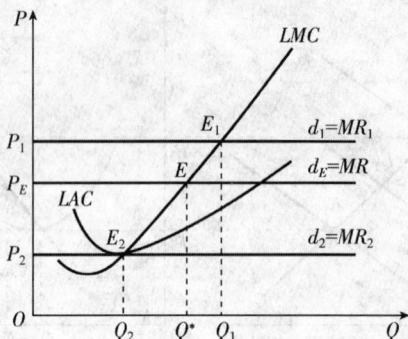

图 5 - 5　完全竞争厂商的长期均衡

如图 5 - 5 所示,假设一开始产品的市场价格为较高的 P_1 时,所有厂商都能获得较多的利润,因而各厂商都争相增加产量,别的厂商为了追求高利润也进入到这一市场中来。所有这些都导致市场供给的增加以及产品市场价格的下降。如果产品的市场价格下降至较低的 P_2 时,所有厂商都将处在亏损状态,因而各厂商都争相削减产量,有的厂商甚至退出这一市场。所有这些都导致市场供给的减少以及产品市场价格的上升。以上二者的相互作用必定会使最终的市场价格变为 P_E,此时,厂商的边际收益 MR 曲线与长期边际成本 LMC 曲线相交于 E 点,所决定的均衡产量为 Q^*。此时,厂商所获得的总收益恰好等于总成本,厂商所获得的利润为 0,达到了均衡状态。

综上所述,当长期边际成本 LMC 曲线、边际收益 MR 曲线以及长期平均成本 LAC 曲线相交时,完全竞争市场达到了长期均衡状态。长期均衡的条件为:$MR = LAC = LMC$。此时,厂商的长期平均成本最小,经济效率最高。

第三节　完全垄断市场

完全垄断市场是指整个市场中只有一家厂商的市场结构。在完全垄断市场中,整个市场的均衡与单个厂商的均衡是等价的。

一、垄断厂商的需求曲线与收益曲线

(一)垄断厂商的需求曲线

在一个完全垄断市场中,只存在一家厂商。因此,完全垄断厂商的需求曲线就是市场的需求曲线。根据供求理论一节的介绍可知,完全垄断厂商的需求曲线是一条向右下方倾斜的直线,如图 5 - 6(a)所示。

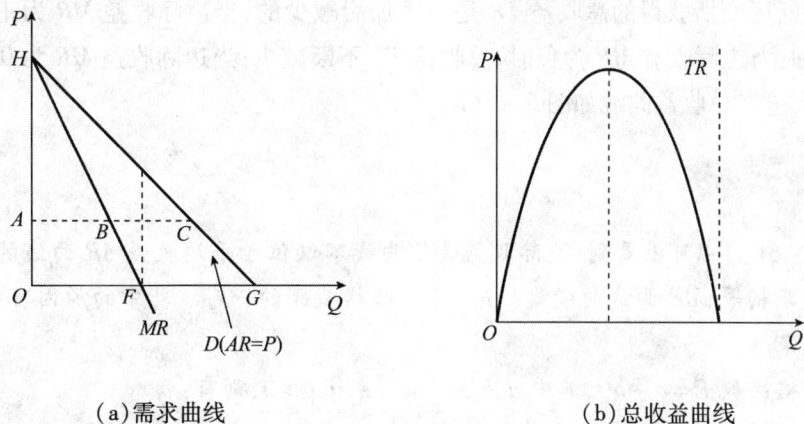

（a）需求曲线　　　　　　　　　　　　　（b）总收益曲线

图5-6　完全垄断厂商的需求曲线与总收益曲线

（二）完全垄断厂商的收益曲线

由于市场中只有一家厂商,因此,完全垄断厂商可以通过改变销售量的方式来控制产品的价格。销售量增加,市场价格下降;销售量减少,市场价格升高。表5-2即为某完全垄断厂商的收益表。

表5-2　某垄断厂商的收益表

单位:元

销售量	产品价格	总收益	边际收益
0	—	0	—
1	90	90	90
2	80	160	70
3	70	210	50
4	60	240	30
5	50	250	10
6	40	240	-10
7	30	210	-30
8	20	160	-50
9	10	90	-70

从表5-2可以看出,产品价格P随着销售的增加而不断降低。对完全垄断厂商而言,它所获得的平均收益AR就等于产品的市场价格P,即$AR=P$。因此,完全垄断厂商的平均收益曲线与其需求曲线重合,也是向右下方倾斜的。

完全垄断厂商所获得的边际收益MR是逐渐递减的,最终将变为负数。根据表5-2中第2列及第4列所展示的数据可知,完全垄断厂商的边际收益MR小于平均收益AR,边际收益MR曲线位于平均收益AR曲线的下方。

完全垄断厂商所获得的总收益 TR 是先增加后减少的,当边际收益 MR 为正时,总收益 TR 不断增加;当边际收益 MR 为负时,总收益 TR 不断减少;当边际收益 MR 为 0 时,总收益 TR 达到最大值。总收益曲线如图 5 - 6(b)所示。

知识拓展

在图 5 - 6(a)中可以看到,边际收益 MR 曲线不仅位于平均收益 AR 曲线的下方,而且二者的纵截距相等,MR 曲线的横截距是 AR 曲线横截距的一半。其中的原因可以通过需求函数推导出来。

假设价格函数 $P = a - bQ$,其中 a、b 为常数,且 a、$b > 0$,则有:

总收益 $TR(Q) = PQ = aQ - bQ^2$;

边际收益 $MR(Q) = \dfrac{\mathrm{d}TR(Q)}{\mathrm{d}Q} = a - 2bQ$;平均收益 $AR(Q) = \dfrac{TR(Q)}{Q} = a - bQ$;

平均收益曲线的斜率 $\dfrac{\mathrm{d}AR(Q)}{\mathrm{d}Q} = -b$;

边际收益曲线的斜率 $\dfrac{\mathrm{d}MR(Q)}{\mathrm{d}Q} = -2b$;

即边际收益 MR 曲线的斜率是平均收益 AR 曲线斜率的 2 倍。

二、完全垄断厂商的短期均衡

与完全竞争市场中厂商短期均衡的条件一样,完全垄断厂商的短期均衡条件也是:$MR = SMC$。

在均衡状态下的产量是最优的,能给厂商带来最大的利润。当 $MR > SMC$ 时,增加 1 单位产品所获得的收益大于所增加的成本。因此,增加产量对厂商才是有利的,能给其带来更高的利润。当 $MR < SMC$ 时,增加 1 单位产品所获得的收益小于所增加的成本。因此,减少产量对厂商是有利的,能给其带来更高的利润。只有当 $MR = SMC$ 时,增加 1 单位产品所获得收益等于所增加的成本。此时的产量是最优的,厂商将不再对产量进行调整。

现以一个具体的例子来说明完全垄断厂商短期均衡的条件,如表 5 - 3 所示。

表 5 - 3　某垄断厂商的短期均衡

产　量	价　格	总收益	总成本	总利润	边际收益	边际成本	备　注
0	—	0	29	-29	—	-1	
1	36	36	35	1	36	6	
2	32	64	40	24	28	5	$MR > SMC$
3	28	84	44	40	20	4	
4	22	88	48	40	4	4	$MR = SMC$

续表

产　量	价　格	总收益	总成本	总利润	边际收益	边际成本	备　注
5	18	90	60	30	2	12	
6	16	96	74	22	6	14	$MR < SMC$
7	12	84	92	−8	−12	18	
8	8	64	114	−50	−20	22	

在表5−3中,当厂商的产量为4单位时,其边际收益 $MR=4$,边际成本 $SMC=4$,恰好满足 $MR=SMC$ 的均衡条件。此时,该厂商所获得的总利润达到最大的40。当产量小于4单位时,$MR>SMC$;而当产量大于4单位时,$MR<SMC$。

与完全竞争市场一样,完全垄断厂商虽然在 $MR=SMC$ 的均衡状态下所获得的利润最大,但并不能保证其获得的利润为正。能否获得正的利润还是要比较产品价格与厂商短期平均成本之间的大小。主要包括以下三种情况。

1. 获得的利润为正

用图5−7来加以说明。

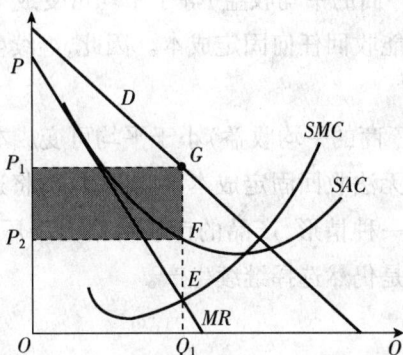

图5−7　完全垄断厂商的短期均衡(盈利)

在图5−7中,根据 $MR=SMC$ 原则所确定的产量为 Q_1,价格水平为 P_1。在该产量水平下,厂商的短期平均成本为 P_2。产品的市场价格大于厂商的短期平均成本,即 $P_1>P_2$。厂商可以获得正的利润,获得的利润相当于图5−7中阴影部分的面积。

2. 获得的利润为0

当根据 $MR=SMC$ 原则,价格水平与厂商的短期平均成本恰好相等时,该厂商所获得的利润将为0,既没有获利,也不会亏损。

3. 厂商遭受亏损

这种情形可以用图5−8加以说明。

在图5−8中,完全垄断厂商根据 $MR=SMC$ 原则所确定的均衡点 E,此时,对应的产量为 Q_1,产品价格为 P_1。但是,在均衡产量 Q_1 下,该厂商的短期平均成本为 P_2,产品的市场价格小于厂商的短期平均成本,即 $P_1 < P_2$。厂商将遭受一定的亏损,亏损额相当于图 5-8 中阴影部分的面积。

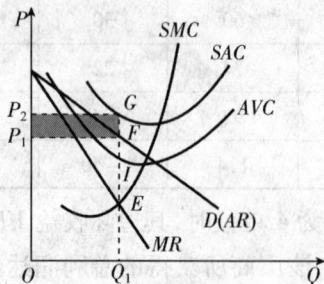

图 5-8 完全垄断厂商的短期均衡(亏损)

与完全竞争市场中的厂商相类似,当完全垄断厂商在短期内遭受亏损时,它也面临着 3 种不同的选择。

(1)当产品的市场价格(厂商的平均收益)大于平均可变成本,即 $AVC < AR < SAC$ 时,厂商不仅可以收回全部可变成本,而且还可以收回部分固定成本。因此,厂商将选择继续生产。

(2)当产品的市场价格(厂商的平均收益)等于平均可变成本,即 $AR = AVC$ 时,厂商恰好可以收回全部可变成本,而不能收回任何固定成本。因此,继续生产与不生产对厂商而言毫无差别。

(3)当产品的市场价格(厂商的平均收益)小于平均可变成本,即 $AR < AVC$ 时,厂商不仅不能收回全部可变成本,更加无法收回固定成本。因此,厂商将选择不生产。

在图 5-8 中显示的是第一种情形,产品的市场价格大于厂商的平均可变成本。此时,厂商虽然遭受一定的损失,但是仍然选择继续生产。

知识拓展

在完全垄断市场中,厂商根据均衡原则同时调整产量 Q 和价格水平 P 来实现利润最大化的目的,且价格 P 总是比边际收益 MR 大。因此,当价格水平变化时,厂商的产量与价格水平之间并不存在一一对应关系。所以,在垄断市场上,有规律性的供给曲线是不存在的。

三、完全垄断厂商的长期均衡

与完全竞争市场一样,完全垄断厂商在长期内可以改变所有的生产要素投入,其长期均衡的条件也是边际收益等于长期平均成本。即 $MR = LMC$。

根据上述原则确定的产量将能给厂商带来最大的利润。

需要说明的是,在长期内,厂商可以根据产量的大小选择最优的生产规模。因此,垄断厂商在实现长期均衡的同时也实现了短期的均衡。也就是说,在长期均衡状态时,有 $MR = LMC = SMC$。

案例运用

假设在垄断市场中,某家厂商的成本函数 $TC = 8Q^2 + 16Q + 15$,产品的需求函数 $Q = 160 - P$。试求该完全垄断厂商应生产的最佳产量是多少? 能获得的最大利润是多少?

解:根据该完全垄断厂商的成本函数,得边际成本为:

$$MC = \frac{\mathrm{d}TC}{\mathrm{d}Q} = 16Q + 16;$$

根据产品的需求函数 $Q = 160 - P$,得 $P = 160 - Q$;

总收益则为 $TR(Q) = (160 - Q)Q = 160Q - Q^2$;

边际收益为 $MR = \frac{\mathrm{d}TR}{\mathrm{d}Q} = 160 - 2Q$;

根据完全垄断厂商的均衡条件 $MR = MC$,有 $16Q + 16 = 160 - 2Q$;

解得 $Q = 8$;

因此,利润 $\pi = TC - TR = 561$(元);

即该完全垄断厂商应生产的最优产量为 8 单位,能获得的最大利润为 561 元。

第四节　垄断竞争市场

一、垄断竞争市场的特征

垄断竞争市场是普遍存在的。垄断竞争市场是指一种有大量厂商生产和销售有差别的同类产品的市场结构。该市场结构在短期中具有垄断性,而在长期中却具有竞争性。垄断竞争市场具有以下三个方面的特征:

第一,市场中存在大量的厂商争夺特定的顾客群体;

第二,每个厂商与其他厂商所生产的产品之间都存在着一定的差异;

第三,任一厂商可以较为自由地进入和退出该市场。

二、垄断竞争厂商的短期均衡

与前面介绍的两种市场结构一样,垄断竞争厂商的短期均衡条件为:

$$MR = SMC$$

此时,厂商所生产商品的产量是最优的,厂商实现了利润最大化。

在短期均衡状态下,垄断竞争厂商究竟是获得利润、遭受亏损还是利润为 0,同样取决于短期均衡产量处产品市场价格 P 与厂商短期平均成本 SAC 之间的大小关系。

当价格高于短期平均成本,即 $P > SAC$ 时,厂商获得利润;当价格低于短期平均成本,即 $P < SAC$ 时,厂商遭受亏损;当价格等于短期平均成本,即 $P = SAC$ 时,厂商获得的利润为 0。

三、垄断竞争厂商的长期均衡

如前所述,短期中,垄断竞争厂商既可以获得利润、也可能遭受亏损,还可能获得的利润为0。然而,长期中,情况则有所不同。假设目前某垄断厂商获得利润,则会吸引其他的厂商进入该市场。其他厂商的进入导致该厂商所占有市场份额缩小,需求曲线向左移,直至市场中所有的厂商所获得的利润都为0为止。同理,假设目前某垄断竞争市场中的厂商处于获利为负的状态,现有部分厂商则会退出该市场。部分厂商的退出导致垄断竞争厂商所占有市场份额增加,需求曲线向右移,直至市场中所有的厂商所获得的利润都为0为止。因此,从长期来看,均衡状态下,各垄断竞争厂商所获得的利润将为0。现以图5-9来说明垄断竞争厂商的长期均衡条件。

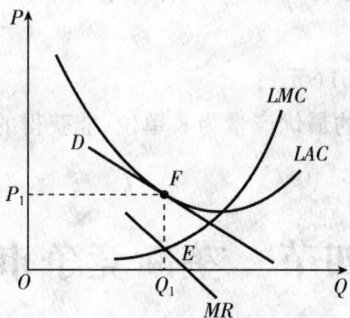

图5-9 垄断竞争厂商的长期均衡

在图5-9中,边际收益 MR 曲线与长期边际成本 LMC 曲线的交点 E 便是垄断竞争厂商的长期均衡点,对应的产量为 Q_1,价格水平为 P_1。此时,需求曲线恰好与厂商的长期平均成本 LAC 曲线相切,切点为 F。综上所述,可以将垄断竞争厂商的长期均衡条件概括如下。

$$MR = LMC; P = AR = LAC$$

知识拓展

仔细观察图5-9,不难发现,与完全竞争市场相比,在长期均衡状态下,需求曲线与垄断竞争厂商的长期平均成本 LAC 曲线相切于 LAC 曲线最低点 F 的左侧。由此可知,垄断竞争市场中所提供的产量将小于完全竞争市场。然而,与完全竞争市场相同的是,垄断竞争厂商所获得均衡利润也为0。

第五节　寡头垄断市场

一、寡头垄断市场的特征

寡头垄断是一种介于完全竞争和完全垄断之间的、以垄断为主要特征的一种市场结构类型,其是指整个市场的生产和供给由少数几家厂商所控制的市场结构。一般而言,寡头垄断市场具有以下一些特征。

(一)相互依存

在寡头垄断市场中,一家厂商所获得的利润不仅与其产量、定价策略、广告宣传等相关,而且与市场中其他竞争厂商的行为决策密切相关。因此,垄断竞争厂商在做出一项具体的决策之前,都会先揣测其他竞争厂商的决策,然后再采取一定的对策以实现自身利润的最大化。

(二)进出困难

寡头垄断竞争市场具有较高的进出障碍,如资金需求、特许经营以及专利许可等,导致进入该市场比较困难。垄断竞争厂商投资一般都较大,所以也难以从中退出。

(三)价格操纵

如前所述,完全竞争厂商被动接受市场价格,完全垄断厂商控制和制定价格。垄断竞争厂商虽然对价格的影响力很大,但并不能制定价格。垄断竞争厂商惯用的手段是与其他竞争厂商相互勾结,以协议或者默契的方式操纵价格。这种价格便称为操纵价格或领导价格。

在寡头垄断市场中,某厂商既可以与其他竞争厂商进行合作,也可以与之展开竞争。

二、合作的寡头模型

早期由于反垄断立法并不完善、市场监管较为落后,各寡头之间可以进行公开的串谋。随着世界各国立法加强对垄断的规制,现在的寡头往往采取默契行动进行合作。

(一)公开的串谋

在资本主义社会的早期,寡头之间进行公开串谋所采取的形式主要是托拉斯和卡特尔,以卡特尔最为普遍。卡特尔是指生产相似产品的几个厂商联合起来控制产量和价格的一种组织。

假设石油行业由三家实力相当的厂商 A、B 和 C 所垄断,每个厂商都拥有 1/3 的市场份额。他们之间串谋形成卡特尔,在市场中保持一致行动。用图 5 – 10 来分析这种情形下的均衡。

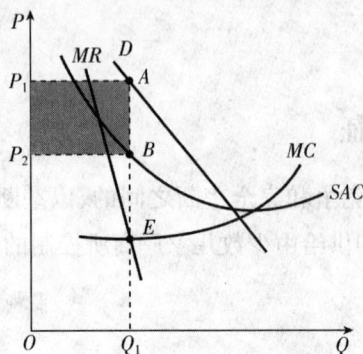

图 5 – 10　相互勾结的寡头的均衡状态

由于三家厂商勾结在一起,因此可以将其看成一个整体来进行分析。在图 5 – 10 中,边际收益 MR 曲线与边际成本 MC 曲线之间的交点就是均衡点,此时,勾结在一起的寡头可以获得最大的利润。由图 5 – 10 可知,在均衡状态下,产品的市场价格为 P_1,平均成本为 P_2,勾结在一起的寡头所获得的利润便是图中阴影部分的面积。

(二)不公开的串谋

随着世界各国反垄断立法与实践的逐步深入,公开的串谋在许多国家都被认定是违法行为。但是,寡头垄断市场中的厂商可能暗地里勾结,或者心照不宣地与市场中的最大厂商保持一致行动,以达到限制竞争、提高价格、获取高额利润的目的。

三、不合作的寡头模型

这里主要介绍两个比较有名的模型:古诺模型和斯威齐模型。

(一)古诺模型

古诺模型(cournot model)是由法国经济学家古诺于 1838 年提出的一个双寡头模型。两寡头之间主要就产量问题展开博弈。

在古诺模型中,存在两家厂商 A 和 B,两厂商具有相同的成本,为简化分析,假设成本为 0,市场需求曲线为线性。此外,某厂商将竞争厂商的产量看成是固定的,在此基础上决定自身的产量。现以图 5 – 11 对两厂商产量的决定进行说明。

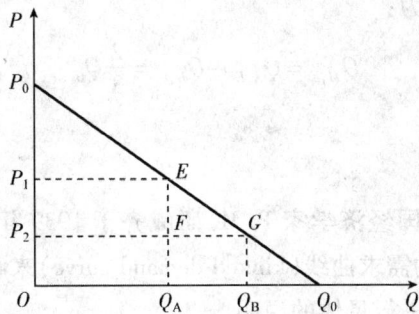

图 5 – 11　古诺模型

在图 5 – 11 中，假设厂商 A 首先进入市场，为了最大化自身所获得的利润，厂商 A 必定将产量定为市场总容量的 $\frac{1}{2}$，即 $Q_A = \frac{1}{2}Q_0$。此时，产品的市场价格为 P_1，厂商 A 获得的最大利润为图 5 – 11 中矩形 OP_1EQ_A 的面积。然后，厂商 B 再进入市场。由于厂商 A 已经生产了市场容量的一半，即 $Q_A = \frac{1}{2}Q_0$，厂商 B 为了最大化自身所获得的利润，必将产量定为剩余市场容量的 $\frac{1}{2}$，即 $Q_B = \frac{1}{4}Q_0$。此时，产品的市场价格为 P_2，厂商 B 获得的最大利润为图 5 – 11 中矩形 Q_AFGQ_B 的面积。

由于厂商 B 的进入，引起产品市场价格的下降，导致厂商 A 获得的利润下降，变为图 5 – 11 中矩形 OP_2FQ_A 的面积。因此，厂商 A 将根据厂商 B 的产量重新做决策，由于厂商 B 已经生产了市场总容量的 $\frac{1}{4}$，即 $\frac{1}{4}Q_0$，厂商 A 只有选择生产剩余市场容量的一半，即 $\frac{3}{8}Q_0$，才能使自身获得最大的利润。与刚进入市场时相比，厂商 A 所生产的产量下降了 $\frac{1}{8}Q_0$。接下来轮到厂商 B 做决策了。由于厂商 A 生产的产量为 $\frac{3}{8}Q_0$，厂商 B 为了最大化所获得的利润，必将产量定为剩余市场容量的 $\frac{1}{2}$，即 $\frac{5}{16}Q_0$。与第一次产量决策相比，厂商 B 所生产的产量增加了 $\frac{1}{16}Q_0$。在第三轮决策中，厂商 A 的产量将减少 $\frac{1}{32}Q_0$、厂商 B 的产量将增加 $\frac{1}{64}Q_0$，以此类推。

随着产量决策的不断深入，厂商 A 所生产的产量将逐步减少，厂商 B 所生产的产量将逐步增加，最终将达到一种均衡状态。在均衡状态下，厂商 A 和厂商 B 所生产的产量分别为：

$$Q_{A,E} = \left(\frac{1}{2} - \frac{1}{8} - \frac{1}{32} - \cdots \right)Q_0 = \frac{1}{3}Q_0$$

$$Q_{B,E} = \left(\frac{1}{4} + \frac{1}{16} + \frac{1}{64} + \cdots \right)Q_0 = \frac{1}{3}Q_0$$

整个市场的均衡产量则为：

$$Q_{M,E} = Q_{A,E} + Q_{B,E} = \frac{2}{3}Q_0$$

(二)斯威齐模型

斯威齐模型最早是由美国经济学家 P. M. 斯威齐于 1939 年最先提出来的。在该模型中,斯威齐使用了一条弯折的需求曲线(kinked demand curve)来解释寡头垄断市场中的价格刚性现象。现以图 5-12 来进行具体的说明。

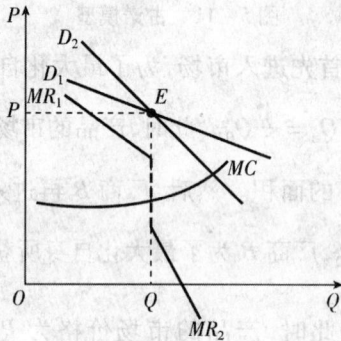

图 5-12　斯威齐模型

假设开始时市场的价格水平为 P,当寡头垄断市场中的某家厂商 A 试着提高价格时,为了能够抢占市场,其余竞争厂商并不会跟着提高价格。因此,如图 5-12 所示,厂商 A 的需求曲线将是 D_1。当垄断市场中的某家厂商 A 试着降低价格时,为了保住已经占有的市场份额,其余竞争厂商也会跟着降低价格。因此,厂商 A 的需求将不再沿着曲线 D_1 变化,其需求曲线变为 D_2。

综上所述,厂商 A 的需求曲线在 E 点将出现拐点,在 E 点的左侧,厂商 A 的需求曲线为 D_1;在 E 点的右侧,厂商 A 的需求曲线则是 D_2,厂商 A 的整条需求曲线是 D_1ED_2。需求曲线出现拐点意味着厂商 A 的边际收益曲线 MR 将会出现一个断裂,如图 5-12 中的垂直虚线部分所示。这一断裂恰好可以解释寡头垄断市场中的价格刚性现象。只要边际成本 MC 曲线的变动不超过边际收益 MR 曲线断裂的范围,寡头垄断厂商的均衡价格和均衡数量将不会发生变化。

四、博弈论模型

自从 20 世纪下半叶以来,随着博弈论的兴起和普及,在经济学界掀起了一股"博弈论革命"。博弈论几乎改写了整个微观经济学的命运。以下主要介绍三种较为基本的博弈论模型。

(一)囚徒困境博弈

囚徒困境是一个较为原始和典型的博弈论模型,该模型可以表述如下。两个囚犯 A 和 B 共同实施了杀人行为而被抓,但警察目前并没有完全掌握两个囚犯犯罪的确切证据,因而分别对其进行单独审问。在审问过程中,警察给两个囚犯提供了坦白和不坦白两种选择。如果两个囚犯都选择坦白,则都会被判 8 年有期徒刑(表示为 -8);如果两人最终都选择不坦白,警察迫于找不到确切的证据而不得不将他们释放,但两人都会受到一些损失,假设都为 -1;如果一个坦白而另一个不坦白,两个囚犯的犯罪事实成立,不坦白的囚犯将被判 10 年有期徒刑,坦白的一方因有立功表现而判无罪。根据以上序数,可以将囚徒困境博弈表示成如图 5-13 所示。

		囚犯B	
		坦白	不坦白
囚犯A	坦白	(−8, −8)	(0, −10)
	不坦白	(−10, 0)	(−1, −1)

图 5-13　囚徒困境博弈模型

对图 5-13 进行仔细分析可知,对于两个囚犯而言,无论对方选择坦白还是不坦白,选择坦白都是他们的最优选择。例如,无论囚犯 B 选择的是坦白还是不坦白,囚犯 A 选择坦白都是对自己有利的。假设囚犯 B 坦白,囚犯 A 选择坦白的话只会判 8 年有期徒刑,但是选择不坦白的话将会判 10 年有期徒刑;对囚犯 B 而言也是如此。最终,两个囚犯都将会选择坦白,都被判 8 年有期徒刑。理性的囚犯绝不会冒险选择都不坦白的方案。

囚徒困境博弈可以用来介绍许多经济现象,如各厂商在产量以及价格方面展开的竞争。

案例运用

假设某寡头垄断市场中存在两家厂商,两者之间就产量问题展开竞争。每家厂商都有两种选择:一是选择高产量;二是选择低产量。选择不同策略时,两家厂商所获得的利润如图 5-14 所示。

		厂商A	
		高产量	低产量
厂商B	高产量	(200万元, 200万元)	(100万元, 500万元)
	低产量	(500万元, 100万元)	(400万元, 400万元)

图 5-14　寡头厂商之间的产量博弈

现对图5-14进行分析,无论厂商B选择的是高产量策略还是低产量策略,厂商A选择高产量策略对自身是更加有利的。例如当厂商B选择高产量策略时,厂商A选择高产量策略和低产量策略获得利润分别为200万元和100万元;当厂商B选择低产量策略时,厂商A选择高产量策略和低产量策略获得利润分别为500万元和400万元。显然,采取高产量策略对其更加有利。厂商B的选择也是如此。因此,在该博弈中,厂商A和厂商B最终都会选择高产量策略,双方获得的利润都将是200万元。

(二)智猪博弈

假设猪圈里有一只大猪和一只小猪,开关和食槽设置在猪圈的两端,按下开关时会有10单位食物放进食槽,但是按下开关需要花费2单位的成本。如果两只猪都去按开关,大猪和小猪各能吃到7单位和3单位食物;如果都不去按开关,则没有食物吃;如果大猪去按开关,大猪和小猪各能吃到6单位和4单位食物;如果小猪去按开关,则大猪和小猪各能吃到9单位和1单位食物。上述博弈模型可以用图5-15表示如下。

		小猪	
		行动	等待
大猪	行动	(5, 1)	(4, 4)
	等待	(9, -1)	(0, 0)

图5-15　智猪博弈模型

无论大猪如何决策,小猪的最优策略选择都是"等待"。从矩阵中可以看出,当大猪选择行动的时候,小猪如果行动,其收益是1,而小猪等待的话,收益是4,所以小猪选择等待;当大猪选择等待的时候,小猪如果行动的话,其收益是-1,而小猪等待的话,收益是0,所以小猪也会选择等待。综合来看,无论大猪是选择行动还是等待,小猪的选择都将是等待,即等待是小猪的最优策略。因此,在智猪博弈中,最终的均衡是大猪采取"行动"策略;小猪采取"等待"策略。

智猪博弈在现实中有许多运用,如大企业与小企业之间由于资金、实力等方面的差异,一般都是由大企业进行研发和广告,小企业采取模仿策略。

案例运用

在汽车行业,各寡头厂商对市场的争夺显得格外激烈。自从20世纪后半叶以来,大的汽车生产商在研发方面花费大量资本和精力,使得汽车的马力不断增加、每公里耗油指标不断下降、自动变速、中央控制锁、方向盘助力、稳定系统、安全系统、自动巡航系统以及舒适系统等功能的出现,目的在于吸引更多的客户,提高市场占有率。但是,对于小的汽车公司而言,由于实力不强、资金有限,它们所能做的就是紧跟潮流趋势,保持自身的市场份额。

(三)斗鸡博弈

斗鸡博弈描述的是两家实力相当的厂商对某一市场的争夺,每家厂商都有进和退两种策略可供选择。选择各种策略时,各厂商所获得的利润如图5-16所示。

		厂商B	
		进	退
厂商A	进	(-5, -6)	(4, 0)
	退	(0, 4)	(0, 0)

图5-16　斗鸡博弈模型

在图5-16所示的博弈中,理性的厂商都会避免两败俱伤(双方都进入某市场)和一无所获(双方都退出)的结果。最终该博弈的均衡是一方进入另一方退出。由谁进入该市场主要取决于何方具有先动优势。

关键术语

市场结构　完全竞争市场　垄断市场　寡头垄断市场　垄断竞争市场　博弈论　囚徒困境博弈　智猪博弈　斗鸡博弈

练习与思考

一、选择题

1. 以下哪个行业最接近于完全竞争市场结构(　　　)。

A. 飞机制造业　　　　　　　　B. 家电制造业

C. 石油行业　　　　　　　　　D. 农产品行业

2. 一般而言,在完全竞争市场中,当商品的价格低于(　　　)时,市场中的厂商将停止营业。

A. 平均成本　　　　　　　　　B. 平均固定成本

C. 平均可变成本　　　　　　　D. 平均长期成本

3. 在完全竞争市场中,某厂商(　　　)。

A. 可以任意确定商品的价格　　B. 价格一般保持不变

C. 是市场价格的被动接受者　　D. 对价格存在较大的影响力

4. 垄断厂商所面临的需求曲线具有什么特征(　　　)。

A. 向右下方倾斜　　　　　　　B. 向右上方倾斜

C. 与横坐标垂直　　　　　　　D. 是水平的

5.如果某个市中中只存在一家厂商,且其生产生的产品不存在替代品,则这个市场应属于( )。

A.完全竞争市场　　　　　　　B.垄断竞争市场

C.垄断市场　　　　　　　　　D.寡头垄断市场

6.如果某个行业中存在着很多的厂商,且这些厂商所生产和销售的产品之间略有产别,这样的市场结构称为( )。

A.完全竞争市场　　　　　　　B.垄断竞争市场

C.垄断市场　　　　　　　　　D.寡头垄断市场

二、简答题

1.简述划分市场结构的依据,主要的市场结构包括哪些类型?

2.简述完全竞争市场的特点以及完全竞争厂商的短期与长期均衡条件。

3.简述垄断厂商短期均衡的条件,在什么情况下将停止营业?

4.试对各种不同的市场结构的经济效率进行比较。

5.试比较垄断竞争市场和完全竞争市场厂商的长期均衡之间的差别。

三、技能训练

1.假设在垄断市场中,某家厂商的成本函数为 $TC = 10Q^2 + 15Q + 30$,产品的需求函数为 $Q = 160 - 2Q$。试求该垄断厂商应生产的最佳产量是多少? 能获得最大利润又为多少?

2.考虑寡头垄断市场中的两个厂商 A 和 B,每个厂商都有两种策略可供选择:一是高产量;二是低产量。当厂商选择不同的策略时,各自所获得的利润如图 5－17 所示:

厂商A

		高产量	低产量
厂商B	高产量	(100万, 100万)	(250万, 50万)
	低产量	(50万, 250万)	(200万, 200万)

图 5－17　两寡头厂商之间的产量博弈

问:为什么无论厂商 B 选择什么策略,厂商 A 都会选择"高产量"策略;同样,为什么无论厂商 A 选择什么策略,厂商 B 都会选择"高产量"策略。

3.假设某完全竞争市场中产品的市场价格为 $P = 8$,某厂商在生产过程中的边际成本函数为 $MC = Q^2 - 8Q - 12$。试根据已知条件求解该厂商的长期均衡。

第六章 要素市场分配理论

知识目标

1. 了解工资、利息和地租等要素价格的决定过程。
2. 领会平等和效率之间的关系。
3. 掌握生产要素需求的性质利润的决定。
4. 了解衡量收入分配平等程度的基本指标基尼系数含义、变动趋势和主要的影响因素。

能力目标

1. 掌握各种生产要素价格是如何决定的。
2. 学会通过生产要素定价和分配理论来分析经济社会中收入差距的原因和对策。
3. 了解随着经济的发展，"土地价格"会不断提高的原因。
4. 了解银行给不同单位的贷款利率存在较大差异的原因。
5. 知道过分追求平等或效率会出现什么问题。

案例导入

收入的差距

行业收入差距很大，一个人的收入高低与学历并非像人们原来想象的那样成正比，从事哪一类工作决定了一个人收入的高低。如果你成为石油、电力、航空、烟草、证券、金融、保险等行业的一员，你赚的钱比教育行业的老师、制造业的工程师和工人要多。过去常感叹的"造原子弹的不如卖茶叶蛋的"现象仍然没有完全消失，大家已经习惯于这个事实，但不知道原因所在。一国一年的居民总收入是一个庞大的数额，人们以各种方式赚到这些收入。工人的工资和福利津贴在总收入中占一定比例，其余部分则以租金、利润和利息形式归土地所有者和资本所有者。

什么因素决定总收入在工人、土地所有者和资本所有者之间的分配？为什么一些工人的工资比另一些工人的要高？为什么一些土地所有者赚的租金比另一些土地所有者要高？特别是，为什么不同行业存在收入差距？本章将一一解答这些问题。

第一节　生产要素市场

一、生产要素

（一）生产要素的含义与分类

生产要素是指为进行生产和服务活动而投入的各种经济资源。人的欲望要用各种物质产品或劳务来满足。物质产品或劳务要用各种资源来生产。资源是指人们用于生产物品和劳务的人力资源、自然资源、资本资源和企业家才能。

（1）人力资源即劳动力。

（2）自然资源包括土地、矿藏、森林、水域等，这里主要指土地。

（3）资本资源是由以上两种资源生产出来的厂房、设备、原材料等。

（4）企业家才能是指管理者对生产活动的组织和协调能力。企业家是一个经济学的概念，它是说明企业经营者的一种素质，而不是一种职务；企业家可以是厂长、经理，但厂长、经理并非都是企业家。社会主义条件下的企业家须有社会责任感。

这些经济资源也被称为生产要素。以上也就是生产要素的四种类型：劳动、资本、土地与企业家才能。

温馨提示

生产要素分为两大类：原始生产要素和中间生产要素。原始生产要素的所有者是消费者，目的是为了实现效用最大化。中间生产要素是指厂商生产出来又投入到生产过程中去的产品。所有者是厂商，目的是实现利润最大化。

对某一个企业来说是中间产品的东西，对另一个企业来说可能就是产品。比如，钢铁对于汽车厂来讲是中间产品，但它对于钢铁厂来讲就是产品。

本书所说的生产要素，指的都是原始生产要素。

均衡价格理论告诉我们，产品的价格取决于该产品市场的需求与供给。同样，生产要素的价格也是由生产要素的需求和供给决定的。

（二）生产要素市场的类型

在产品市场上按厂商数目、产品性质等因素不同，可以分为完全竞争和不完全竞争的市场。这种划分，都假设买者（即消费者）有很多，不存在垄断因素，买方市场是完全竞争市场；而卖方市场可分为完全竞争、垄断竞争、寡头垄断和完全垄断。因此，前述章节研究的厂商理论或市场理论就是卖方市场理论。

但是,在生产要素市场上情况不同,买方和卖方都可以分为四种类型,即买方需求的完全竞争、完全垄断、垄断竞争和寡头垄断;卖方供给的完全竞争、完全垄断、垄断竞争和寡头垄断。由于需求和供给可以形成不同的组合,每一种组合就构成了一个生产要素市场类型。即:①买方与卖方均为完全竞争;②买方完全竞争和卖方不完全竞争;③买方不完全竞争和卖方完全竞争;④买方和卖方均为不完全竞争。

二、生产要素需求

(一)生产要素需求的性质

1. 生产要素需求是一种引致需求或派生需求

厂商对生产要素的需求不同于消费者对消费品的需求。经济学把厂商对生产要素的需求称为引致需求或派生需求、间接需求,就要素的需求来说,生产要素的需求来自厂商,厂商购买要素不像消费者购买商品那样是为了直接满足消费的需要,而是为了用要素来生产产品以供应市场。生产要素的需求是由于消费者对于产品的需求而引起的厂商对生产要素的需求。厂商对要素的需求反映了根源于人们对产品本身的需求。厂商之所以需要生产要素,是为了用它生产出各种产品,实现利润最大化。消费者对产品的需求是取决于产品的效用和边际效用,厂商对生产要素的需求是取决于生产要素所具有的生产出产品的能力。生产要素市场上,厂商成为要素需求方,消费者成为要素供给方。例如,面包店的老板之所以雇佣加工面包工人和购买面粉等,是为了向市场提供面包,市场对面包的需求引起了厂商对面包工人和面粉等生产要素的需求。

2. 共同需求

生产要素的需求不仅是一种派生的需求,也是一种联合的需求或相互依存的需求。由于技术原因,任何生产行为需要的都不仅是一种生产要素,而是多种生产要素的共同作用,要素之间还存在着替代和互补的关系,如果只增加一种生产要素而不增加另一种生产要素,就会出现边际收益递减的现象。而且在一定范围内,各种生产要素也可以相互替代。比如,只有工人,没有厂房、面粉、烤炉等,无法生产出面包,只有把厂房、工人、面粉、烤炉等生产要素相互结合起来,才能生产出面包。

生产要素的价格(和使用量)也是由生产要素的需求和供给共同决定的。但由于厂商对要素的需求取决于人们对产品的需求,而产品的供求与要素的供求关系存在着如上所说的相互依存和相互制约的关系,所以对要素的需求的分析要比对产品的需求的分析复杂一些。此外,厂商对某一生产要素的需求,不仅要受该要素价格的制约,还要受其他要素价格的制约。生产要素的联合性和派生性决定了它的需求比产品的需求要复杂得多。

所以,在分析生产要素需求时要注意以下几个问题:第一,产品市场结构的类型是完全竞争还是不完全竞争;第二,一家厂商对生产要素的需求与整个行业对生产要素需求的联系与区别;第三,只有一种生产要素变动与多种生产要素变动的情况;第四,生产要素本身的市场结构是完全竞争的还是不完全竞争的。

(二)完全竞争条件下的市场上生产要素需求

完全竞争产品市场即大量的具有完全信息的买者和卖者买卖完全相同的产品。和完全竞争产品市场一样,完全竞争要素市场的基本性质可描述为要素的供求双方人数都很多;要素没有区别,要素供求双方都具有完全的信息;要素可以充分自由地流动,同处于完全竞争产品市场和完全竞争要素市场上的厂商称为完全竞争厂商。

厂商对生产要素的需求是派生的需求,因此,厂商不直接关心他的生产要素的数量,只关心利润,厂商对生产要素的需求要服从于利润最大化的目标。厂商购买生产要素是为了实现利润最大化,这样,他就必须使购买生产要素所支付的边际成本与边际收益相等。在完全竞争市场上,边际收益等于平均收益,即等于价格。因此,厂商对生产要素的需求就是要实现边际收益(MR)、边际成本(MC)与价格(P)相等,即 $MR = MC = P$。

厂商使用生产要素的原则,就是厂商的利润最大化原则在生产要素运用方面的表现:生产要素投入的边际收益等于边际成本。

在完全竞争市场上,对某一厂商来说,边际收益等于价格,价格一般是不变的,因此,厂商对生产要素的需求就取决于生产要素的边际收益。

生产要素的边际收益取决于该要素的边际生产力,即边际产量价值。在其他条件不变的情况下,增加一单位某种生产要素所增加的产量(或者这种产量所带来的收益),就是该生产要素的边际生产力。如果以实物来表示,就称为边际物质产品;如果以货币来表示生产要素的边际生产力,则称为边际收益产品。根据边际收益递减规律,在其他条件不变的情况下,生产要素的边际生产力是递减的。因此,生产要素的边际收益曲线是一条向右下方倾斜的曲线,这条曲线即为生产要素的需求曲线,如图 6 - 1 所示。

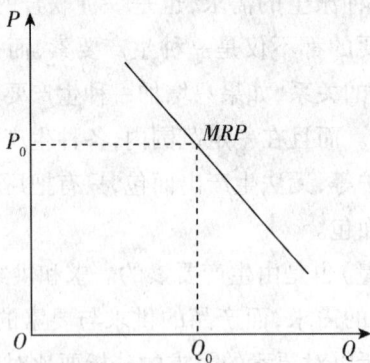

图 6 - 1　生产要素的需求曲线

在图 6 - 1 中,横轴 OQ 为生产要素需求量,纵轴 OP 为生产要素价格,MRP 为边际物质产品曲线。当生产要素价格为 OP_0 时,生产要素的需求量为 Q_0。这时,使用生产的要素量可以实现 $MR = MC$。如果生产要素价格高,生产要素的边际收益小于边际成本,就是 $MR < MC$,从而减少生产要素的需求;如果生产要素价格低,则 $MR > MC$,从而增加生产要素的需求。

整个行业的生产要素需求就是各个厂商需求之和,也是一条向右下方倾斜的曲线。

(三)不完全竞争条件下的生产要素需求

不完全竞争厂商包括下列三种情况:第一,在产品市场上完全竞争,但在要素市场上不完全竞争;第二,在要素市场上完全竞争,但在产品市场上不完全竞争;第三,在产品市场上和要素市场上均不完全竞争。

在不完全竞争(即垄断竞争、完全垄断、寡头垄断)市场上,对一个厂商来说价格并不是不变的,因此,边际收益也不等于价格。边际收益取决于生产要素的边际生产力和价格水平。这时,生产要素的需求仍要取决于 $MR=MC$。因此,生产要素的需求曲线仍然是一条向右下方倾斜的曲线。这两种市场上的差别在于需求曲线的斜率不同,从而在同一生产要素价格时,对生产要素的需求量是不同的。一般而言,同一价格时完全竞争市场上的生产要素需求量大于不完全竞争市场。

三、生产要素的供给

生产要素的供给来自居民,他们拥有劳动、土地、资本等各种生产要素,这些生产要素所有者为厂商提供生产要素。他们考虑的是由此能够获得的最大净收益,这种收益也就是生产要素的价格。正如厂商使用生产要素时考虑的是获得最大利润一样,一般来说,一种生产要素价格越高,收益越多,其供给量也就越大。因此,生产要素的供给曲线同任何商品的供给曲线一样,具有正的斜率,当其价格上升时,供给增加;反之,供给减少。

生产要素各种各样,不同种类的生产要素各有自己的特点。一般来说,可以把生产要素分为三类:第一类是土地,在经济分析中假定这类资源的供给是固定的。第二类是资本品,资本品是利用其他资源生产出来的,也是和其他产品一样的产品。在经济中,这一行业的产品往往是另一行业的生产要素。因此,这种生产要素的供给与一般产品的供给一样,与价格同方向变动,供给曲线向右上方倾斜。第三类是劳动,这是特殊性的生产要素。

温馨提示

生产要素的供给曲线同任何商品的供给曲线一样,具有正的斜率,当其价格上升时,供给增加;反之,供给减少。不同的生产要素,其供给曲线亦有所不同。

四、生产要素价格的决定

1. 边际生产力理论

边际生产力理论指出,生产要素价格的决定是指在其他条件不变和边际生产力递减的前提下,一种生产要素的价格取决于其边际生产力。当使用要素的边际成本和要素的边际生产力(边际收益)相等时,厂商才能在要素使用上达到利润最大化。

2.生产要素价格由供求共同决定

生产要素的市场价格,由其需求和供给决定。不同生产要素均衡价格的决定与一般商品的需求和供给的特点不同。

土地、资本具有两种价格;劳动、企业家才能只有服务价格。本书所讲生产要素价格除非特别指明,一般都是指生产要素的服务价格。

生产要素价格构成厂商成本,也构成要素所有者的收入,要素价格决定也是国民收入在要素所有者中的分配问题,即产品成本—要素收入—产品价值。

第二节 各种生产要素价格的决定

生产要素按其价格参与分配,具体表现为劳动工资、土地地租、资本利息、企业利润四种形式。生产要素的价格(和使用量)也是由生产要素的需求和供给共同决定的。但由于厂商对要素的需求取决于人们对产品的需求,而产品的供求与要素的供求关系存在着如上所说的相互依存和相互制约的关系,所以对要素需求的分析要比对产品需求的分析复杂一些。

一、工资——劳动价格的决定

劳动力所提供劳务的报酬就是工资,即劳务这种生产要素的价格。在这一过程中,劳动者提供了劳动,获得了作为收入的工资。

劳动价格的决定要在完全竞争条件和不完全竞争条件下分别进行分析。

(一)完全竞争条件下工资的决定

完全竞争劳动市场具有以下特征:所有劳动都是同质的、无差别的,该种劳动的供给者很多,劳动要素的需求者也很多,因而,任何单个劳动的供给者和需求者都不能影响劳动的价格;每个供给者和需求者都不可能形成各自的垄断,但可以自由地进入或退出市场。

完全竞争劳动市场均衡工资是由劳动的需求和劳动的供给相互作用的结果。

劳动需求是指在各种可能的工资下,企业愿意雇佣的劳动数量。对于每一个具有理性的企业而言,总是根据利润最大化的原则来选择使用劳动的数量。当工资水平提高时,所有企业使用劳动的数量将减少,从而劳动的市场需求量减少;反之,当工资水平降低时,单个企业对劳动需求量的增加将导致劳动的市场需求量增加。表现在图像上,便如图 6-2 所示(纵轴 W 为工资水平,横轴 L 为劳动需求量),劳动需求曲线 D_L 自左上方向右下方倾斜。

劳动供给指在各种可能的价格水平(工资)下,人们愿意提供的劳动数量。劳动供给有自己特殊的规律:一般来说,当工资增加时,劳动会增加,但工资增加到一定程度后,如果再继续增加,劳动不但不会增加,反而会减少。这是因为,工资收入增加到一定程度后,货币的边际效用递减,足以抵制劳动的负效应,从而劳动会减少。表现在图像上如图6-2所示,S_L为劳动供给曲线,当工资低于一定水平(W_1)时,工资越高,劳动供给量越大;当工资越过一定水平(W_1)后,工资越高,劳动供给量越小。

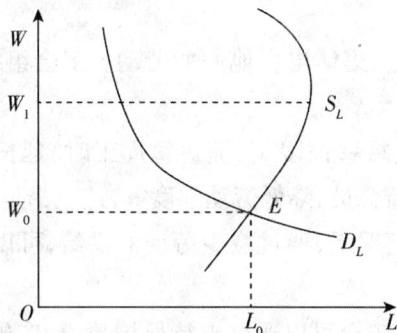

图6-2　劳动的供求曲线

在完全竞争市场条件下,劳动供求关系决定了均衡工资,如图6-2所示,劳动需求曲线D_L与劳动供给曲线S_L相交于E点,该点对应的工资W_0是劳动市场均衡工资,即能使劳动市场供求相等的工资,此时,劳动的供给量和需求量都是L_0。现实生活中,市场工资是围绕均衡工资而上下波动的,当劳动的需求大于供给时,工资会上升,从而增加劳动的供给,减少劳动的需求;当劳动的需求小于供给时,工资会下降,从而减少劳动的供给,增加劳动的需求。正如价格的调节使物品市场实现供求相等一样,工资的调节也使劳动市场实现供求平衡,并保证充分就业。

影响劳动供给的主要因素有:劳动的价格——工资率;劳动者的偏好,即指劳动者对工作或闲暇的选择;人口总量或人口规模;劳动力与其他要素相比较的投放比率;劳动者受教育的程度、职业及地理分布以及有关的立法制度等。

(二)不完全竞争条件下工资的决定

现实生活中,劳动市场存在不完全竞争,主要表现在:

(1)自由进入某一职业劳动市场的条件存在限制。例如接受训练的能力有限,工会的反对或其他的阻碍,使得能够进入该市场的人,总是比希望进入该市场的人少。

(2)雇主的市场力量。当某一劳动市场的雇主只是少数几个厂商时,就会形成买方垄断。这些雇主可以通过协议或单方面的行动,把工资压低到低于竞争性市场通常的水平。

(3)工会的力量。通过组织工会,工人能够对抗雇主的买方垄断,使工资接近甚至高于竞争性的工资水平。

(4)工资法律的限制,例如政府实行的最低工资标准。

(5)习惯的限制,例如种族、性别等方面的歧视。

不完全竞争市场具有两种不同的情况:一种是买方垄断的市场,劳动的供给由众多的相互竞争的劳动者提供的劳动所形成,而购买劳动的厂商只有一家,即对劳动的需求是垄断购买的情况;另一种是卖方垄断的市场,对劳动的需求是由众多的相互竞争的厂商购买形成的,而劳动者却由工会组织在一起,成为要素市场的卖方垄断者。在这种不完全竞争的劳动市场上,工会对工资的决定通常起着重大的作用,这里我们重点介绍一下工会在工资决定中的作用。

工人通过工会组织在一起,集体出售他们的劳动。工会组织会尽量采取措施以提高工人的工资,具体方法有:

(1)限制劳动的供给。支持移民限制、缩短每周工时、延长休假期、限制雇佣童工和女工、高额的入会费、拒绝接受新会员、降低劳动强度等,这些都是工会曾经使用过的限制劳动供给的方法。在需求不变的情况下,通过减少劳动的供给,可以提高工资,但会使就业人数减少。

(2)增加对劳动的需求。工会可以通过支持保护关税、广告竞争等办法,增加对厂商产品的需求,以提高对劳动的需求。在劳动供给不变的条件下,工会通过增加对劳动的需求,改变市场上劳动的供求关系,使需求大于供给,从而使工资上升,这样不但会使工资增加,而且还可以增加就业。

(3)最低工资法。工会通过其强大的力量迫使政府通过法律形式规定最低工资,这样即使在劳动供给大于需求的情况下,也可以使工资维持在一定水平上,但这种方法可能会带来一定的失业人口。工会虽然在工资的决定中起了很重要的作用,但其影响程度同时也受到一些因素的限制。例如,整个经济形势的好坏、劳资双方力量对比、政府干预的程度与倾向性、工会的斗争方式与艺术、社会对工会的同情和支持程度等。工会只有善于利用各方面的条件,才能尽可能多地争取为工人提高工资。

从长期看,由于劳动者可以自由流动或改换行业,又有新劳动者加入,所以劳动者数量是可变的。这种可变性导致劳动供给曲线的弹性较大。

二、地租——土地价格的决定

(一)地租

我们需要区分两种土地的价格:购买价格和租赁价格。土地的购买价格是个人为了无限期地拥有一定量的土地生产要素而支付的价格。租赁价格是个人为了在一定时期内使用一定量土地生产要素而支付的价格。从一般意义上说,土地购买价格的决定与其他商品的价格一样,所以不再分析,我们着重分析土地的租赁价格,即地租。

所谓地租,就是指作为生产要素的土地的价格,是土地所有者对生产过程的贡献而获得的收入,它是使用土地这一生产要素的价格。地租由土地的供给与需求决定。

1. 土地的需求是指在各种可能的地租下,人们对土地的需求量

厂商对土地的需求取决于土地的边际生产力即土地的边际产品价值,土地的边际生产力也是递减的。由于每个厂商使用土地的边际生产力服从递减规律,因而土地的市场需求曲线是一条向右下方倾斜的曲线,如图6-3所示。

2. 土地供给是指在各种可能地租下, 人们愿意提供的土地数量

土地作为一种自然资源, 具有数量有限、位置不变以及不能再生的特点。土地的供给是固定的, 因为一个地区, 它可以利用的土地总有一定的限度, 这样, 土地的供给数量不随地租率的变动而变动, 所以土地的供给曲线是一条与横轴垂直的直线, 如图 6 - 4 所示。

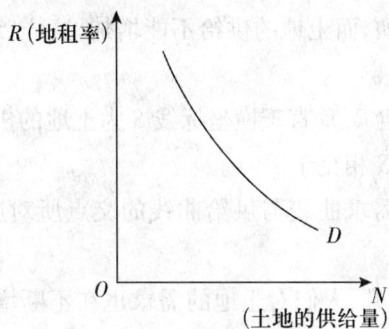

图 6 - 3　土地的市场需求曲线　　　　图 6 - 4　土地的市场供给曲线

(二)地租的决定

地租是土地这一生产要素的价格, 同劳动和资本的价格由该要素的供给与需求共同决定、劳动的需求取决于劳动的边际生产力一样, 地租率的高低也由土地的供求决定, 租地人对土地的需求取决于土地的边际生产力。但由于土地这种自然资源并非人类劳动的产物, 也不能通过人类劳动增加其供应量, 因此, 地租的性质和地租率大小的决定具有与劳动的工资和资本的利息不完全相同的特点。

由于土地的供给量是固定不变的。因此, 土地的供给曲线是一条与横轴垂直的线。而土地的边际生产率是递减的, 因此, 取决于土地的边际生产力的需求曲线是一条向右下方倾斜的曲线。两条曲线的交点决定地租水平, 如图 6 - 5 所示。

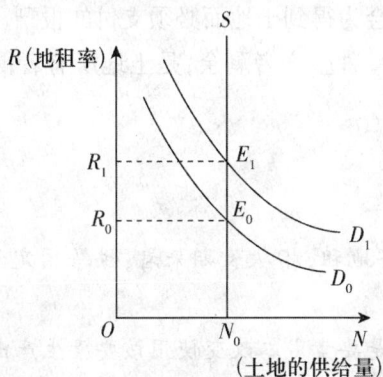

图 6 - 5　土地的市场需求曲线变动

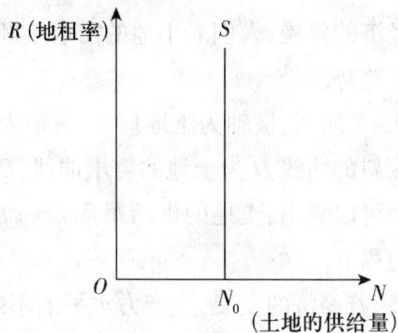

将向右下方倾斜的土地的市场需求曲线与土地供给曲线结合起来, 即可决定使用土地的均衡价格。

经济学基础

1. 土地的需求和供给相互作用决定均衡的地租率

从图6-5可见,地租率完全由对土地的需求所决定:对土地的需求上升(下降)→地租率上升(下降)→地租上升(下降)。

2. 地租的变化规律

随着经济的发展,人们对土地的需求不断增加,而土地的供给不能增加,这样,地租就有不断上升的趋势。

如图6-5所示,横轴为土地量N,纵轴为地租R,垂直于横坐标线S为土地的供给曲线,向右下方倾斜的曲线D为土地的需求曲线,D与S相交于E点。

从图中可以看出,土地的供给量固定为N_0,需求曲线与供给曲线的交点所对应的均衡价格即为地租R_0。

然而,随着经济的发展,生产力水平的不断提升,人们对土地的需求也在不断增加,但土地供给的特殊性使得土地的供给是固定的,因此,地租有不断上升的趋势。图6-5中,当土地的需求增加时,土地的需求曲线由D_0向上移至D_1,土地的供给曲线不变。D_0、D_1分别与S相交于E_0、E_1两点,所决定的地租分别为R_0、R_1,$R_1 > R_0$。这就说明了地租是随着土地的需求增加而增加的。

3. 经济租金、准租金、级差地租

(1)经济租金

如果生产要素所有者所得到的实际收入高于他们所希望得到的收入,则超过的这部分收入就被称为经济租金。经济租金指要素收入与转移收入的差额,转移收入指要素在次优用途上可能获得的报酬。土地所有者得到的地租就是经济租金。土地的供给量是固定的,不管地租怎么变化,土地的供给量都保持不变。换句话说,土地是自然的赠予,即使地租降到接近于零的水平,土地所有者也会提供土地。如果他们不提供土地,那么他们将什么也得不到。因此,地租不是经济社会为得到土地而必须支付的报酬,它是土地所有者得到的超过愿意接受的收入部分,因而是一种生产者剩余,是土地所有者得到的额外部分,该收入是土地所有者实际收入的增加。

温馨提示

纯粹经济租金也称纯经济地租,指从长期来看,供给固定且不存在其他用途的要素的报酬。

纯粹经济租金的特点:不是要素成本改变使用该要素生产出来的商品的价格变化,而是相应商品的价格决定着使用该要素的成本。

案例运用

某电影明星年收入500万元,他从事其他工作最多可获得年薪10万元,其经济租金为490万元。类似的情况还有"超级明星"现象。为美国NBA火箭队打球的姚明,当时每年的收入约为1 000万美元,他所以能得到如此高的收入是因为像他这样的专门人才的供给极少,而对他的需求却增长很快,因而,他的收入大大超过了使他留在篮球界所必须支付的最低报酬。其剩余的部分就是经济租金。

油田的供给大体上是固定的,且油田只能用于开采石油,油田的报酬可看成为纯经济租金。另外,是一个店面的租金贵导致商家所卖的商品价格高,还是该店面地点好,东西好卖也能卖出好价钱,导致该店面的租金贵? 这也是经济租金可以解释的。

(2)准租金

准租金指固定资产(供给固定且不存在其他用途的生产要素)在短期内所得到的收入。因其性质类似地租,而被马歇尔称为准租金。

准租金 = 企业总收益 - 总可变成本

准租金是指在短期内供给固定不变的生产要素的报酬。所有一切人为形成的实物资本和人力资本,其供给量在短期内是固定的,而在长期中却是一个可变量,例如生产设备、出租的房屋、各种专业人才等资源。它们在短期内供给不变的情况下所得到的报酬就是准租金。我们以生产设备为例分析。在短期内,企业的生产设备的供给量是固定不变的,要生产一部分新的机器设备需要一定的时间。因此,在这段时间内,如果需求增加了,生产要素的报酬就要提高,这部分资金的报酬就是准租金。但是从长期看,准租金将消失。这种生产要素的报酬所以称为"准租金",是因为它在短期里和租金的特点极为相似,属于租赁性质;但它又不是真正的地租,它不能进行长期租赁。

准地租与经济地租是不一样的,准地租仅在短期内存在,而经济地租在长期中也存在,属于长期分析,它的存在是以要素供给量的稀缺和对它的高需求增长为前提的。

(3)级差地租

级差地租理论一般有两种形态。级差地租理论认为,地租的存在有两个必要的条件:一是土地的有限性;二是土地的肥沃程度和位置上的差异。由于土地肥沃程度和位置不同,等量投资的劳动生产率就会不一样,因而人们尽可能选择产出水平高的土地和地段优先耕种。从经济学角度来看,人们耕种劣等地的原因是市场对农产品需求增长。在劣等地土地上生产出来的农产品也能售出的情况下,市场上的农产品的价格实际上是按照劣等地土地投入的劳动量来计算的。这样,级差地租便产生了,它是获得的超过劣等地平均利润的超额利润。这是级差地租的第一种形态。

另外,由于存在"土地报酬率递减规律",即使是在同一块土地上,如果连续追加等量劳动和资本。产出量也终将下降,就使这块土地上的原始投资获得了超额利润,并形成级差地租。这是级差地租的第二种形态。

三、利息——资本价格的决定

(一)利息和利息的来源

1. 利息和利息的表示

为什么资本能带来利息？资本是一种重要的生产要素，是由经济制度本身生产出来并被用作投入要素以便进一步生产更多商品和劳务的物品。其可以与其他要素一样在市场上被租借出去，因此，资本也有一个价格，即个人为在有限时期内使用资本要素而支付的价格，或者说，资本所有权所得到的价格，这一价格通常称为利息。资本的净生产力是资本能带来利息的根源。利息是使用资本这一生产要素的报酬，即资本的价格，是资本所有者的收入。西方经济学认为，资本之所以能带来利息，这是因为使用资本可以提高生产效率。

利息是资本这种生产要素的价格。资本的所有者提供了资本，就可以获得利息。在计算利息时，要与工资的计算方式区别开来，因为利息不是用货币的绝对量来表示的，而是用利息率表示。

所谓利息率，是指在一定时期（通常指一年）内一定量的货币资本所得的利息与货币资本的比率。利息率也是一种价格，即资本的借方使用这部分资本时向资本所有者支付的价格。

正因为利息率也是一种价格，所以它本质上与商品价格以及生产要素价格的决定没有区别。在资本市场上，利息率也是取决于资本的需求和供给。

案例运用

如货币资本为 10 000 元，一年内获得的利息为 500 元，则（年）利息率为 5%。5% 就是 10 000 元的货币资本在一年内提供生产性服务的报酬，即这 10 000 元的价格。

由此可见，利息率可用公式表示为

$$r = \frac{Z}{P}$$

式中，Z 为资本服务的年收入，即资本的价格；P 为资本价值。这一公式是没有考虑资本本身的变化的。假如在这一时期，物价发生了上升或下跌，资本价值本身就会产生减值或增值，因此利息率公式可修改为

$$r = \frac{Z + \Delta P}{P}$$

式中，ΔP 为资本价值的增量，可以大于、小于或等于零。

2. 利息率的决定

（1）资本的需求

企业借入资本是为了进行投资，其目的是为了实现利润最大化，这样，投资的多少就取决于利润率与利息率之间的差额。利润率与利息率之间的差额越大，纯利润就越大，企业就越愿意投资；反之，结果相反。所以，在利润率既定的情况下，利息率与投资就呈反方向变

动,即资本的需求曲线是一条向右下方倾斜的曲线。

（2）资本的供给

资本的供给主要来自于人们的储蓄。人们之所以愿意储蓄,是为了获取利息。利息率越高,人们储蓄的就越多;反之,结果相反。所以利息率与储蓄呈同方向变动,即资本的供给曲线是一条向右上方倾斜的曲线。

（3）均衡利息率的决定

均衡利息率的形成,是资本的供给与需求共同决定的,是资本的供给曲线与需求曲线相交时决定的利息率,其决定过程与均衡价格的过程是一样的,此处不再详细分析。

（二）资本的需求和供给

1. 资本的需求

资本的需求指在各种可能的利率下,企业对资本的需求量可用投资的数量来表示。资本的需求曲线是一条向右下方倾斜的曲线,如图6-6所示。

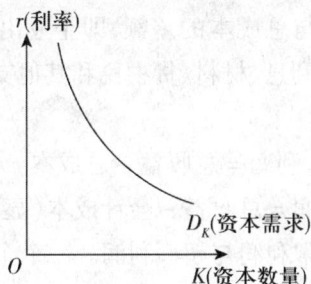

图6-6　资本的市场需求曲线

企业借入资本进行投资的目的是追求利润最大化。投资数量 K 的大小取决于纯利润率（纯利润率＝利润率－利息率）。利润率越是大于利息率,纯利润越大,企业越愿意投资;反之,企业越不愿意投资。在利润率既定时,利息率下降,纯利润率上升,投资数量下降,所以资本的需求曲线向右下方倾斜。

2. 资本的供给与供给曲线

资本的供给是指在各种可能的利率下,人们愿意提供的资本数量。资本的供给主要来源于家庭的储蓄,储蓄可以获得利息,于是人们放弃现期消费而进行储蓄。一般来说,利率越高,人们越愿意储蓄。

资本的供给曲线是一条向右上方倾斜的曲线。假设人们放弃现期消费进行储蓄的目的是为了获得利息。利息率上升（下降）→储蓄上升（下降）,表明利息率与储蓄（资本的供给）呈同方向变动,即资本供给曲线向右上方倾斜。人们的储蓄欲望会随着利息率的变动而同方向变动,因此,资本供给曲线是一条向右上方倾斜的曲线,如图6-7所示。

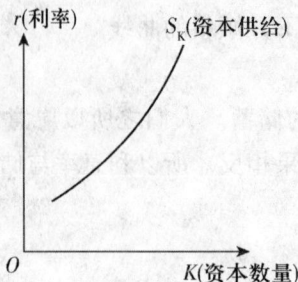

图 6 - 7 资本的供给曲线

四、利润——企业利润的决定

利润是企业家才能这种生产要素的报酬。企业家不仅从事企业生产经营的管理工作，而且要进行创新和承担风险。下面我们介绍企业利润的决定。

(一)利润

利润通常指的是企业总收益与总成本的差额，即企业出售产品和服务所获得收入扣除全部费用(包括工资、薪金、租金、利息、材料、货物税和其他支出等)后所剩的余额，利润又称为会计利润或企业利润。

利润 = 总收益 - 总成本

会计利润 = 总收益 - 会计成本(显成本)

经济学上一般把利润分为正常利润与超额利润。一个企业要进入一个行业就必须维持一定的最低利润，而这个利润就称为正常利润。在经济学中，通常将正常利润视为企业成本的一个组成部分，而且往往作为一种隐含的成本，所以，收支相抵就是获得了正常利润。正常利润是吸引企业进入一个行业所必须提供给企业的最低利润。正常利润来自隐含收益和风险报酬。如果企业在某行业中所得利润小于正常利润，即实际上得不偿失，它就会退出该行业。

从另一个角度分析。正常利润也可称为企业家才能的价格，即企业家才能这种生产要素所得到的收入。

在完全竞争市场条件下，在静态社会里，利润最大化实际上就是获得正常利润，超过正常利润以后的那一部分利润在完全竞争之下并不存在。因此，只有在动态的社会中和在不完全竞争条件下，才存在超过正常利润以后的那一部分利润即超额利润。

超额利润是指超过正常利润的那部分利润，或者说超过使企业继续处于该行业所必需的最低限度利润之上的利润，又称为纯粹利润或经济利润。

经济利润(也叫超额利润) = 总收益 -(显成本 + 隐成本)

经济利润 = 总收益 - 机会成本

经济学认为，尽管利润的来源问题有待于深入研究，但利润存在是经济生活中的事实。并且经济利润存在是现代经济社会必不可少的动力。经济利润刺激投资，并促使投资者愿意承担风险;经济利润是创新的动力,并鼓励企业提高经济效率;经济利润鼓励厂商去取得与巩固垄断地位,在一定程度上,保持技术进步。总之,没有经济利润,经济资源就不可能得到重新有效的配置。

(二)利润的来源

1.隐含收益:企业自有要素的机会成本(隐成本)

在大公司中,自有投资资金的隐含收益是企业利润相当重要的来源。

2.承担风险的报酬

超额利润也被看作企业主进行冒险所承担的风险的一种报酬。风险是从事某项事业时失败的可能性。并不是所有的风险都可以用保险的方法加以弥补,所以,从事风险的事业必须被给予一定的补偿。

未来会发生的事情总是不确定的。一家企业可以从原来未曾料到的事件中获得意料之外的利润,也可能蒙受没有预料到的损失,前者像其他超过正常利润的企业利润一样,可列入超额利润这个范畴之中。

3.创新和企业家才能的报酬

超过正常利润的超额利润的另一来源可以看作是来自企业家职能的创新(innovation),即率先改变生产函数或需求函数,以致赚得超过同行业其他厂商的正常利润的超额利润。

企业家职能的创新涉及两个方面:一类是影响产品的生产,如成功地采用降低成本的新技术或管理方法;另一类创新包括所有影响消费者对产品需求的革新,如创造新产品、新式样和广告等。创新利润只能暂时存在,一旦某种创新为其他生产者仿效,这种利润就会随之消失。

创新是指企业家对生产要素实行新的组合,具体包括以下几种情况:

(1)引入一种新产品:可以使这种产品的价格高于其成本,从而产生超额利润。

(2)采用一种新的生产方法:可以提高生产效率降低成本。

(3)开辟一个新市场:可以通过提高价格而获得超额利润。

(4)获得一种原料的新来源:可以降低成本。这样,产品在按市场价格出售时,由于成本低于同类产品的成本,就获得了超额利润。

(5)采用一种新的企业组织形式:可以提高生产效率降低成本。

(6)采用一种新的方法:可以提高生产效率降低成本。

4.市场竞争的不完全性带来垄断的收益即垄断利润

所谓市场竞争的不完全性,包括各种不同程度的垄断,具有两种形式:买方垄断或(和)卖方垄断。

卖方垄断也称垄断或专卖,指对某种产品出售权的垄断。垄断者可以抬高销售价格以损害消费者的利益而获得超额利润。在厂商理论中分析的垄断竞争的短期均衡、完全垄断的短期与长期均衡,以及寡头垄断下的超额利润,就是这种情况。

买方垄断也称专买,指对某种产品或生产要素购买的垄断。在这种情况下,垄断者可以压低收购价格,以损害生产者或生产要素供给者的利益而获得超额利润。

案例运用

某一煤矿区的工人由于对其他就业机会缺乏足够知识或缺乏流动性,以致某一煤矿场能以较其他煤矿场低廉的工资雇佣工人,则这一矿场即能赚得超过正常利润的超额利润,这一超额利润代表了工资差额。这是在完全竞争条件下矿场主必须多付出的工资,现在表现为享有买方垄断的矿场主的垄断利润。

一家厂商享有某种产品的专利权或声誉卓著的商标,能够赚得超过正常利润的垄断利润。这是卖方垄断为厂商提供超过正常利润的纯利润。

另外,卖方垄断也能够为厂商提供超过正常利润的纯利润。

第三节　社会收入分配

社会收入分配主要研究收入分配是否平等,衡量是否平等的标准主要为洛伦兹曲线与基尼系数。另外,在社会收入分配的问题中,还要注意平等和效率。

一、洛伦兹曲线

(一)洛伦兹曲线

1. 洛伦兹曲线的概念

为了描述收入分配是否平等的问题,美国统计学家 M. O. 洛伦兹根据人口与收入的比例,画出了一条曲线,后被称为洛伦兹曲线,如图 6-8 所示。洛伦兹曲线是用来衡量社会收入分配或财产分配平均程度的曲线。

2. 洛伦兹曲线的制作

若把社会上的人口分为五个等级,各占人口的 20%,他们在国民收入中所占份额如表 6-1 所示。根据表 6-1 可作洛伦兹曲线(图 6-8)。

表 6-1　世界各国的收入不平等

国别	最低 1/5	第二个 1/5	中间 1/5	第四个 1/5	最高 1/5
日本	8.7	13.2	17.5	23.1	37.5
韩国	7.4	12.3	16.3	21.8	42.2
中国	6.4	11.0	16.4	24.4	41.8
美国	4.7	11.0	17.4	25.0	41.9

续　表

国别	最低 1/5	第二个 1/5	中间 1/5	第四个 1/5	最高 1/5
英国	4.6	10.0	16.8	24.3	44.3
墨西哥	4.1	7.8	12.3	19.9	55.9
巴西	2.1	4.9	8.9	16.8	67.5

这个表说明了每一个五分之一家庭在收入分配中得到的税前收入的百分比。

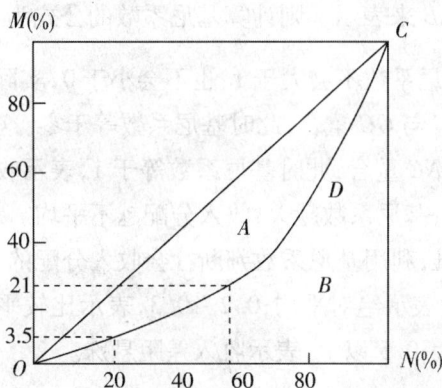

图 6 – 8　洛伦兹曲线

3. 洛伦兹曲线的图示理解

图 6 – 8 中,横轴 ON 表示人口比例,纵轴 OM 为收入比例,弧线 ODC 即为洛伦兹曲线,45°线 OC 表示等比的人口拥有等比的收入,即 OC 为收入分配绝对平等线。但在实际收入线即弧线 ODC 上,这种收入分配就表现出不平等性,如 20% 的人口只拥有大约 3.5% 的收入,60% 的人口只拥有大约 21% 的收入。显而易见,洛伦兹曲线的弯曲程度具有重要意义。一般来说,它反映了收入分配的不平等程度,弯曲程度越大,收入分配程度越不平等。例如,折线 ONC 上,存在两个极端,一方面所有收入都集中在极少数人手中;另一方面绝大部分人一无所有,此时收入分配完全不平等。相反,弯曲程度越小,收入分配程度越平等。

OC 线为 45°线,在这条线上,每 20% 的人口得到 20% 的收入,表明收入分配绝对平等,称为绝对平等线。

ONC 表示收入绝对不平等,是绝对不平等线。

温馨提示

洛伦兹曲线介于 OC 与 ONC 之间。

洛伦兹曲线与 OC 越接近,收入分配越平等。

洛伦兹曲线与 ONC 越接近,收入分配越不平等。

(二)基尼系数大小及其含义

基尼系数是根据洛伦兹曲线计算出来的一个用于衡量收入分配是否平等的另一标准。基尼系数被公认为是一种反映收入分配平等程度的指标,也被包括联合国在内的现代国际组织作为衡量各国收入分配状况的一个重要尺度。

在图 6－8 中,弧线 ODC 与完全平等线 OC 之间的面积用 A 来表示,弧线 ODC 与完全不平等线 ONC 之间的面积用 B 来表示。则计算基尼系数的公式为:基尼系数 $= \dfrac{A}{A+B}$。

根据这一公式可知,基尼系数不会大于 1,也不会小于 0,实际基尼系数总是大于 0 而小于 1。当 $A=0$ 时,弧线 ODC 与 OC 重合,此时基尼系数等于零,这时收入绝对分配平均;当 $B=0$ 时,弧线 ODC 与折线 ONC 重合,此时基尼系数等于 1,表示收入分配绝对不平等。基尼系数越小,收入分配越平均;基尼系数越大,收入分配越不平均。

按照国际上通用的标准,利用基尼系数判断社会收入分配的平等与否,国际上存在通用的标准,基尼系数小于 0.2,表示绝对平均;0.2～0.3,表示比较平均;0.3～0.4,表示基本合理;0.4～0.5,表示差距较大;0.5 以上,表示收入差距悬殊。

案例运用

在图 6－9 中,有 a、b、c 三条洛伦兹曲线,假设这三条洛伦兹曲线分别为 A、B、C 三个不同国家的洛伦兹曲线,从图 6－9 中可以看出,A 国收入分配最平均,因为它的洛伦兹曲线最接近 OY 绝对平等线;B 国的收入分配平均程度次之;C 国收入分配最不平均,因为它的洛伦兹曲线最接近 OPY 绝对不平等线。

如果我们把 a、b 这两条洛伦兹曲线作为实施一项政策前后的洛伦兹曲线,假设 a 为实施前的洛伦兹曲线,b 为实施政策后的洛伦兹曲线,那么就可以看出,在实施政策以后,社会收入分配更加不平等了,因为 b 与 a 相比更加接近绝对不平等线 OPY。

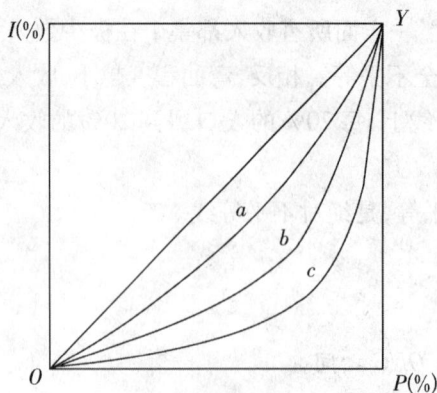

图 6－9 洛伦兹曲线的应用

二、收入不平等的原因

(一)平等

在经济学中,平等指收入分配均等化。平等不等于收入分配的绝对平均,它是与社会两极分化相对立的概念。平等的理论基础是基数效用论中的边际效用递减原则,平等有利于提高社会的满足程度。

(二)收入分配不均等的原因

根据经济学家的解释,收入不平等的原因有以下几个方面:

1. 社会的经济发展状况

收入分配不平等的状况与一个社会的经济发展状况有关,根据美国经济学家库兹涅茨的研究,一个社会收入分配状况变动的规律是:在经济开始发展时,收入分配不平等随经济发展而加剧,只有发展到一定程度之后,收入分配才会随经济发展而较为平等。

2. 要素所有权的分布不均

如前所述,市场经济是按照生产要素的边际生产率决定个人收入的。而生产要素所有权分布不均,必然会造成收入分配的不均等。

3. 个体差异

收入分配越不平等的状况与个体差异存在联系。每个人的先天能力、努力、受教育程度不同。人有着不同的智力、体力和艺术的天赋。有较高天赋的人可以从事较高收入的职业。天赋一般但勤奋努力而又吃苦耐劳,愿意从事较为艰苦的工作,也愿意从事较多工作的人,收入自然也高。特别是,人的受教育程度与个人收入之间具有极大的相关性。受教育越多,能力越强,收入水平越高,这已是一个不争的事实。

4. 其他因素

地区之间经济发展不平衡、二元经济结构的存在、经济政策的倾斜、经济体制的不完善以及市场经济中风险与机遇的存在,都可能导致人们收入上的巨大差异。纯粹的市场机制会自发地造就两极分化倾向。

三、公平与效率

(一)公平和效率的内涵

1. 公平

在经济学中,公平是指一定社会中人们之间利益和权利分配的合理化,社会公平则是指收入与投入的对称性和一致性。但公平不是指平均,它是一个历史范畴,不同的社会具有不同的公平标准。不同的社会经济中,存在着性质不同的平等观。公平是一种价值判断,不同的社会制度,社会发展的不同阶段,对公平的价值判断也不相同。公平是相对的,绝对的公平是不存在的。

2. 效率

所谓效率,是指在资源有效配置的前提下,经济能够保持较高增长,即产出与投入的比率。对于既定的产出来说,投入越少,效率越高;对于既定的投入来说,产出越多,效率越高。提高经济效率,也就是用尽量少的投入取得尽量多的产出。

效率原则是遵循价值规律的重要体现,反映了人与自然之间的物质变换关系。在分配中重视效率就是要贯彻正确的分配政策,鼓励并保证企业和个人充分发挥积极性、创造性,在促进整个社会经济活动的效率不断提高的基础上使个人收入增多。

温馨提示

经济学在讲到"公平与效率"时所讲的效率主要指资源配置的效率,通常用帕累托效率标准衡量资源配置效率,其含义是:如果没有一个人可以在不使其他人境况变坏的条件下使自己的境况变得更好,那么,资源配置就是最优的。

(二)公平与效率之间的关系

1. 公平与效率的矛盾关系

公平和效率一直是经济学家争论不休的问题,两者之间是存在矛盾的。为了效率就要牺牲某些平等,同时,为了平等也要牺牲某些效率。

在市场经济中,要获得效率,就必须付出报酬作为代价,即给生产要素所有者以相应报酬,这些报酬构成他们的收入。而生产要素的占有状况是不一样的,有人占有的资本、土地要多些,有人则少些,甚至完全不占有;有人劳动能力强些,有人则差些。因此,如果根据这种要素的供给情况分配收入,则人们的收入必然有差别;相反,为实现收入均等化如果取消或缩小这种差别,则必然损害效率。

比如我国过去计划经济体制下国有企业采用的"平均主义"的大锅饭制度能够促进平等,但是它会削弱人们的工作热情和创造热情,出工不出力,即用闲暇来替代劳动,就会降低人们的工作积极性;再比如说,过高的社会保障会使人们负担的税负过高,也会在一定程度上降低积极性,损失效率;等等。

温馨提示

由于公平和效率的矛盾存在相互交替的关系,在处理两者之间的关系时,一般说来,要效率优先兼顾公平。

2. 公平与效率的替代关系

公平与效率在一定条件下可以相互替换。比如高额累进所得税、财产税和遗产税能够促进平等,但是它们会促使人们用消费代替储蓄,用财产分散代替财产集中,用对外投资代替国内投资,从而影响国内资本积累和效率提高。

政府向低收入者提供补贴或向失业者提供失业救济,可以促进平等,但是,若这种措施力度过大,失业者便不愿接受较低工资或强度大的工作,低收入者也会丧失"穷则思变"的动力,从而影响到效率。

同时,如果政府过分追求效率会导致社会两极分化,假如政府不以再分配政策干预市场甚至推行倾向于高收入阶层的分配政策就会使两极分化愈演愈烈。

3.公平与效率的互补关系

公平与效率的互补关系是指二者在一定条件下具有相互促进的作用。

(1)公平在一定条件下有助于效率提高。

(2)过分不平等,影响社会稳定。过分不平等就会出现富人该有的都有了,而穷人却买不起,从而影响产品的销售,最终影响生产与效率。

(3)效率在一定条件下有助于实现平等。追求效率可以创造实现平等的条件:蛋糕做大。

关键术语

生产要素　生产要素需求　劳动的边际产量　资本利息　地租　经济租金　准租金级差租金　利息　利息率　利润　洛伦兹曲线　基尼系数　公平　效率

练习与思考

一、选择题

1. 正常利润是(　　)。

A.经济利润的一部分　　　　　　B.经济成本的一部分

C.隐含成本的一部分　　　　　　D.B 和 C 两者

2. 一个完全竞争的劳动力市场是(　　)。

A.其中包括大量的劳动者和雇主,他们都没有力量来影响工资水平

B.其中包含都是工会成员的劳动者,他们与一个大的雇主签署集体协议

C.其中有很多潜在的雇主。但由于训练是困难和费时的,只有很少的劳动者进入这个职业

D.垄断力决定工资和雇用水平

E.一个雇主在一小镇购买劳动力,那里的劳动者还有其他的雇用选择

3. 利息率上升带来的收入效应(　　)。

A.保持现在和将来的消费不变

B.改善个人情况,所以现在的消费减少,将来的消费增加

C.改善个人情况,所以现在的消费增加,将来的消费增加

D. 改善个人情况,所以现在的消费增加,将来的消费减少

E. 恶化个人情况,所以现在的消费减少,将来的消费减少

二、简答题

西方的工会是如何影响工资水平的?

三、技能训练题

美国劳动经济学家丹尼尔·哈莫米斯和杰文·比德尔在 1994 年第 4 期《美国经济评论》上发表了一份调查报告。这份调查报告显示,长相漂亮的人其收入比长相一般的人高出约 5%,而长相一般的人又比长相丑陋的人的收入高出约 5% ~ 10%。该结论对男性和女性都适用。

试着用经济学原理分析。

第七章 市场失灵与微观经济政策

知识目标

1. 掌握市场失灵、微观经济政策的概念。

2. 理解垄断、外部影响、公共物品和信息不对称的含义以及了解它们是如何造成市场失灵的。

3. 明确经济学中解决市场失灵的各种微观经济政策。

能力目标

1. 学会从理性的角度来看待和分析造成市场失灵的主要原因。

2. 学会应用微观经济政策来解决造成市场失灵的各种原因。

案例导入

当火车驶过农田的时候

20 世纪初的一天，列车在绿草如茵的英格兰大地上飞驰。车上坐着英国经济学家庇古（A. C. Pigou）。他一边欣赏风光，一边对同伴说，列车在田间经过，机车喷出的火花（当时是蒸汽机）飞到麦穗上，给农民造成了损失，但铁路公司并不用向农民赔偿。这正是市场经济的无能为力之处，称为"市场失灵"。

将近 70 年后的 1971 年，美国经济学家乔治·斯蒂格勒（G. J. Stigler）和阿尔（A. A. Alchian）同游日本。他们在高速列车（这时已是电气机车）上见到窗外的禾苗，想起了庇古当年的感慨，就问列车员，铁路附近的农田是否受到列车的损害而减产。列车员说，恰恰相反，飞速奔驰的列车把吃稻谷的飞鸟吓走了，农民反而受益。当然，铁路公司也不能向农民收"赶鸟费"。这同样是市场经济所无能为力的，也称为"市场失灵"。

（资料来源：豆丁网，http://www.docin.com/p-1149460091.html）

第一节 市场失灵与微观经济政策的含义

一、市场失灵的含义及主要原因

(一)帕累托最优状态

如果作为市场主体的消费者实现了效用最大化,即实现了消费者均衡,同时厂商也实现了利润最大化,即实现了生产者均衡,并且在此基础上,产品市场和生产要素市场也同时实现了均衡,即当各种产品和生产要素既不存在过剩,也不存在短缺,整个经济的价格体系恰好使所有的产品和生产要素供求都相等时,经济就处于一般均衡状态。显然,当经济处于一般均衡状态时,资源便实现了最优配置或得到了最有效的利用。一般均衡只有在完全竞争的市场经济中才有可能实现。在经济学中,将实现了一般均衡的资源配置状态称为帕累托最优状态。

(二)市场失灵的含义

只有在完全竞争的市场中和一系列假定的条件下,经济的一般均衡和资源配置的帕累托最优状态才有可能实现。在现实生活中,这些条件通常是不具备的。假如市场机制不能有效地实现经济的一般均衡和资源的最优配置,这种情况称为"市场失灵"。

(三)市场失灵的主要原因

(1)市场存在着垄断或不完全竞争,使其并不总是产生最有效的结果。

(2)市场行为的外部性可能产生负面的外溢效果。

(3)市场机制不能保证公共物品的供给。

(4)市场信息的不完全性或不对称性所导致的经济中的不确定性。

二、微观经济政策的含义

既然市场机制本身不能保证能在一切场合下导致资源有效配置的结果,那么,政府在这些场合进行某种干预就成为必要。换句话说,市场机制本身存在失灵领域,这是政府干预经济的客观要求和现实基础。因此,为提高资源配置效率、调节微观经济行为主体关系,政府制定的一些反对干扰市场正常运行的立法以及环保政策,如价格政策、收入政策、消费政策、就业政策等,就称为微观经济政策。在下面章节中,我们将以弥补"市场失灵"为出发点,从纠正和克服"市场失灵"的角度,详细介绍微观经济政策。

案例运用

全世界每天消费大量的鸡,但没有人担心鸡会灭绝,相反没有多少人吃鲸肉,人们却时时刻刻担心鲸会灭绝,为什么同样一个市场系统可以保证产出足够的鸡,却偏偏威胁到鲸的生存呢?

同样一个市场系统之所以会出现这种结果,是因为市场在配置"鸡"和"鲸"这两种资源时其效率是不一样的。市场在配置鸡的生产和消费时是有效的,但在配置鲸时却出现了市场失灵。鲸是一种公共资源,但市场在配置公共资源时往往无能为力。当利用市场来对公共资源进行配置时,它很可能会被过度地使用,从而造成灾难性的后果。这种现象被称为"共有财产的悲剧"。

第二节　信息不对称与市场失灵

一、信息不对称的含义

信息的对称是指在一个市场上,所有的新信息都能迅速地被市场中的参与者所知晓,并能够立即融入到市场价格之中。

信息不对称是指获得相关知识的差别,即:市场上买卖双方所掌握的信息,一方掌握得多些,一方掌握得少些。例如,某些商品与生产要素市场上,卖者掌握的信息多于买者。照相机的卖者一般比买者更了解照相机的性能;药品的卖者比买者更了解药品的功效;劳动力的卖者一般比买者更了解劳动的生产力等。在另一些市场,买方所掌握的信息多于卖方,保险与信用市场往往就是这种情况。医疗保险的购买者显然比保险公司更了解自己的健康状况。

二、信息不对称和市场失灵

在信息不对称条件下,如果卖方知道的信息多于买方知道的信息,降低商品和生产要素价格不一定刺激消费者对该商品的需求;如果卖方知道的信息少于买方知道的信息,提高商品和生产要素价格不一定刺激生产者的供给,这就是市场失灵(即价格无法有效地调节供给和需求)。

信息不对称造成逆向选择。逆向选择是指在买卖双方信息不对称的情况下,差的商品总是将好的商品驱逐出市场,即买者有选择低质量物品的风险。由于市场上好坏商品均存在,消费者又无法得知到底哪个是好产品,哪个是伪劣产品,于是消费者对该产品产生普遍不信任,不愿意出高价买产品,而价格不高,好产品不愿意出售,但坏产品却很容易卖出,于是出现次品充斥市场。

三、解决信息不对称的微观经济政策

市场机制很难有效地解决信息的不对称性给经济运行带来的诸多问题,在此情况下,就需要政府在市场信息方面进行调控。

一般,政府对市场信息的调控方式有:规范和经常检查企业发布的广告信息和上市公司发布的财务信息;对生产假冒伪劣产品的企业依法进行严厉的打击;采用各种方式增加市场的透明度;等等。政府规范市场信息的目的是为了提高资源的配置效率。

但是,由于信息不对称所引发的问题不一定总是必须由政府来解决。有时通过某些有效的制度安排或者适当的措施,也可以消除信息不充分所造成的影响。比如,通过建立汽车、耐用消费品等产品的质量保证制度,也可以在很大程度上消除产品的逆向选择问题。同样,在保险市场上,保险公司也可以通过制度设计来解决道德风险问题。比如,建立投保人自我约束的制度。在这种投保人自我约束的制度中,保险公司并不对投保人实行全额财产保险,而是规定某些最低数量的免赔额,一旦投保人遭受财产损失,投保人自己也将负担一部分损失。在医疗保险中,让个人承担一定的份额也是必须的,否则,个人的败德行为将使任何一种医疗保险制度难以维系。此外,由委托代理问题而产生的效率损失也是难以通过政府干预来解决的。因为在企业的所有者无法观察和监督其代理人行为的情况下,政府也难以做到这一点。那么,应当如何解决委托代理问题呢?一般来说,企业外部的竞争,例如企业间的收购和兼并、经理市场的建立、企业内部约束机制的建立,股东"用脚投票"即抛出股票的行为,都会对企业的经营者造成一种压力,迫使经营者为企业盈利而努力工作,但这毕竟只是一种外在压力。为了使代理人所追求的目标在最大程度上与委托人所追求的利润最大化目标相一致,设计合理的企业经营者激励机制,例如利润分享制度,是解决委托代理问题的一种有效措施。

第三节　外部影响与市场失灵

一、外部影响及其分类

(一)外部影响的含义

当某种商品的生产和消费所产生的效应扩散或波及当事人之外时,就出现外部经济效果,即外部性,也称为外部效应或外部影响。外部影响会对他人产生有利的或不利的影响,但不需要他人对此支付报酬或进行补偿的活动。

(二)私人成本和社会成本的含义

外部性对经济效率的影响在于它使得私人行为与社会需要的数量出现差异,这一点可

以由私人成本和社会成本加以说明。私人成本是指一个经济单位从事某次经济活动所需要支付的费用;一项经济活动的社会成本是指全社会为了这项活动需要支付的费用,包括从事该项经济活动的私人成本加上这一活动给其他经济单位带来的成本。如果一项经济活动产生外部不经济,则社会成本大于私人成本;如果一项经济活动产生外部经济,则社会成本小于私人成本。

(三)私人收益与社会收益

私人收益指单个经济活动主体从某一经济行为中获得的收益,仅包括直接收益。相对应的社会收益指单个经济活动主体的经济行为给整个社会带来的收益,包括直接收益和间接收益。如果一项经济活动产生外部经济,则私人收益小于社会收益;如果一项经济活动产生外部不经济,则私人收益大于社会收益。

(四)外部影响的种类

外部性的两种主要的类型是外部经济和外部不经济。

1. 外部经济

当某一市场主体的经济活动使其他市场主体或社会成员受益,而他自己却又不能由此得到补偿时,这种行为所导致的外部结果就是"正外部性",亦称"外部经济"。它是对个人或社会有利的外部性。因此,外部经济的特点是私人利益低于社会利益,私人成本高于社会成本,容易导致供给不足。根据经济活动的主体不同,"外部经济"又可分为生产的外部经济和消费的外部经济。

(1)生产的外部经济是指当一个生产者采取的经济行动对他人产生了有利的影响,而自己却不能从中得到报酬。例如,一个企业对其所雇佣的工人进行培训,而这些工人可能转到其他单位去工作,该企业并不能从其他单位索取培训费用或得到其他形式的补偿。因此该企业从培训中得到的私人利益就小于该活动的社会利益,而私人成本却大于私人利益,虽然从社会的角度看,该企业的行动是有利的,但是从企业的角度看,这一行动对于它来说显然是无利的,在这种情况下,显然帕累托最优状态没有实现,还存在帕累托改进的余地,没有实现"最优"的资源配置。

(2)消费的外部经济是指当一个消费者采取的行动对他人产生了有利的影响,而自己却不能从中得到补偿时,消费的外部经济便产生了。例如,当某个人对自己的房屋和草坪进行保养时,他的隔壁邻居也从中得到了不用支付报酬的好处。此外,一个人对自己的孩子进行教育,把他们培养成更值得信赖的公民,这显然也使其隔壁邻居甚至整个社会都得到了好处。

2. 外部不经济

当某一市场主体的经济活动使其他市场主体或社会成员的利益受损,而其又并不为此进行相应的赔偿时,那么这种活动所导致的外部影响就是"负外部性",亦称"外部不经济"。

它是对个人或社会不利的外部性。因此,外部不经济的特点是私人利益高于社会利益,私人成本低于社会成本,容易导致供给过足。根据经济活动的主体不同,"外部经济"又可分为生产的外部不经济和消费的外部不经济。

(1)生产的外部不经济

当一个生产者采取的行动使他人付出了代价而又未给他人补偿时,便产生了生产的外部不经济。生产的外部不经济的例子也很多。例如,一个企业可能因为排放脏水而污染了河流,或者因为排放烟尘而污染了空气。这种行为使附近的人们和整个社会都遭受了损失。再如,生产的扩大可能造成交通拥挤及对风景的破坏,等等。

(2)消费的外部不经济

当一个消费者采取的行为使他人付出了代价而又未给他人以补偿时,消费的外部不经济便产生了。和生产者造成污染的情况类似,消费者也可能造成污染而损害他人。吸烟便是一个明显的例子,吸烟者的行为危害了被吸烟者的身体健康,但他们并未因此而支付任何代价。此外,还有在公共场所随意丢弃果皮、瓜壳,等等。

上述各种外部影响可以说是无所不在、无时不在。尽管就每一个生产者或消费者来说,他造成的外部经济或外部不经济对整个社会也许微不足道,但所有这些消费者和生产者加总起来,所造成的外部经济或不经济的总的效果将是巨大的。例如,由于生产扩大而引起的污染问题,现在已经严重危及人类自身的生存环境。

二、外部影响与市场失灵

(一)正外部性或外部经济的影响

外部经济通常会使市场主体的经济活动水平低于社会所需要的最优水平。因而,在完全竞争条件下,如果某种生产可以产生正的外部效果,则其产量将可能少于社会最优的产量。

(二)负外部性或外部不经济的影响

外部不经济通常会使市场主体的经济活动水平高于社会所需要的水平,并给其他经济主体乃至整个社会带来巨大损失。因而,在完全竞争条件下,如果某种产品的生产或消费会产生负的外部效果,则其产量将可能超过社会最优的产量。

无论是外部经济还是外部不经济的存在,都表明资源没有实现最优配置,帕累托最优未能实现。外部性的存在,在很大程度上与产权不清晰有关,而对产权的明确界定,市场机制通常是无能为力的。显然,市场机制在外部性面前失去了或部分失去了自己的作用,市场失灵就是难免的。

三、解决外部影响的微观经济政策

(一)使用税收和津贴

对那些输出负外部性的企业例如污染严重的企业,征收适度的赋税,其数额应等于治理污染的费用,这样就会使企业的私人成本等于社会成本,企业的生产成本和产品的价格就会相应提高,这不仅会使市场对企业产出的有效需求得到抑制,而且也会使企业的生产收缩,从而最终引导资源转移到其他用途上或效率更高的企业中去,使资源得到更为有效的利用。反之,对造成外部经济的企业,国家则可以采取津贴的办法,使企业的私人利益与社会利益相等。如我国采取的退耕还林政策,对退耕用户连续补贴 8 年。无论是何种情况,只要政府采取措施使得私人成本和私人利益相应的社会成本和社会利益相等,则资源便可达到优化配置。

(二)使用企业合并的方法

一个企业的生产影响到另一个企业。如果是正的(外部经济),则第一个企业的生产就会低于社会最优水平;反之,如果影响是负的(外部不经济),则第一个企业的生产就会超过社会的最优水平。但是如果把这两个企业合并为一个企业,则此时的外部影响就会“消失”,即被“内部化”。合并后的单个企业为了自己的利益将使自己的生产确定在其边际成本等于边际收益的水平上。而由于此时不存在外部影响,故合并企业的成本与收益等于社会成本与收益。这样便达到了资源优化配置的目的。如果一个企业同时种树和造纸,这个企业在其决策中自然会考虑造纸给种树带来的外部效果。在这种情况下,由于该企业将直接承担造纸生产外部效果导致的成本,也就是说,这个经合并的企业将支付造纸生产的全部社会边际成本。这时企业就会调整造纸的产量,使产量定在价格等于社会边际成本的水平上,这样就实现了生产过程中的外部化,实现了资源的优化配置。

(三)明晰产权

在许多情况下,外部影响之所以导致资源配置失当,是由于财产权不明确。如果财产权是完全确定的并得到充分保障,则有些外部影响就可能不会发生。例如,某条河流的上游污染者使下游用水者受到损害。如果给予下游用水者以一定质量水源的财产权,则上游的污染者将因把下游水质降到特定质量之下而受罚。在这种情况下,上游污染者便会同下游用水者协商.将这种权利从他们那里买过来,然后再让河流受到一定程度的污染。同时,受到损害的下游用水者也会使用他出售污染权而得到的收入来治理河水。总之,由于污染者为其不好的外部影响支付了代价,故其私人成本与社会成本之间不存在差别。

案例运用

假定有一工厂排放的烟尘污染了周围 5 户居民晾的衣服,每户由此受损失 75 元,共损失 375 元。再假定有两种解决方法:一是花 150 元给工厂烟囱安装一台除尘器,二是给每户买 1 台价值 50 元的烘干机,5 户共需 250 元。不论把产权给工厂还是给居民,即不论工厂拥有排烟权利,还是 5 户居民有不受污染的权利,如果听任私有制为基础的市场发生作用,工厂或居民都会自动采取 150 元解决问题的方法,因为这样最节省,150 元成本最低表示资源配置最优。

科斯定理

美国经济学家、1991 年诺贝尔经济学奖获得者科斯在 1960 年提出了"采用产权纠正外部性"的办法,即所谓的科斯定理。其内容就是:在交易费用为零时,只要产权初始界定清晰,并允许经济当事人进行谈判交易,就可以导致资源的有效配置。科斯定理说明,只要假设条件成立,市场势力就足够大,从而外部性问题总能通过市场自身来解决,而不需要政府的干预。

除了明确产权以外,还可以使有害的外部性内部化。按照科斯定理,通过产权调整使有害的外部性内部化,将这两个企业合并成一家,这样必然减少上游对下游的污染,因为是一个企业,有着共同的利益得失,上游对下游的污染会减少到最小限度,即让上游生产的边际效益等于下游生产的边际成本。

(资料来源:编者整理)

第四节　公共物品与市场失灵

一、公共物品的含义

公共物品是指由每一个人消费并不能排除其他任何一个人消费而形成的物品或劳务。也就是说,不能排除人们使用一种公共物品,而且一个人享用一种公共物品并不减少另一个人对它的享用。公共物品通常具备非竞争性或非排他性。与之相对应,私人物品是那种可得数量将随任何人对它的消费或使用的增加而减少的物品。其具有两个特征:第一是竞争性,如果某人已消费了某种商品,则其他人就不能再消费该商品;第二是排他性,对商品支付价格的人才能消费商品,其他人则不能。

排他性是指某个消费者在购买并得到一种商品的消费权之后,就可以把其他消费者排斥在获得该商品的利益之外,私人物品在使用上具有排他性,如甲购买了一块巧克力,他就获得了消费这块巧克力的权利,其他人就不能消费同一块巧克力。与巧克力不同,国防使我们免受外敌的侵略,很显然,我们都享受国防提供的保护,且并没有因为一个人享受保护而使另一个人的保护减少,所以国防是公共物品,它具有非排他性。

竞争性是指消费者或消费数量的增加引起的商品的生产成本的增加,私人物品大都具有竞争性,如甲多吃一块巧克力,生产者就必须多生产一块,而生产一块巧克力需要花费厂商一定数量的成本,从而减少用于生产其他商品的资源,也就是说对其他产量的生产形成竞争,但是公共物品都不具有消费的竞争性,如广播、电视、航标灯等,它们共同的特点是消费者人数的增加并不对生产成本产生影响。如增加一些人听广播、看电视,并不会影响电台的发射成本,汽车通过桥梁只要不是太拥挤,则它们就是非竞争性的。因为通过一辆汽车对桥造成的折旧很小,接近于零。

公共物品中同时具备非排他性和非竞争性的物品为纯公共物品,如国防。只有非竞争性而没有非排他性的物品为非纯公共物品,如道路。

知识拓展

基础理论知识是公共物品

在评价有关知识创造的适当政策时,重要的是要区分一般性知识与特殊的技术知识。特殊的技术知识,例如一种高效电池的发明,可以申请专利。因此,发明者可以得到好处。与此相比,数学家不能为定理申请专利,每个人都可以免费得到这种一般性知识。换句话说,专利制度使特殊的技术知识具有排他性,而一般性知识没有排他性。

以美国为例,政府努力以各种方式提供一般性知识这种公共物品。政府机构,例如国家保健研究所和国家自然科学基金,补贴医学、数学、物理学、化学等基础研究。一些人根据空间计划增加了社会知识宝库,来证明政府为空间计划提供资金的正确性。的确,许多私人物品,包括防弹衣和快餐汤,都使用了最初由科学家和工程师在登月研究中开发出来的材料。当然,决定政府支持这些努力的合适水平是困难的,因为收益很难衡量。

(资料来源:圣才学习网,http://jingji. 100xuexi. com/view/specdata/20121206/443d4a1a-071f-4913-8d87-c2c306205e63. html)

二、公共物品与市场失灵

单纯靠市场机制的调节,由私人部门生产公共物品通常不能使其产量达到合理的水平,确切地说,这会使公共物品的产量低于资源最优配置状态(也就是帕累托最优状态的产量水平)。因此,公共物品会导致市场失灵。为什么公共物品会导致市场失灵? 其主要原因在于公共物品具有非竞争性和非排他性这样的特点。

对于具有排他性的物品来说,某个物品的买者可以占用这一物品所能带来的全部效用或效益。例如,某个消费者吃了一个面包,其他的消费者就无法享用同一个面包。同时,用于生产这块面包的资源只增加了这个消费者的福利,因此他将愿意为此付出等价的费用,也就是说,一个排他性物品的成本可以集中于某一具体的人。但对具有非排他性的公共物品,却不是这样。任何购买公共物品的人,都不可能占用该物品所能提供的全部效用或收益,并且不能阻止其他人享受该物品,即其他人可以无偿地享用该物品,获得该物品所能提供的效用或收益。公共物品可提供的社会潜在收益大于该物品给任何一个单个购买者带来的收益。为生产公共物品所投入的资源成本不应仅由一个购买者承担。然而,潜在的购买者在其做出支付决策时,并不考虑这一购买行为给其他人带来的潜在收益。因此,受市场支配的私人部门配置于公共物品的资源通常会少于合理的水平。

据此可知,公共物品的这些属性使市场机制发挥作用遇到了困难。公共物品的非排他性决定了其提供者不可能向消费者收取费用,消费者也不愿为此支付费用,这使得公共物品在任何情况下都可以免费消费,产生所谓的"免费搭车"问题。如果利用市场机制排斥人们享受公共物品,那么资源配置效率是极低的。公共物品的非竞争性表明多一人消费并不增加供给成本,也就是说,允许更多的人消费公共物品的边际成本为零。公共物品的这些特性决定它无法由私人部门通过市场提供。如果由私人部门通过市场来提供公共物品,那么会造成公共物品供给的严重短缺。因此,市场机制在提供公共物品或服务方面存在明显的"失灵"现象,这为政府的介入提供了一个基本依据。

三、解决公共物品的微观经济政策

解决公共物品的生产不足是一个较为复杂的问题,由于公共物品的消费存在"免费搭便车"的问题,并且每个理性的消费者都会利用这一点,在不支付费用的情况下就可以消费产品和享受服务,因此,不可能通过竞争的市场机制来解决公共物品的有效生产问题。在此情况下,由政府参与对资源配置进行调控,由政府来生产公共物品应是一种较好的选择。具体地说,政府通过收支活动以及相关政策的制定、调整和实施,对社会现有人力、物力、财力等资源的流向与结构进行适度引导,运用政策信号,使资源在公共部门与私人部门之间进行合理配置,保证公共物品的有效供给。

在市场经济国家,大多数公共物品都是由政府或政府通过组建国有企业来生产或向市场提供的。例如国防、公安、公路、提供义务教育的学校、公园及其他公益事业等。但是政府应提供多少公共物品才能较好地满足社会需要,使资源得到有效的利用呢?经济学家们建议:采用非市场化的决策方式,比如投票,来解决政府提供的公共物品的有效生产问题。投票可以是公民投票,也可以是由公民选举出来的代表投票,或者由有关政府机构的官员投票,来表决公共物品的支出水平。经济学家们认为,尽管投票方式并不总能获得有效率的公共物品的支出水平,但用投票的方法决定公共物品的支出方案仍然是调节公共产品生产的较好方法。

知识拓展

灯塔是公共物品吗

根据情况的不同,一些物品可以在成为公共物品与成为私人物品之间变换。

灯塔可以标出特殊的地方,以便过往船只避开有暗礁的水域。灯塔为船长提供的利益既非排他性又无竞争性。因此,每个船长都有搭便车者的激励,即利用灯塔航行而不为这种服务付费。由于这个搭便车者问题,私人市场通常不能提供船长所需要的灯塔。因此,现在的大多数灯塔是由政府经营的。

在一些情况下,灯塔也可以接近于私人物品。19世纪英国海岸上有一些灯塔是由私人拥有并经营的。但是,当地灯塔的所有者并不打算向享有这种服务的船长收费,而是向附近港口的所有者收费。如果港口所有者不付费,灯塔所有者就关掉灯,而船只也不会到这个港口来。

(资料来源:编者整理)

温馨提示

非竞争性和非排他性是判定公共物品的主要标志。

在确定一种物品是不是公共物品时,必须确定受益者的人数以及能否把这些受益者排除在使用这种物品之外。当受益人数多,而且要排除任何一个受益者都不可能时,搭便车问题就出现了。如果一个灯塔使许多船长受益,它就是一种公共物品。但如果主要受益者是一个港口所有者,它就更像一种私人物品。

关键术语

市场失灵　信息不对称　外部影响　外部经济　外部不经济　公共物品

练习与思考

一、选择题

1.卖主比买主知道更多关于商品的信息,这种情况被称为(　　)。

A.道德陷阱　　　　　　　　　　B.搭便车问题

C.信息不对称问题　　　　　　　D.逆向选择

2.从经济学上讲,某人在公共场所进行的吸烟行为属于(　　)。

A.消费的外部经济　　　　　　　B.生产的外部经济

C.消费的外部不经济　　　　　　D.生产的外部不经济

3.当人们无偿地享有了别的经济体带来的额外收益时,经济学中称之为(　　)。

A.公共产品　　　B.外部经济　　　C.交易成本　　　D.外部不经济

4.导致市场失灵的主要原因有(　　)。

A.利息　　　　　B.不完全信息　　　C.供求关系

D.外部性　　　　E.公共物品

5.一般而言,外部经济的内在含义包括(　　)。

A.私人成本低于社会成本　　　　B.私人成本高于社会成本

C.私人利益高于社会利益　　　　D.私人利益低于社会利益

E.某个家庭或厂商的一项经济活动能给其他家庭或厂商无偿地带来好处

6.一般而言,解决外部性的对策包括(　　)。

A.征税　　　　　B.补贴　　　　　C.提高利率

D.企业合并　　　E.明确产权

二、简答题

1. 什么叫市场失灵？哪些情况会导致市场失灵？

2. 解决信息不对称的微观经济政策有哪些？

3. 外部性如何干扰市场对资源的配置？

三、技能训练

请了解近年来我国青少年接受各类教育的情况，并分析受过良好教育的外部经济性。

第八章 国民收入核算理论与决定理论

知识目标

1. 了解国民经济总流程的规律。
2. 理解并掌握支出法和收入法的基本原理。
3. 理解并掌握消费、储蓄及投资概念及其函数。
4. 理解投资需求曲线。
5. 理解国民经济均衡的条件及国民收入的决定与调节。
6. 理解乘数原理及其作用过程。

能力目标

1. 能够运用国民经济均衡的条件确定两部门、三部门及四部门的均衡国民收入的条件。
2. 能够运用乘数原理解释国民收入的调节。
3. 能够运用国民经济中的指标体系解释微观经济学中的消费者需求行为。

案例导入

一则媒体报道的启示

2001年初《北京晚报》报道,2000年北京的人均GDP达到了2 700美元,按当时人民币与美元1比8的简单换算,约为2万余元。不少读者给报社打电话说,前几天刚报道过北京人均年收入为1万余元,现在却翻了一番,这是怎么回事呢?

对于上述观点,你能给予恰当的回驳吗?学完本章理论,相信就可以建立基本的理解与回驳思路及框架了。

第一节 国民经济总流程

宏观经济学研究整个国民经济的活动及其运行规律。整个国民经济由许多不同的经济单位组成,要研究整个国民经济,就必须先分析各个经济单位之间的联系。国民经济总流程就是将一国的经济单位联系起来分析一国经济的循环流动,从而为研究宏观经济运行规律奠定基础。

一、两部门经济的流程

社会中只存在居民和厂商两个部门的经济称为两部门经济。

温馨提示

理解两部门经济概念,需要注意以下两个方面。

(1)两部门经济存在两个假设:①假设一国是封闭经济,对外贸易不占重要地位,因此可以忽略;②假设一国的政府在经济活动中不起重要作用,因此也可以忽略。

(2)两部门经济在现实社会中是很少存在的,其是为了逐步演进,导出规律的由简到繁的方法所致。

在两部门经济中,厂商和居民通过生产要素市场、商品市场和金融市场而相互联系。两部门经济流程图如图8-1所示。

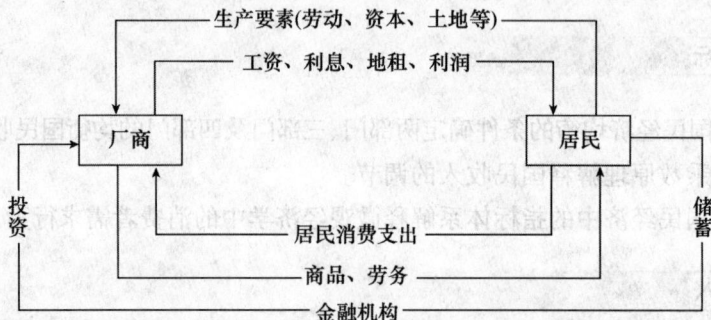

图8-1 两部门经济流程图

图8-1表示了两种情况的循环流程:一种是整个社会维持原有规模的循环流程;一种是规模变动的循环流程,具体说明如下:

维持原有规模情况下的循环流程。居民先向厂商提供生产要素,然后厂商运用生产要素生产商品并提供劳务,同时厂商根据居民提供的各种生产要素而分别给予报酬,居民再用各自的全部收入向厂商购买商品和劳务。这样厂商和居民间就形成一个循环,而且是一个原有规模的循环。

规模变动的循环流程。假如居民只将一部分收入用来购买商品和劳务,而将另一部分收入储蓄起来用于将来消费,此时,厂商和居民间的循环就不能持续下去。在这种情况下,要使两部门经济循环正常持续下去,就必须通过金融机构,把居民的储蓄全部转化为投资。

思考:规模变动的两部门经济循环流程能正常持续下去的假设如不能满足的话,还有什么办法让经济持续下去?

二、三部门经济的流程

三部门经济是指除了厂商和居民,还包括政府的经济。政府在经济社会中的作用是通过向厂商和居民征税和向社会提供公共物品支出来实现的。

三部门经济的流程图如图8-2所示。

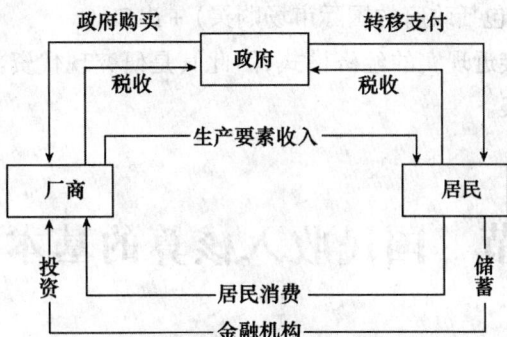

图8-2　三部门经济流程图

与两部门经济的流程图相比较,三部门经济的流程图在于多了政府征税和政府购买和政府转移支付的支出。因此,在三部门经济中,由于增加了政府这一部门,要使经济流程循环下去,除了储蓄需要全部转为投资外,政府税收也需要全部转为政府支出,或者储蓄与政府税收总和全部转化为投资与政府支出之和。

温馨提示

由此可见,两部门经济的循环持续下去的假设不能满足时,政府的出现成为必然,并且弥补了两部门经济的循环缺陷。

三、四部门经济的流程

四部门经济是指在厂商、居民和政府之外,再加上国外部门即国际市场的经济。

四部门经济的流程图如图8-3所示。

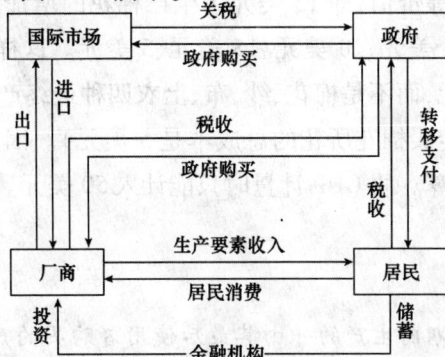

图8-3　四部门经济流程图

在四部门经济中,国际市场对国内经济的影响如下:本国提供商品和劳务给国际市场,即本国的出口,它形成了国外对本国的需求;另一方面本国从国际市场购买商品和劳务,形成本国的进口,从而会增加本国的供给。此外,国外部门向国内提供商品和劳务时,还须向国内政府支付关税,而本国政府也会在国际市场上购买商品和劳务。因此在四部门经济流程中,要使经济循环能持续进行下去,必须要满足以下条件:储蓄 + 政府税收(包括关税) + 进口 = 投资 + 政府支出(包括政府的国际市场购买) + 出口。

四部门经济是比较接近现实的经济模式,因此其是研究现代资本主义市场经济下国民收入循环的较好模式框架。

第二节　国民收入核算的基本方法

宏观经济学研究整个社会的经济活动,首先要有定义和计量总产出或总收入的一套方法。国民收入核算就是研究这套方法。核算国民经济活动的核心是国内生产总值(Gross Domestic Product,GDP),因此,首先有必要弄清楚什么是 GDP。

一、国内生产总值概念

国内生产总值是指经济社会(即一国或一地区)在一定时间内运用生产要素所生产的全部最终产品(物品和劳务)的市场价值。理解国内生产总值概念,需要注意以下几个方面。

(1)GDP 是一个市场价值的概念。即各种最终产品以货币衡量的价值总和。如,假定某国一年生产 10 万件上衣,每件上衣售价 50 美元,则该国一年生产上衣的市场价值为 500 万美元。

(2)GDP 测度的是最终产品的价值,中间产品的价值不计入 GDP,否则会造成重复计算。举个例子说明,假定一件上衣从生产到消费者最终使用共要经过种植、纺纱、织布、制衣、销售 5 个阶段。假设棉花价值为 15 美元,并假定它都是当年新生产的价值,不再包含生产棉花所花费的肥料、种子等价值,即 15 美元为生产棉花的增加值。同样,假定纺纱、织布和制上衣的增加值分别为 5 美元、10 美元、15 美元、5 美元。这样,一件上衣最终的售价是 50(15 + 5 + 10 + 15 + 5)美元,而不是棉花、纱、布、上衣四种最终产品价值的和 165(5 + 15 + 20 + 30 + 45 + 50)美元(假定买棉花所花的总成本是 5 美元)。因为后者计算中包含了中间产品的价值,进行了重复计算。故 GDP 计量时只能计入 50 美元。

温馨提示

　　最终产品:指在一定时期内生产的并由其最后使用者购买的产品和劳务。中间产品:指用于出售而生产别种产品的产品。如上面提及的上衣是最终产品,棉花、纱、布是中间产品。

(3)GDP 是一定时期内(往往为一年)所生产而不是售卖的最终产品价值。也就是说库存不影响 GDP。

(4)GDP 是计算期内生产的最终产品价值,因而是流量而不是存量。若某人花 20 万美元买了一栋旧房,这 20 万美元不能计入 GDP,因为它在生产年份已计算过了,但买卖这栋旧房的经纪人费用可计入 GDP,因为经纪人费用是经纪人在房屋买卖过程中提供的劳务报酬。

> **温馨提示**
>
> 流量和存量:流量是一定时期内发生的变量,存量是一定时点上存在的变量。

(5)GDP 是一国范围内生产的最终产品的市场价值,是一个地域概念。而与此相联系的国民生产总值(GNP)则是一个国民概念,是指某国国民所拥有的全部生产要素在一定时期内所生产的最终产品的市场价值。

> **温馨提示**
>
> 国民生产总值与国内生产总值的关系:国民生产总值 = 国内生产总值 − 外国公民在本国生产的最终产品和劳务的市场价值 + 本国公民在海外生产的最终产品和劳务的市场价值

(6)GDP 一般仅指市场活动导致的价值。劳务劳动、自给自足生产等非市场活动不计入 GDP 中。

二、核算国民收入的两种方法

核算 GDP 可用生产法、支出法和收入法。常用的是后两种方法,下面分别予以说明。

(一)支出法

用支出法核算 GDP,就是通过核算在一定时期内整个社会购买最终产品的总支出即最终产品的总卖价来计算 GDP。在现实生活中,产品和劳务的最后使用者,除了居民消费,还有企业投资、政府购买和净出口。因此,用支出法核算 GDP,就是核算经济社会在一定时期内消费、投资、政府购买和净出口这几个方面支出的总和。

1. 消费

消费一般指居民个人消费,支出包括购买耐用消费品和非耐用消费品的支出,但不包括建造住宅的支出。消费用字母 C 表示。

2. 投资

投资是指增加或更换资本资产(包括厂房、住宅、机械设备及存货)的支出,用字母 I 表示。

区分一项支出是投资还是消费，主要根据下面两点：①支出的目的是否包含获得经济利益；②其价值是一次转移还是多次转移。住宅可以出租以获得经济利益，同时其价值不可能一次转移，需要在其使用期内逐步转移。因此，住宅支出是投资而不是消费。

3. 政府购买

政府购买指各级政府购买物品和劳务的支出，用字母 G 表示。

4. 净出口

进口表示收入流到国外，不是用于购买本国产品的支出；出口（用字母 X 表示）则应加进本国总购买之中，因为出口表示收入从外国流入，是用于购买本国产品的支出。因此，只有净出口（用 $X-M$ 表示）才应计入总支出，它可以是正值，也可以是负值。

把上述四项加总，用支出法计算 GDP 的公式可写成：

$$GDP = C + I + G + (X - M) \qquad\qquad (8-1)$$

（二）收入法

收入法是用要素收入即企业生产成本核算 GDP 的方法。严格来说，最终产品市场价值除了生产要素构成的成本外，还有间接税、折旧、公司未分配利润等内容，因此用收入法核算的国内生产总值应包括以下一些项目。

1. 工资、租金、利息

工资包括所有对工作的酬金、津贴和福利费，也包括工资收入者必须缴纳的所得税及社会保险税。租金包括出租土地、房屋等租赁收入及专利、版权等收入。利息在这里指人们给企业所提供的货币资金所得的利息收入，如银行存款利息、企业债券利息等，但政府公债利息及消费信贷利息不包括在内。

2. 非公司企业主收入

非公司企业主收入，如医生、律师、农民和小店铺主的收入。他们使用自己的资金，自我雇佣，其工资、利息、利润、租金通常混在一起为非公司企业主收入。

3. 公司税前利润

公司税前利润包括公司所得税、社会保险税、股东红利及公司未分配利润等。

4. 企业转移支付及企业间接税

企业转移支付及企业间接税虽然不是生产要素创造的收入，但要通过产品价格转嫁给购买者，故也应视为成本。企业间接税包括货物税或销售税、周转税。

5. 资本折旧

资本折旧虽然不是要素收入,但包括在应回收的投资成本中,故也应计入 GDP。

因此,按收入法核算的国民收入公式可写成:

$$国民收入 = 工资 + 利息 + 利润 + 租金 + 间接税和企业转移支付 + 折旧 \qquad (8-2)$$

收入法和支出法计算的国民收入从理论上说是相等的。但实际核算中常有误差,因此还要加上一个统计误差的过程。

三、从国内生产总值到个人可支配收入

在国民收入核算体系中,除了要弄清楚上面说过的国内生产总值和国民生产总值这些概念,还要弄清楚国内生产净值、国民收入、个人收入和个人可支配收入这些概念及其相互关系,具体如下。

1. 国内生产净值(NDP)

国内生产总值中的"总"字意在计算各个生产单位产出时,未扣除当期的资本耗费即折旧。如扣除了资本耗费,那就是国内生产净值。即 $GDP - 折旧 = NDP$。

2. 国民收入(NI)

这里的国民收入指按生产要素报酬计算的国民收入。从国内生产净值中扣除间接税和企业转移支付加政府补助金,就得到一国生产要素在一定时期内提供生产性服务所得报酬,即工资、利息、租金和利润的总和意义上的国民收入。即 $NI = NDP - 间接税 - 政府转移支付 + 政府补助金$。

3. 个人收入(PI)

生产要素报酬意义上的国民收入并不会全部成为个人的收入。例如,一方面,利润收入中要留一部分给政府以缴纳公司所得税,公司还要留下一部分利润不分配给个人,只有一部分利润才会以红利和股息形式分给个人。职工收入中也有一部分要以社会保险费的形式上缴有关机构。另一方面,人们也会以各种形式从政府那里得到转移支付,如退伍军人津贴、工人失业救济金、职工养老金、职工困难补助等。因此,从国民收入中减去公司未分配利润、公司所得税及社会保险税,加上政府给个人的转移支付,大体上就能得出个人收入的值。

4. 个人可支配收入(DPI)

个人可支配收入,即人们可以用来消费或者储蓄的收入。个人收入不能全归为个人支配,因为要缴纳个人所得税,税后的个人收入才是个人可支配收入。

国民收入核算体系中各指标间的关系如图 8-4 所示。

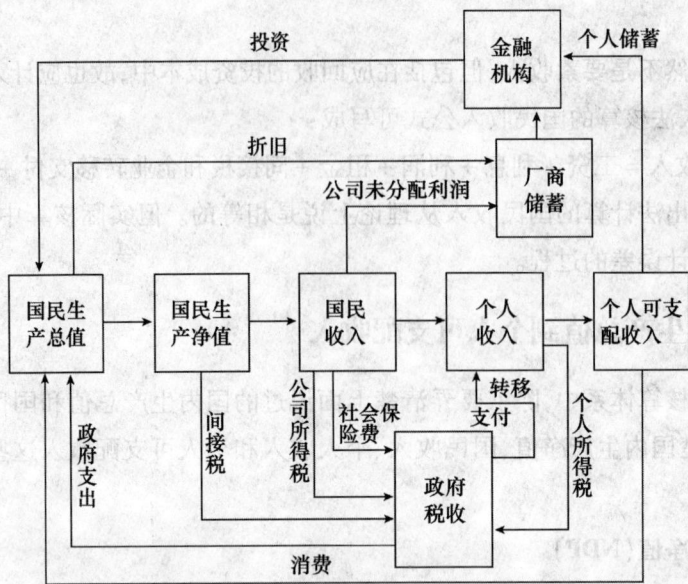

图 8-4　国民收入的循环

四、名义 GDP 和实际 GDP

由于 GDP 是用货币来计算的,因此,一国 GDP 的变动由两个因素造成:一是所生产的物品和劳务的数量的变动;二是物品和劳务的价格的变动。为了方便分析,经济学中引入了实际 GDP 和名义 GDP。名义 GDP(或者货币 GDP)是用生产物品和劳务的当年价格计算的全部最终产品的市场价值。实际 GDP 是用从前某一年作为基期价格计算出来的全部最终产品和劳务的市场价值,如表 8-1 所示。

表 8-1　名义 GDP 和实际 GDP(假设某国最终产品以香蕉和上衣代表)

	1996 年名义 GDP	2006 年名义 GDP	2006 年实际 GDP
香蕉	15 万单位×1 美元 =15 万美元	20 万单位×1.5 美元 =30 万美元	20 万单位×1 美元 =20 万美元
上衣	5 万单位×40 美元 =200 万美元	6 万单位×50 美元 =300 万美元	6 万单位×40 美元 =240 万美元
合计	215 万美元	330 万美元	260 万美元

由表 8-1 可知,计算期 2006 年比基期 1996 年该国价格水平上升了 26.9%,因为 2006 年名义 GDP/2006 年实际 GDP=126.9%。在这里,126.9% 称为 GDP 平减指数。可见,GDP 平减指数 = 名义 GDP/实际 GDP。

第三节　消费、储蓄与投资

上面两节阐述了国民收入核算理论。国民收入核算理论只是客观地描述了经济运行收支平衡的会计学原理,并没有说明产生不同结果的过程和原因,并未分析宏观经济中存在的问题和解决问题的途径。本节开始,将介绍相关内容。

一、消费函数与消费倾向

宏观经济学中的消费是指国民收入中用于个人消费的部分。消费受多种因素的影响,无论是从个人还是整个社会来看,人们的消费在一定社会经济和收入分配的情况下,主要取决于国民收入的大小。因此,消费函数是说明消费与国民收入变动关系的函数。一般来说,国民收入越多,消费也越多。

消费函数可表示为 $C = f(Y)$,其中,C 指消费,Y 指国民收入。

平均消费倾向指消费与国民收入之间的比例,用 APC 表示。其公式如下:

$$APC = \frac{C}{Y} \tag{8-3}$$

边际消费倾向为消费增量在收入增量中所占的比例,用 MPC 表示。其公式如下:

$$MPC = \frac{\Delta C}{\Delta Y} \tag{8-4}$$

式中,ΔC 指消费增量,ΔY 指收入增量。如果消费函数是连续函数时,则:

$$MPC = \frac{\mathrm{d}C}{\mathrm{d}Y} \tag{8-5}$$

消费与收入的关系如图 8-5 所示。

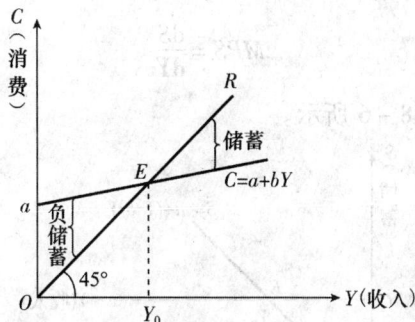

图 8-5　消费与收入的关系

在图 8-5 中,横轴表示国民收入,纵轴表示消费,OR 为 45°线,OR 线上任何点都有

$C=Y$。C 为消费曲线,它与 OR 线相交于 E 点,表示在消费函数中收入全部用于消费。如果消费函数为线性函数,那么 $C=a+bY$。

a 为收入为零时的消费,称为自发消费,因为短期内没有收入也会存在自发消费,自发消费不依存 Y 的大小。与此相对应的概念是诱发性消费,即因收入的变动而引起的消费。b 为边际消费倾向,也即消费曲线的斜率,在图 8-5 中,它是一个固定的常量。凯恩斯认为,$0<MPC=b<1$。

从图 8-5 中可以看出,当收入为 Y_0 时,消费恰好等于收入,当收入小于 Y_0 时,消费大于收入,出现负储蓄,此时,$APC>1$;当收入大于 Y_0 时,消费小于收入,除去消费,剩余收入可用于储蓄,此时,$APC<1$。

二、储蓄函数和储蓄倾向

储蓄是指国民收入中未被消费的部分,储蓄也受各种因素的影响,但在国民收入确定时,假定储蓄主要受收入多少的影响,即收入越多,储蓄也就越大,即储蓄是收入的函数。

储蓄函数可表示为:

$$S=f(Y) \tag{8-6}$$

式中,S 表示储蓄,Y 表示国民收入。

储蓄和收入的关系可以用平均储蓄倾向(用 APS 表示)和边际储蓄倾向(用 MPS 表示)来说明。

平均储蓄倾向是指储蓄在收入中所占的比重,公式为:

$$APS=\frac{S}{Y} \tag{8-7}$$

边际储蓄倾向为储蓄增加量在收入增加量中的比重,公式为:

$$MPS=\frac{\Delta S}{\Delta Y} \tag{8-8}$$

如果储蓄函数为连续函数,则:

$$MPS=\frac{\mathrm{d}S}{\mathrm{d}Y} \tag{8-9}$$

储蓄与收入的关系如图 8-6 所示。

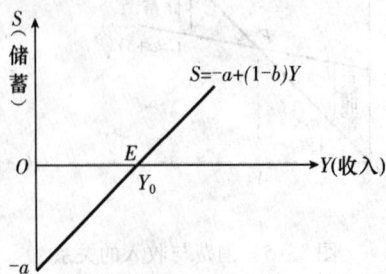

图 8-6 储蓄与收入的关系

在图 8 - 6 中,横轴表示收入,纵轴表示储蓄,曲线 S 与横轴的交点 E 表示收入为 Y_0 时储蓄为零。在 E 点左边,存在负储蓄,在右侧储蓄为正,如果储蓄为收入的线性函数,则有:

$$S = -a_1 + b_1 Y \tag{8-10}$$

式中, $-a_1$ 为收入为 0 时的储蓄, b_1 为边际储蓄倾向。同样, $-a_1$ 表示自发储蓄,而 $b_1 Y$ 表示诱发储蓄, $0 < MPS < 1$。

假定人们的全部总收入可分为消费和储蓄,收入的增加可分为消费的增加和储蓄的增加,则有:

$$\begin{cases} APC + APS = 1 \\ MPC + MPS = 1 \end{cases} \tag{8-11}$$

因此, $b_1 = 1 - b$。

三、投资和投资决策

(一)投资概念

投资称为资本形成,它表示在一定时期内资本存量的增加。经济学上的投资一般指实际投资,即能够使资本存量增加和维持的投资。实际投资分为两类:一类是固定资本增加的投资,如厂房、设备和建筑的投资;另一类是存货的投资,如各种制成品、半成品及原材料的投资。

温馨提示

经济学上的投资与日常生活中的投资不同。

日常生活中的投资概念如购买土地、证券或其他财产所有权,在经济学上不能视为投资,因为它并未增加实际资本存量,从而并不增加产品和劳务的产出,只是财产的转移。

投资又分为总投资和净投资。总投资等于净投资加资本设备折旧。净投资也称资本形成,指资本总量的新增加部分。投资还可分为自发投资和引致投资。自发投资指不受国民收入或消费的影响而进行的投资,它是一种独立的非经济因素所决定的投资,如由于新发明、新技术、人口的变动、心理因素、政府出于社会安全和社会福利等目的而进行的投资。所谓引致投资是指由于国民收入和消费的变动而引起的投资,如因收入增加而使投资增加。

(二)资本边际效率

所谓资本边际效率(用 MEC 表示)是指投资者对资本投资未来收益的预期,即指资本品的供给价格等于该资本品各年预期收益的贴现值的贴现率或折扣率。

以 C_K 表示重置成本,即资本品的供给价格, r 表示资本的边际效率, $R_1, R_2, R_3, \cdots, R_n$ 分别代表第一年,第二年,$\cdots$,第 n 年的预期收益,则按上述定义有:

$$C_K = \frac{R_1}{1+r} + \frac{R_2}{(1+r)^2} + \frac{R_3}{(1+r)^3} + \cdots + \frac{R_n}{(1+r)^n} \tag{8-12}$$

从式8－12可知,资本边际效率的高低主要取决于资本品的重置成本和资本各年的预期收益。资本边际效率与资本品的重置成本呈反向变动关系,与未来收入呈正向变动关系。

凯恩斯认为,资本边际效率递减,即资本的投资的增加,其边际效率是逐渐减少的。第一,资本的投资需求如果增加,必然引起投资设备的价格上涨,所以添置投资设备所支付的成本愈来愈高。同时投资需求的增加,使借入资本的利息率也可能随投资需求增加而增加,在这种情况下,资本边际效率必然下降。第二,投资的增加,使社会最终产品的供给量增加,产品未来的价格将随产品的增加而下跌,投资者的收入也必然下降,这样也会引起资本边际效率递减。

（三）资本的边际效率曲线和投资的边际效率曲线

西方经济学家认为,资本的边际效率曲线就是投资的需求曲线,如图8－7所示。

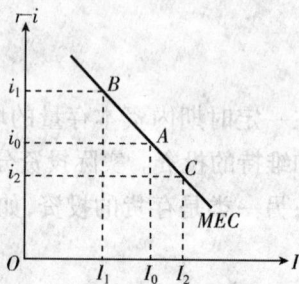

图8－7　资本的边际效率曲线和投资的需求曲线

在图8－7中,横轴表示投资量,纵轴表示资本的边际效率r和利息率i,由于随着投资量的增加,资本的边际效率一般是递减的,因此资本的边际效率曲线是向右下方倾斜的。

投资的需求曲线就是表示在其他条件不变的情况下,每一利率水平的最佳投资量。于是投资量是利息率的函数,表示为:

$$I = I(i) \tag{8-13}$$

式中,I和i分别表示投资量和利息率。

凯恩斯认为,投资决策主要取决于资本的边际效率和市场利率之间的关系。资本的边际效率可看成是资本家对投资的预期利润率。如果资本边际效率大于市场利率,投资就有利可图;反之,资本边际效率小于市场利率时,投资就不能进行。所以,资本的边际效率曲线就是投资的需求曲线。

上面的分析没有考虑资本品价格的变化,即假定资本品的价格是固定不变的。实际上利息率的变化会使资本品的价格发生变化,这样就产生了投资的边际效率曲线(用MEI表示),如图8－8所示。

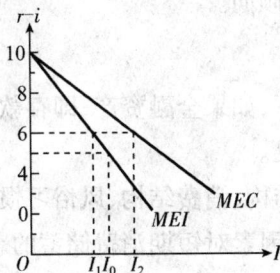

图 8 – 8　MEC 与 MEI 曲线

考虑到利息率水平的变化所引致的资本品价格的变化,更准确地说,投资的边际效率 MEI 曲线才是投资的需求曲线。

四、影响消费的非收入因素

上面的分析多为假定在其他条件不变情况下,仅考察消费和储蓄与收入的关系。实际上除收入外还有很多影响因素。

1. 市场利率

市场利率对消费的影响本质在于货币的时间价值。它对消费的影响可以用利率的替代效应和利率的收入效应来说明。

利率的替代效应是指如果储蓄的目的是为了延迟目前的消费而在将来获得更多的消费,高利率就会诱导更多的储蓄,储蓄率与市场利率成正比。

利率的收入效应为高利率会增加个人将来的收入,增加将来的消费,因此它又反过来增加现在的消费,减少现在的储蓄。

由于正反两种效应同时发生作用,相互抵消,因此总的来说,市场利率对消费和储蓄的影响是比较小的。

2. 价格预期

如果消费者预期物价水平会迅速上升,他们就会超前购买,把实际收入的较大部分用于当前的消费,反之,则会延后消费。

3. 货币幻觉

货币幻觉是指人们对工资、物价的比较灵敏性。当工资和物价同比例同方向变化,人们的购买力不变。但是,由于货币幻觉的存在,有的人只看到物价水平的上升,而忽视了收入水平的提高,觉得自己比较贫困而减少自己的消费。相反,另一部分人,可能对收入水平的提高特别敏感,而忽视了物价水平的上升,从而增加目前的消费。货币幻觉的存在,往往对物价、工资的变动起推波助澜的作用。

4. 收入分配

高收入者边际消费倾向较低,低收入者边际消费倾向较高。因此,主张分配公平有利于提高平均消费倾向,降低平均储蓄倾向。

5. 金融资产

在家庭收入水平一定的条件下,如果金融资产,即存款、债券和股票等较多,则储蓄意愿不强,平均消费倾向较高,反之相反。

此外,人口增长率、人口年龄结构、消费结构、风俗习惯等也会对消费储蓄产生影响。但经济学家的研究表明,上述非经济因素对短期消费储蓄的影响比较明显,消费储蓄主要是受收入的影响。

第四节　国民收入决定模型

国民收入是处于变动状态的,但是,如何决定其模型呢? 本节以暂不考虑货币利率为前提对其进行阐述。

一、国民收入均衡

当总需求等于总供给时,国民收入就实现了均衡。下面根据第一节的国民收入循环流量模型以及总供给和总需求概念来分析国民收入均衡的条件。

(一)两部门经济下的国民收入均衡

在两部门经济下,总需求分别为居民的消费和厂商的投资需求,用 AD 表示,同样以 C 表示消费,以 I 表示投资,则有 $AD = C + I$。以 AS 代表总供给,以 C 表示消费,以 S 表示储蓄,则有 $AS = C + S$。

因国民收入均衡的条件是总需求等于总供给,即 $AD = AS$。

于是有 $I = S$。

可见,在两部门经济中,投资等于储蓄是均衡的国民收入的条件。

为什么只有总需求等于总供给或者说投资等于储蓄时,国民收入才能实现均衡呢? 现就总需求与总供给不相等时的情况加以分析。

如果总需求大于总供给,表明社会上供给不足,产品供不应求,价格必然上升,生产必然扩大,就业率上升,从而国民收入增加,虽然生产资源得到较充分利用,但通货膨胀率上升。即:$AD > AS$ 或者 $I > S$,国民收入增加,通货膨胀率上升。

如果总需求小于总供给,表示社会上需求不足,产品卖不出去,价格必然下降,生产必然收缩,就业率下降,从而国民收入减少。由于生产资源有一部分闲置,会出现经济萧条。即:$AD < AS$ 或者 $I < S$,国民收入减少,会出现经济萧条。

只要当 $AD = AS$ 或者 $I = S$ 时,国民收入才处于均衡状态。

（二）三部门经济下的国民收入均衡

在三部门经济中,总需求不仅包括居民的消费需求与厂商的投资需求,而且还包括政府的需求,政府的支出可以用政府购买或支出来表示,即总需求 = 消费 + 投资 + 政府支出。如果以 G 表示政府支出,则上式为:

$$AD = C + I + G \tag{8-14}$$

三部门经济中的总供给除居民供给的各种生产要素外,还有政府的供给。政府的供给是指为整个社会生产提供的基础设施、立法、国防等公共产品,政府由于提供了这些公共产品而得到相应的收入,即税收,因此政府的供给由税收来代表。即总供给 + 消费 + 储蓄 + 税收。如果以 T 表示政府的税收,则:

$$AS = C + S + T \tag{8-15}$$

根据均衡的条件得:

$$I + G = S + T \tag{8-16}$$

如果两边不等,经济就会出现萧条或膨胀。

在三部门经济中,如出现储蓄与投资不等,政府可以通过调节政府支出和税收达到总需求与总供给的平衡。

（三）四部门经济下的国民收入均衡

在四部门经济中,总需求不仅包括居民的消费需求、厂商的投资需求与政府的购买需求,而且还包括国外的需求。国外的需求对国内来说就是出口,可以用出口来代表国外的需求,即总需求 = 消费 + 投资 + 政府支出。如果以 X 表示出口,则可表示为:

$$AD = C + I + G + X \tag{8-17}$$

四部门经济中的总供给除了居民供给的市场要素和政府的供给外,还有国外的供给。国外的供给对于国内来说就是进口,所以可以用进口来代表国外的供给。即总供给 = 消费 + 储蓄 + 政府税收 + 进口。如果以 M 表示进口,则:

$$AS = C + S + T + M \tag{8-18}$$

根据均衡条件得:

$$I + G + X = S + T + M \tag{8-19}$$

式 8-19 成立则意味着经济达到平衡,一国的经济资源得到了充分利用,社会实现了充分就业,无经济危机或通货膨胀。

如总需求与总供给不等,则政府可以采取财政政策和货币政策来调节。

四部门经济是比较接近现实的经济模式,因此是研究现代经济国民收入循环和决定的较好模式框架。

二、国民收入的变动与调节

在总需求函数中,投资和政府支出的需求不受国民收入影响,同时总需求又是国民收入

的函数,即:

$$Y_d = C + I + G = a + I + G + bY \tag{8-20}$$

式中,a 为自发消费,b 为边际消费倾向。这时 a、I、G 为常数,b 为参数,总需求为国民收入的函数,这个模型被称为凯恩斯需求模型。

在国民收入中,一定时期内的消费倾向是相对固定的,总需求的大小将取决于投资需求和政府支出的情况。总需求的增加,在均衡条件下,实际上是对国民收入注入一种扩张力量,引起国民收入同方向变化;而总需求减少,也将意味着对国民收入是一种收缩力量,引起国民收入减少。

因此,要增加国民收入就要增加注入,在三部门经济中,即增加投资、政府支出;反之,要减少国民收入就要减少注入,即减少投资或政府支出。

根据这一原理,当国民收入不均衡时,政府可以采取政策对经济进行调节。以三部门经济为例来说明国民收入变动及其调节,如图 8-9 所示。

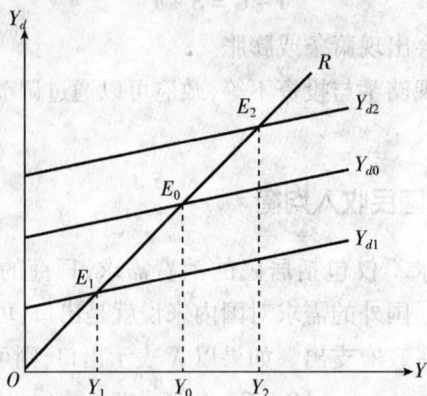

图 8-9　国民收入变动与调节

在图 8-9 中,横轴代表国民收入,纵轴表示总需求,OR 线为 45°线,代表总需求等于总供给。如果总需求曲线为 Y_{d0},它与 OR 线相交于 E_0 点,这时均衡的国民收入为 Y_0。如果注入增加(如政府支出增加),使得总需求曲线移动到 Y_{d2},它与 OR 线相交于 E_2 点,这时均衡的国民收入为 Y_2。这意味着总需求的增加使国民收入也相应增加。反之,如果注入减少(如投资减少),使总需求曲线移动到 Y_{d1},这时均衡的国民收入为 Y_1,国民收入与 Y_0 相比已经降低。

三、乘数原理

(一)乘数概念

所谓乘数,是指增加自发总需求,使国民经济重新达到均衡状态,由此引起的国民收入增加量并不仅限于自发的总需求,而是初始总需求增加量的若干倍。如果以 ΔAD 代表自发

总需求增加量,以 ΔY 代表国民收入增加量,以 K 表示乘数,则可以用下列公式表达乘数概念:

$$K = \frac{\Delta Y}{\Delta AD} \qquad (8-21)$$

在现实经济中,乘数大于1,这是因为国民经济各部门之间是相互联系的。自发总需求的增加会使国民收入等量增加,这种国民收入的增加中必然有一部分用于支出,从而使总需求再一次增加,这种总需求的增加又会使国民收入再增加,如此再三,使得国民收入的增加数倍高于最初自发总需求的增加。当然,反向也一样。因此,乘数是一把"双刃剑"。

(二)乘数的作用过程及其公式

下面以投资乘数为例进行分析。投资乘数为国民收入总的增加量与初始投资的增加量之比,但投资乘数的大小依赖于投资后边际消费倾向的大小。边际消费倾向愈大,则投资乘数也愈大;反之,则愈小。

下面以某部门初始增加 100 万元投资,其边际消费倾向为 0.8 为例,说明投资乘数的作用过程,如表 8-2 所示。

表 8-2　乘数的作用过程　　　　　　　　　　　　　　　单位:万元

初始投资增量	本期收入增量	收入增量引起的消费增量	收入增量引起的储蓄增量
第一轮	100	80	20
第二轮	80	64	16
第三轮	64	51.2	12.8
第四轮	51.2	40.96	10.24
⋮	⋮	⋮	⋮
合计	500	400	100

在表 8-1 中,每一轮的边际消费倾向为 0.8,边际储蓄倾向为 0.2,在初始投资增加 100 万元的情况下,第一轮的国民收入增加 100 万元,消费增量为 80 万元,储蓄增量为 20 万元;第二轮国民收入增加 80 万元,消费增量为 64 万元,储蓄增量为 16 万元,……如此循环下去,最终国民收入增加为 500 万元。

如果 ΔY 为最终收入增加量,ΔI 为最初投资增加量,b 为边际消费倾向,且 $0 < b < 1$,那么 $\Delta Y = \Delta I + \Delta I \times b + \Delta I \times b^2 + \cdots + \Delta I \times b^{n-1} = \Delta I \times (1 - b^n)/(1 - b)$

因为 $0 < b < 1$,所以有 $\Delta Y = \dfrac{\Delta I}{1 - b}$。

故投资乘数为:

$$K = \frac{\Delta Y}{\Delta I} = \frac{1}{1 - b} \qquad (8-22)$$

由此可见,乘数是 1 减去边际消费倾向的倒数。

（三）投资乘数作用的限制条件

从理论上讲,投资需求的增加引起总需求的增加,使得整个国民收入比最初需求成倍增加能够实现。但在现实的经济运行中,它的作用却受到一些限制,并有一些缺陷,主要表现在如下几个方面:

(1)投资乘数作用假设投资后的每一轮循环无限进行下去,就要求与投资部门相联系的其他部门都存在着足以容纳新总投资需求的过剩资源,其中包括劳动力资源。在短期内其假设可能成立,但长期中并不一定存在闲置的生产资源,如果循环中的某一个环节出现问题,那么整个循环过程就无法进行下去,投资乘数作用也就无法实现。

(2)如果经济比例正常,由投资乘数作用引起的各生产部门的扩大,可能产生强制性的比例失调来实现投资乘数作用,而若是国民经济本身已失调,盲目的投资可能使国民经济比例失调加剧,最终影响投资乘数的实现。

(3)投资乘数作用需要边际消费倾向稳定。如果边际消费倾向不稳定,实际投资乘数就会受到影响。

(4)货币供应量的大小对投资乘数作用也有影响,如在货币供应量不足以应对投资和消费支出的增加时,投资和消费的增加就会使货币需求上升和利率提高,而利率提高又会对以后的投资意愿产生抑制作用,从而影响投资乘数作用。

(5)乘数原理把全部投资都作为收入的增量ΔY,在实际经济运行中,投资有一部分应是不变资本的折旧,它不形成国民收入,这从理论上扩大了投资乘数的作用。

(6)如果在投资品生产部门中增加的收入是用来还债或用来购买外国物品,那么投资乘数就应变小。

此外政府的税收和政府的购买、生产和消费的时滞都会影响投资乘数作用的发挥。

关键术语

国民经济总流程　国内生产总值　最终产品　中间产品　流量和存量
国民生产总值　支出法　消费　投资　政府购买　进口　出口　收入法
间接税　企业转移支付　折旧　国内生产净值　国民收入　个人收入
个人可支配收入　名义 GDP　消费函数　实际 GDP　平均消费倾向
边际消费倾向　自发消费　诱发消费　储蓄　储蓄函数　平均储蓄倾向
边际储蓄倾向　自发储蓄　诱发储蓄　资本边际效率　货币幻觉
乘数　资本边际效率递减规律　资本边际效率曲线　投资需求曲线
利率的替代效应　利率的收入效应

练习与思考

一、选择题

1. 在两部门经济中,均衡发生于( )之时。

A. 实际储蓄等于实际投资

B. 实际的消费加实际的投资等于产出值

C. 计划储蓄等于计划投资

D. 总支出等于企业部门的收入

2. 在产品市场两部门经济模型中,如果边际消费倾向值为0.8,那么自主消费乘数值为( )。

A. 1.6　　　　　　　　B. 2.5　　　　　　　　C. 5　　　　　　　　D. 4

3. 存在闲置资源的条件下,如果政府购买支出增加,那么GDP将( )。

A. 减少,但其减少量小于政府购买支出的增加量

B. 减少,但其减少量多于政府购买支出的增加量

C. 增加,其增加量小于政府购买支出的增加量

D. 增加,其增加量多于政府购买支出的增加量

4. 假定其他条件不变,税收增加将引起国民收入( )。

A. 增加,但消费水平下降

B. 增加,同时消费水平提高

C. 减少,同时消费水平下降

D. 减少,但消费水平上升

5. 在产品市场四部门收入决定模型中,政府同时等量地增加购买支出与税收,则GDP( )。

A. 将下降,且下降量等于税收的增加量

B. 将下降,但下降量少于税收的增加量

C. 将增加,且增加量等于政府购买支出的增加量

D. 将增加,但增加量少于政府购买支出的增加量

6. 在产品市场收入决定模型中,如果净出口增加,则GDP( )。

A. 将下降,且下降量等于净出口的增加量

B. 将下降,但下降量多于净出口的增加量

C. 将增加,且增加量等于净出口的增加量

D. 将增加,且增加量多于净出口的增加量

二、简答题

1. 在均衡产出水平上,是否计划存货投资和非计划存货投资都必然为零?

2. 为什么说 $I = S$ 是简单收入决定模型中的基本均衡条件?应当怎样看待这一均衡

条件?

3. 简述乘数原理及乘数发挥作用的前提。

4. 简述资本边际效率曲线与投资曲线的差别。

5. 简述总需求的变动对均衡国民收入的影响。

三、技能训练

1. 运用国民经济指标体系解释微观经济学中的消费者行为相关的内容。

2. 假定消费函数为 $C = 120 + 0.75Y_d$（Y_d 为个人可支配收入），当 $Y_d = 100$ 时，计算平均消费倾向、平均储蓄倾向、边际消费倾向和边际储蓄倾向。

3. 图示说明为什么刺激消费能增加国民收入。

第九章 金融市场理论

知识目标

1.掌握金融市场的含义及分类,金融体系的基本内容、货币市场、资本市场及外汇黄金市场各自的内容。

2.了解学习金融市场的意义。

能力目标

1.熟悉我国的金融市场及金融体系。

2.初步学会运用金融知识解释我国金融市场问题。

3.熟悉部分金融产品并运用所学知识进行投资。

案例导入

全球股市暴跌

随着美联储加息周期的启动,全球市场风云突变,"熊风"阵阵,无论是股市,还是大宗商品,大都进入了破位走势格局。

欧洲首先扛不住了! 英国富时 100 指数进入熊市,从 2015 年 4 月记录高点下跌了 20%;法国、德国股市即将进入熊市。随着全球股市自 2015 年 5 月高位下滑 20% 进入熊市及美股追随世界其他地区大幅下滑,"死猫泡沫"破裂。

随后危机横扫俄罗斯、墨西哥,波及美国、日本,以及我国香港。随着企业财务报告加剧市场的颓势,MSCI 世界股票指数距离进入熊市只有一步之遥。俄罗斯卢布和墨西哥比索都跌至纪录新低,同时投资者对中国香港联系汇率机制将结束的押注也不断升温。美国 10 年期国债收益率跌破 2%,日元则升至一年高点。而标普 500 指数跌破了 2014 年 10 月埃博拉爆发期间所触及的低点。

在股市和大宗商品齐跌的同时,国债和黄金却受到青睐。纽约金价一度升 1.9%,全球市场动荡刺激避险需求,投资者增加黄金基金的持仓。纽约商品交易所 2 月份期金涨 1.6%,结算价报每盎司 1 106.20 美元,盘中一度触及 1 109.90 美元,为 1 月 8 日来最高点。类似的避险需求推动金价自年初以来上涨了 4.3%。

(资料来源:摘自 IPO 头条,2016.01.21)

第一节　金融市场概述

一、金融市场的含义

金融市场通常是指以金融资产为交易对象,而形成的供求关系及其机制的总和。在金融市场上交易的是各种金融工具,如股票、债券、储蓄存单等。

金融市场的含义可以从狭义和广义两个方面来理解。直接金融方式是指资金需求者通过发行债券和股票等直接融资工具直接从资金的所有者那里融通资金,由此形成的市场称为直接金融市场。间接融资方式是指资金所有者将其手中的资金存放在银行等金融中介机构,然后再由这些机构转贷给资金需求者,由此形成的市场称为间接金融市场。狭义金融市场仅包括直接金融市场。广义金融市场不仅包括直接金融市场,而且还包括间接金融市场。

二、金融市场的功能

第一,资金聚集功能。资金聚集功能是指金融市场能够有效地筹集资金的功能。金融市场的资金需求者可以通过在金融市场上卖出金融工具进行直接融资,如发行股票、债券等方式,也可以通过间接融资,如从银行贷款的方式获得资金。与此同时,金融市场为货币资金盈余者提供了多种可供其选择的金融工具,投资者能通过金融市场找到满意的投资渠道,因而金融市场促进资金的聚集。

第二,资金配置功能。金融市场中各种金融工具价格的波动,将引导货币资金流向最具有发展潜力、能够为投资者带来最大利益的部门和企业。投资者通过分析金融工具在金融市场中的表现及发行公司的财务信息等,可以了解该公司的经营业绩、管理水平等,从而选择自己的投资方向。理性的投资者会把资金投向经营业绩好、管理水平高、有发展潜力的企业或者行业,使这些企业筹集到较多的资金用于发展。而资金会从经营业绩不好、管理水平低下的企业中流出,使这些企业破产或者被兼并重组。因而,金融市场能够自发地调节资金的流向,使资金在社会中得到最优的配置。

第三,风险管理功能。包括风险分散和风险转移两个部分。金融市场上有很多收益水平不同、风险程度不同的金融工具供投资者选择,如股票的收益率大于银行存款,但其风险也远远大于银行存款。投资者可以结合自身的收益偏好、风险承受能力合理配置在不同金融工具中的投资,从而分散风险。金融工具的发行者可以通过股票、债券等,将企业经营的风险部分转移给购买该公司股票、债券的投资者,使得发行者与投资者共同承担风险,实现风险的转移。

第四,信息反映功能。金融市场被称为国民经济的“晴雨表”和“气象台”,反映了国民经济的运行情况。比如,一个公司股票的价格反映了该公司的经营状况。整个证券市场的股票价格走势,反映了该国经济的整体运营状况。国家的宏观调控能在金融市场上明显地反映出来,如政府降低利率,证券的价格将会走高。

第五,经济调节功能。金融市场对一国的经济起着主动或被动的调节作用。金融市场能够自发地进行资金聚集和资金配置,对微观经济部门产生影响,进而影响宏观经济。同时,国家实行宏观调控离不开金融市场,如政府制定货币政策时通过调节存款准备金率、利率影响经济,要通过金融市场;公开市场业务便是在金融市场上进行债券的买卖,需要通过金融市场;制定财政政策时,政府发行公债同样需要在金融市场上进行。因而,金融市场具有经济调节功能。

三、金融市场的构成要素

一个市场必然包含相应的市场要素,才能称为完整的市场。金融市场也一样,其包括金融市场主体、金融市场客体、交易价格和交易组织方式四个方面。

(一)金融市场主体

金融市场主体是指金融市场的交易主体,主要分为资金的供给者和资金的需求者两方面。具体来看,可分为政府部门、中央银行、各类金融中介机构、企业、居民几个方面。

1. 政府部门

政府部门是一国金融市场上主要的资金需求者,包括中央政府、地方政府及与政府有关的行政部门。为了进行基础设施建设、大型的投资项目或者弥补财政赤字等,政府可以通过在证券市场发行公债的方式筹集资金。

2. 中央银行

中央银行参与金融市场的目的并不是为了盈利,而是以其管理者的身份参与市场活动。通过货币政策操作,中央银行在证券市场进行证券的买卖投放或回笼基础货币,调节利率,调节货币供应量,以调节宏观经济。

3. 各类金融中介机构

各类金融中介机构是金融市场的重要参与者,包括商业银行、证券公司、基金公司、保险公司、信托公司等。以商业银行为例,商业银行是间接金融市场上最重要的金融机构,既是资金的需求者,又是资金的供给者。作为资金的需求者,商业银行通过吸收存款、同业拆借、发行金融债券等方式筹集资金;作为资金的供给者,商业银行将筹集的资金通过发放贷款等方式提供给有资金需求的企业,从而获得收益。

4. 企业

企业也是金融市场的重要参与者:一方面,作为资金需求者,企业在进行扩大生产或资金周转困难时,可通过间接金融市场从银行贷款筹集资金,当它长期资金不足时可通过在直接金融市场发行股票、债券等方式筹集;另一方面,作为资金供给者,企业将生产经营过程中的闲置资金存放在银行或者购买金融产品中获得收益。

5.居民

居民主要以资金供给者的身份进入金融市场。家庭和个人将收入减去支出后的余额放入金融市场,如以储蓄的方式存放在银行,或购买股票、债券、黄金等将资金供给金融市场。居民也可以作为资金的需求者,如在购买商品房、汽车等资产时需要从银行贷款。

(二)金融市场客体

金融市场的客体指的是金融市场的交易对象,一般指金融工具。金融工具是指金融市场中货币资金交易的载体,市场上各种投融资活动及资金的流转都是通过金融工具的买卖来实现的。一个国家金融工具的数量和种类,是衡量金融市场是否发达的标志。金融工具主要包括票据、股票、债券、外汇、黄金及金融衍生品等。

(三)交易价格

价格是影响金融市场交易的重要因素之一。在商品市场中,不同的商品有相应价格,金融市场也一样。在金融市场上交易的是货币资金,因而利率便是一种衡量金融商品价值的工具。有些金融工具自身有固定的利率,如普通债券、贴现票据等,有些没有固定的利率,如普通股票等。与商品市场中商品价格影响商品的供求变化一样,在金融市场中,金融工具的利率也影响着资金的供求状况。

(四)交易组织方式

金融市场交易主要有两种组织方式:场内交易方式和场外交易方式。按照一定的交易价格针对某种金融工具展开交易时,如果是在交易所内完成的,即为场内交易方式,也叫交易所交易方式。凡是在交易所之外的交易都称为场外交易,场外交易没有固定的场所,交易双方不需要直接接触,仅借助于通信工具进行交易。

四、金融市场类型

金融市场是个复杂的综合体,它由许多相互独立又相互联系的子系统构成现代庞大的金融市场体系。按照不同的标准,金融市场可以分为以下几种类型:

(1)按市场中金融工具期限的长短划分,金融市场可分为货币市场与资本市场。货币市场是指以期限在1年以内的金融工具为媒介进行短期资金融通的市场。其主要以短期的资金调配为目的,主要包括同业拆借市场、票据市场、大额可转让定期存单市场和短期债券市场等。资本市场是指以期限在1年以上的金融工具为媒介进行中长期资金融通的市场。主要有股票市场和债券市场。

(2)按市场中交易的标的物划分,金融市场又可分为票据市场、证券市场、衍生工具市场、外汇市场和黄金市场等。

(3)按金融资产的发行和流通特征划分,金融市场可分为发行市场和流通市场。发行市场又称为一级市场,是票据和证券等金融工具初次发行的场所。流通市场又称为二级市场,是对已发行的金融工具进行转让交易的市场。

(4)按交割方式划分,金融市场可分为现货市场和期货市场。现货市场也称即期交易市场,是指交易双方达成成交协议后,于若干个交易日内办理交割的市场。期货市场是指交易双方达成成交协议后,并不立即进行交割,而是在一定时间后进行交割的市场。

(5)按有无固定场所划分,金融市场可分为有形市场和无形市场。有形市场是指有固定交易场所的市场。如果交易是在一个无形的网络中完成的,则这一市场称为无形市场。

(6)按金融交易的地域来划分,金融市场可分为国内金融市场和国际金融市场。若金融交易仅局限于一国范围内,则此时的金融市场称为国内金融市场。若金融交易突破一国国界,在世界范围内来进行时,此时的金融市场称为国际金融市场。著名的国际金融市场有纽约金融市场、伦敦金融市场等。

第二节　金融机构体系

一、金融机构的含义

金融机构是专门从事金融活动的经济组织。一切与货币资金有关的活动,包括发行与回笼货币、吸收存款发放贷款、证券买卖、外汇买卖等金融活动,都与金融机构有关。金融机构通过提供直接或间接金融工具,使资金从供给者流向需求者,实现资金最优配置,并调节经济发展。因而,金融机构是金融体系中的重要组成部分,对整个国民经济的健康稳定起着举足轻重的作用。

二、金融机构的种类

现代金融市场中,金融机构的种类多样,各种金融机构之间相互促进、相互联系。按照不同的分类标准,可以将金融机构分为以下几种类型。

(一)按照业务性质和功能划分

金融机构按照业务性质和功能的不同,可以划分为管理型金融机构、商业性金融机构和政策性金融机构。管理型金融机构是执行金融监督管理功能的机构,主要有中央银行及各类金融监管机构。商业性金融机构以利润为经营目的,从事资金的借贷、证券买卖、资产管理等业务,其经营符合市场经济规律。自主经营、自负盈亏,包括商业银行、证券公司、保险公司、基金公司等金融机构。政策性金融机构不以盈利为目的,而是为了贯彻和执行国家政策,按照国家的政策要求进行金融活动的金融机构。在我国,政策性金融机构包括国家开发银行、中国农业发展银行、进出口银行等。

(二)按照是否为银行划分

金融机构按照是否为银行划分是最常见的一种划分方式,分为银行金融机构和非银行金融机构。银行(主要是商业银行)经营货币信用业务,且具有货币创造功能,包含吸收存款、发放贷款、办理结算和汇兑等业务。非银行金融机构不具有货币创造功能,且经营的范围相对银行较窄,这类金融机构包括保险公司、信托投资公司、租赁公司、担保公司、财务公司、基金公司等。

(三)按照地理范围不同划分

金融机构按照业务活动的地理活动划分,可以分为国际性金融机构、全国性金融机构和地方性金融机构。国际性金融机构主要是指业务活动跨越不同国家和地区的金融机构。如花旗银行是美国最大的银行之一,其业务范围分布在全球近 150 个国家及地区。全国性金融机构主要是指业务活动的范围局限在一国范围之内的金融机构,如西南证券是全国综合性的证券公司。地方性金融机构主要是指业务活动的范围局限在某一地区的金融机构,如重庆农村商业银行,其业务范围集中在重庆地区。

三、我国金融机构体系

改革开放后,我国金融体系逐步丰富和完善,大量金融机构产生,并逐步形成了以中国人民银行为领导,以国有商业银行为主体,多种金融机构并存、分工协作的金融机构体系。

(一)银行类金融机构

1. 中央银行

我国的中央银行是中国人民银行。中国人民银行是我国货币发行的银行、银行的银行、国家的银行。具体来说,中国人民银行的主要职责为:

(1)拟订金融业改革和发展战略规划,承担综合研究并协调解决金融运行中的重大问题、促进金融业协调健康发展的责任,参与评估重大金融并购活动对国家金融安全的影响并提出政策建议,促进金融业有序开放。

(2)起草有关法律和行政法规草案,完善有关金融机构运行规则,发布与履行职责有关的命令规章。

(3)依法制定和执行货币政策;制定和实施宏观信贷指导政策。

(4)完善金融宏观调控体系,负责防范、化解系统性金融风险,维护国家金融稳定与安全。

（5）负责制定和实施人民币汇率政策，不断完善汇率形成机制，维护国际收支平衡，实施外汇管理，负责对国际金融市场的跟踪监测和风险预警，监测和管理跨境资本流动，持有、管理和经营国家外汇储备和黄金储备。

（6）监督管理银行间同业拆借市场、银行间债券市场、银行间票据市场、银行间外汇市场和黄金市场及上述市场的有关衍生产品交易。

（7）负责会同金融监管部门制定金融控股公司的监管规则和交叉性金融业务的标准、规范，负责金融控股公司和交叉性金融工具的监测。

（8）承担最后贷款人的责任，负责对因化解金融风险而使用中央银行资金机构的行为进行检查监督。

（9）制定和组织实施金融业综合统计制度，负责数据汇总和宏观经济分析与预测，统一编制全国金融统计数据、报表，并按国家有关规定予以公布。

（10）组织制定金融业信息化发展规划，负责金融标准化的组织管理协调工作，指导金融业信息安全工作。

（11）发行人民币，管理人民币流通。

（12）制定全国支付体系发展规划，统筹协调全国支付体系建设，会同有关部门制定支付结算规则，负责全国支付、清算系统的正常运行。

（13）经理国库。

（14）承担全国反洗钱工作的组织协调和监督管理的责任，负责涉嫌洗钱及恐怖活动的资金监测。

（15）管理征信业，推动建立社会信用体系。

（16）从事与中国人民银行业务有关的国际金融活动。

（17）按照有关规定从事金融业务活动。

（18）承办国务院交办的其他事项。

2. 商业银行

商业银行是以盈利为目的，主要通过吸收存款、发放贷款的方式参与金融活动的银行，是我国金融机构体系的主体部分。商业银行实行自主经营、自担风险、自负盈亏、自我约束的原则，并遵循流动性、安全性、盈利性的原则。目前，我国商业银行可以划分为三个部分：国有商业银行，全国性股份制商业银行，城市、农村商业银行。

（1）国有商业银行

我国的国有商业银行有中国工商银行、中国建设银行、中国银行、中国农业银行、交通银行五大行。这五大银行都是由国家直接控股的商业银行，在各省、市、自治区设有分行，在地、市、县设有分行、支行或者办事处、分理处等，网点分布极为广泛，遍布全国城乡地区。国有银行在人员、网点数量、资产规模等方面处于绝对优势地位。

（2）全国性股份制商业银行

全国性股份制银行成为我国商业银行体系中不可或缺的力量，这些银行采取现代企业组织架构,即股份制形式。按照自主经营、自担风险、自负盈亏、自我约束的原则,并遵循流动性、安全性、盈利性的原则进行经营。股份制商业银行股权结构多元化而非国家独有,产权关系明晰,实行董事长领导下的行长负责制。高效决策,灵活经营,逐步建立了科学的管理机制和市场化的管理模式,自成立伊始即迅猛发展。这些银行虽然资产规模、网点数量等比不上国有五大行,但考虑财务运作质量、资产质量等综合因素,股份制商业银行相对更有竞争力。目前,股份制商业银行包括招商银行、浦发银行、中信银行、华夏银行、光大银行、民生银行、兴业银行、广发银行、平安银行、浙商银行、渤海银行等几十家。其中,多家银行已经公开上市,其余银行也在积极准备上市。

(3)城市、农村商业银行

城市商业银行的前身是城市信用社,其建设的目的是为中小企业提供金融支持,为地方经济搭桥铺路。之后,城市信用合作社逐步转变为以城市命名的城市商业银行,为地方经济及地方居民提供金融服务。截至2013年11月,由中国人民银行管理、中国银监会监管的在册银行共有146家,如北京银行、上海银行、江苏银行、杭州银行、广州银行、重庆银行等。

农村商业银行是由辖内农民、农村工商户、企业法人和其他经济组织共同入股组成的股份制地方性金融机构,由部分农村信用社改制而来。首批成立的农村商业银行是张家港、常熟、江阴市三家农村商业银行。

商业银行除了以上所述银行类金融机构之外,还包括大量的外资银行,如花旗银行、渣打银行等。

3.政策性银行

政策性银行直属国务院领导,是指由政府发起、出资成立,主要任务是贯彻和配合政府特定经济政策和意图并进行融资和信用活动。1994年前,中国工商银行、中国建设银行、中国农业银行、中国银行这四大国有行除了要行使商业银行的职能外,还承担部分政策性任务。1993年12月25日,国务院发布《国务院关于金融体制改革的决定》,决定组建专门承担政策性业务的专业银行,即政策性银行,将政策性银行与商业银行业务区分开来。

1994年,我国三家政策性银行即国家开发银行、中国进出口银行、中国农业发展银行先后在北京成立。

温馨提示

2008年2月,国务院批准了国家开发银行改革实施总体方案。

2008年12月16日,国家开发银行股份有限公司在京挂牌成立,成为第一家由政策性银行转型而来的商业银行,标志着我国政策性银行改革取得重大进展。

(二)非银行类金融机构

1.证券机构

证券机构具体包括证券交易所、证券登记结算公司、证券公司、证券投资咨询公司、投资基金管理公司等。业务范围包括:证券投资咨询;证券发行及交易的咨询、策划、财务顾问、法律顾问及其他配套服务;证券资信评估服务;证券集中保管;证券清算交割服务;证券登记过户服务;证券融资等。中国有两家证券交易所,即 1990 年 12 月设立的上海证券交易所和 1991 年 7 月设立的深圳证券交易所。

知识拓展

上海证券交易所介绍

上海证券交易所成立于 1990 年 11 月 26 日。同年 12 月 19 日开业,归属中国证监会直接管理。秉承"法制、监管、自律、规范"的八字方针,上海证券交易所致力于创造透明、开放、安全、高效的市场环境,切实保护投资者权益,其主要职能包括:提供证券交易的场所和设施;制定证券交易所的业务规则;接受上市申请,安排证券上市;组织、监督证券交易;对会员、上市公司进行监管;管理和公布市场信息。

上证所下设办公室(理事会办公室)、人事部(党委组织部)、党委办公室(党委宣传部)、纪检监察办公室、交易管理部、发行上市部、上市公司监管一部、上市公司监管二部、会员部、债券业务部、国际发展部、基金与衍生品部、市场监察部、法律部、投资者教育部、系统运行部、技术开发部、技术规划与服务部、信息中心、北京中心、财务部、风控与内审部、基建工作小组等二十三个部门,以及五个下属机构,包括上海证券交易所发展研究中心、上海证券通信有限责任公司、上证所信息网络有限公司、上海上证金融服务有限公司(保卫部)、上交所驻香港办事处,通过它们的合理分工和协调运作,有效地担当起证券市场组织者的角色。

上证所市场交易采用电子竞价交易方式,所有上市交易证券的买卖均须通过电脑主机进行公开申报竞价,由主机按照价格优先、时间优先的原则自动撮合成交。经过多年的持续发展,上海证券市场已成为中国内地首屈一指的市场。

(资料来源:上海证券交易所,http://www.sse.com.cn/aboutus/sseintroduction/introduction/)

2. 保险公司

保险公司主要经营保险业务,是保险关系中的保险人,收取保险费,在保险事故发生时,赔偿被保险人的经济损失。全国性的中国人民保险公司于 1949 年成立,1980 年开始全国陆续出现全国性和地方性的保险公司,并逐步成立股份制保险公司。

3. 信托投资公司

信托投资公司是以受托人身份专门从事信托业务的金融机构。1979 年 10 月我国成立了最早的信托投资公司,即中国国际信托投资公司。信托投资公司的业务范围主要为信托、投资、租赁、咨询业务等,是唯一可以同时涉足资本市场、货币市场和产业市场的金融机构。由于信托投资业务一般具有金额高、收益率高、风险大等特点,国家对信托公司的成立均有严格的限制。

4. 财务公司

财务公司是隶属于大型集团的非银行金融机构,为企业技术改造、新产品开发及产品销售提供金融服务。其资金来源于本集团内,资金的用途也限于集团内部,不得从企业外部吸收存款和发放贷款。在集团内部财务公司可以从事融资、投资和中介等多种业务。

5. 金融租赁公司

金融租赁公司是指经中国银行业监督管理委员会批准,以经营融资租赁业务为主的非银行金融机构。当企业需要添置某些设备而又缺乏资金时,可以由租赁公司购入或租入该设备,再出租给企业,收取租金。

6. 农村信用合作社

农村信用合作社是由社员入股组成、实行民主管理、主要为社员提供金融服务的农村合作金融机构。农业生产和对资金的需求呈现出季节性、零散、小数额、小规模的特点,一般商业性银行为了其自身的经济效益考虑,通常不愿意给农业生产者贷款支持,但是农业的生产和流通过程又不得不解决资金难题,因此出现了这样以缴纳股金和存款方式建立的互助、自助的信用组织,当其成员有资金需求时发放贷款,随着农村信用社的发展,业务范围逐渐拓展,出现了代理、担保、信用卡等业务。

7. 金融资产管理公司

我国的金融资产管理公司主要是为了专门处理金融机构不良资产而设立。1999 年成立的中国信达、华融、长城、东方四家资产管理公司就是为了分别处置建行、工行、农行、中行的不良资产而设立的。公司的运营模式具有"政策性保障和市场化运营"的特点,通过政策性收购国有金融机构不良资产,采取市场化手段处理这些不良资产。

8. 汽车金融公司

汽车金融公司是指为中国境内的汽车购买者及销售者提供金融服务的非银行金融机构。我国首家汽车金融公司成立于 2004 年,即上汽通用汽车金融公司,通用汽车金融公司是自 1919 年成立以来全球最大、最专业的汽车金融服务公司。之后,又陆续出现了丰田汽车金融(中国)有限公司、东风标致雪铁龙汽车金融等多家汽车金融公司。随着我国居民对汽车需求的逐年增加,这些汽车金融公司将发挥越来越重要的作用。

除了以上所列的非银行类金融机构之外,还包括从事境内外外汇、债券等业务的货币经纪公司,从事典当业务的典当行等金融机构。

(三)金融监管机构

我国专业的金融监管机构包括中国银行业监督委员会、中国证券监督委员会和中国保险监督委员会,同时中国人民银行也行使部分监督职责。

1. 中国银行业监督委员会

中国银行业监督管理委员会成立于 2003 年 4 月,是国务院直属事业单位,简称银监会。根据国务院授权,统一监督管理银行、金融资产管理公司、信托投资公司及其他存款类金融机构,维护银行业的合法、稳健运行。

其主要职责包括:制定并发布对银行业金融机构及其业务活动监督管理的规章、规则;审查批准银行业金融机构的设立、变更、终止以及业务范围;对银行业金融机构的董事和高级管理人员实行任职资格管理;制定银行业金融机构的审慎经营规则;分析、评价银行业金融机构的风险状况;对银行业金融机构的业务活动及其风险状况进行现场检查;会同有关部门建立银行业突发事件处置制度;编制全国银行业金融机构的统计数据、报表等十六条。

2. 中国证券监督委员会

1992 年 10 月,国务院证券委员会(简称国务院证券委)和中国证券监督管理委员会(简称中国证监会)宣告成立,1998 年 4 月,两个委员会合并为中国证券监督委员会,简称中国银监会。中国证券监督委员会统一监督管理全国证券期货市场,维护证券期货市场秩序,保障其合法运行。

其主要职责包括:研究和拟订证券期货市场的方针政策、法律、法规等;对证券期货市场实行集中统一监管;监管股票、可转换债券、证券公司债券和国务院确定由证监会负责的债券及其他证券的发行、上市、交易、托管和结算等。

3. 中国保险监督委员会

中国保险监督管理委员会(简称中国保监会)成立于 1998 年 11 月,是国务院直属事业单位。根据国务院授权履行行政管理职能,依照法律、法规统一监督管理全国保险市场,维护保险业的合法、稳健运行。

其主要职责包括:拟定保险业发展的方针政策,制定行业发展战略和规划;起草保险业监管的法律、法规,制定业内规章;审批保险公司及其分支机构、保险集团公司、保险控股公司的设立;审查、认定各类保险机构高级管理人员的任职资格;制定保险从业人员的基本资格标准等。

第三节　货币市场

一、货币市场的含义

货币市场是指融资期限在一年以内的短期资金交易金融市场。在货币市场上交易的产品,具有期限短、流动性强、安全性高、交易量大的特点。货币市场又包括同业拆借市场、票据市场、回购市场、短期债券市场、大额可转让定期存单市场等子市场。

二、同业拆借市场

同业拆借市场是指金融机构之间进行短期资金融通的市场,主要是指临时性的资金拆入或拆出。同业拆借市场是货币市场中重要的组成部分,其交易量大,拆借利率的高低能直接反映市场上货币的供求状况。拆出的资金只限于交足准备金、留足备付金、归还人民银行到期贷款之后的闲置资金;拆入的资金用于弥补金融机构短期资金的不足、票据清算的差额以及解决临时性的资金短缺需要。

同业拆借的融资期限一般较短,有些只有几个小时,被称为"半日拆",也有隔夜拆借的叫作"日拆",普遍的同业拆借有 1—2 天,时间稍长的有 1—2 周,一般情况下不会超过 1 个月,也有少部分同业拆借的期限接近 1 年。拆借的利率由双方协定。

目前,在国际市场上比较有代表性的三种拆借利率有伦敦银行间拆借利率、新加坡银行间拆借利率和香港银行同业拆借利率。在我国大陆地区,有代表性的拆借利率为上海银行间同业拆放利率。

三、票据市场

票据分为汇票、本票、支票三大类。根据《中华人民共和国票据法》的解释,汇票是出票人签发的,委托付款人在见票时或者在指定日期无条件支付确定的金额给收款人或者持票人的票据。本票是指出票人签发的,承诺自己在见票时无条件支付确定金额给收款人或者持票人的票据,在我国仅限银行本票。支票是以银行为付款人的即期汇票,可以看作汇票的特例。

票据市场是指在商品交易和资金往来过程中产生的票据的发行、担保、承兑、贴现、转贴现、再贴现来实现短期资金融通的市场。票据市场可以分为两大类,即票据承兑和票据贴现市场。

(一)票据承兑

承兑即承诺兑付,是付款人在汇票上签章表示承诺将来在汇票到期时承担付款义务的一种行为。汇票分为即期汇票和远期汇票,由于承兑只有远期汇票才有,因此票据承兑仅限于远期汇票。经商业企业承兑的汇票叫作商业承兑汇票,经银行承兑的汇票称为银行承兑汇票。汇票在经过承兑后,承兑者就成为汇票的主债务人,以自己的信用做担保负责到期付款,因而这些票据承兑机构要收取一定的承兑手续费。

(二)票据贴现

票据贴现是指在票据未到期前,持票人在支付一定贴现利息的情况下,将票据转让给商业银行等机构,提前获得资金的情况,其实质为票据的买卖。票据贴现的参与者有企业、商业银行、中央银行。票据贴现的种类可分为三种:贴现、转贴现和再贴现。贴现是指将未到期票据转让给商业银行,商业银行扣除一定的贴现利息后支付给持票人的行为。转贴现是指贴现银行需要资金时,把持有未到期的票据贴现给其他商业银行的行为。而再贴现是指贴现银行需要资金时,把持有未到期的票据贴现给中央银行的行为。

$$贴现利息 = 票面金额 \times 年贴现率 \times 未到期天数 \div 360$$

$$贴现金额 = 票面金额 - 贴现利息$$

案例运用

某客户在某商业银行办理贴现业务,该票据票面金额为 100 万元,两个月后票据到期,当时票据年贴现利率为 6%,银行应付多少贴现金额?

案例解析:贴现利息 $= 100 \times 6\% \times (60/360) = 1$(万元)

贴现金额 $= 100 - 1 = 99$(万元)

即银行应付 99 万元。

四、回购市场

回购市场是指对回购协议进行交易的短期融资市场。回购协议是证券出售时卖方向买方承诺在未来的某个时间按照约定的价格将证券买回的协议。按照回购方式,可将回购分为质押式回购、买断式回购。回购实质是一种将证券作为抵押物的贷款行为。从回购协议的卖方来看,借方将金融资产卖给贷方,取得一定的资金;到了协议约定时间,原卖方又按照约定价格将这笔金融资产买回来,一般情况下卖出价格与买入价格一致,借方应支付一定的利息给贷方。

在银行间债券市场上,可以将回购业务的类型分为质押式回购业务、买断式回购业务和开放式回购业务三种类型。

质押式回购是指持券方在有资金需求时将手中的债券出质给资金融出方的一种资金交易行为。买断式回购是指债券持有人(正回购方)将债券卖给债券购买方(逆回购方)的同时,交易双方约定在未来某一日期,正回购方再以约定价格从逆回购方买回相等数量同种债券的交易行为。开放式回购业务与质押式回购业务的性质是相同的,只是质押式业务是通过网上交易办理,而开放式回购业务是针对不能在网上交易但又托管在国债登记公司的一些企业债券开办的一项业务,回购双方通过纸质的合同在网下进行交易。

回购协议的期限较短,一般为隔夜或者 7 天。回购协议的资产一般都是流通量大、质量好的金融工具,风险较小,是一种有效的短期融资工具。

五、短期债券市场

短期债券市场是指债券偿还期限在一年以内的债券。按照发行主体的不同债券可以分为短期政府债券、短期金融债券和企业短期融资债券三种。

短期政府债券包括短期中央政府债券和短期地方政府债券,为中央或地方政府为了解决财政临时性短缺或弥补财政赤字而发行的短期债务凭证,短期中央政府债券又称国库券。国库券的发行和流通形成的市场即为国库券市场。国库券市场的交易主体包括中央银行、商业金融机构及企业、个人。中央银行通过买卖国库券来调节货币供给量,金融机构通过承销国库券获得收益。商业银行通过国库券调节流动性,并把国库券作为一项优质的投资获得盈利,由于国库券流动性强,当商业银行需要资金时可以随时抛售国库券。企业和个人购买国库券是因为其具有风险小、流动性强的特点。

六、大额可转让定期存单市场

大额可转让定期存单是指银行发行的,即在一定存款金额、期限和利率水平内,可以通过流通转让的定期存款凭证。1961 年纽约花旗银行首先采取措施发行可转让大额定期存单。目前,这一业务在西方国家商业银行广泛运用。

大额可转让定期存单与普通存单相比有以下特点:

(1)面额大。美国最低面额为 2.5 万美元,一般在 10 万美元以上。

(2)金额固定。大额可转让定期存单的面额一般由发行银行决定,金额固定。

(3)期限较短。大多在 3—9 个月之间,少于 1 年。

(4)相对同期普通存款利息较高。

(5)可在市场上转让。存单可以在市场上流通转让,且一般不记名。

(6)不能提前提现。大额可转让定期存单在期限没到期之间不能提前支取。

第四节 资本市场

一、资本市场的含义

资本市场是指融资期限在一年以上的长期资金交易市场。与货币市场相比,资本市场有投资期限长、投资风险大、流动性差等特点。资本市场交易对象有股票、中长期债券、投资基金及银行长期贷款等。

二、股票市场

(一)股票的定义

股票是股份公司发行的所有权凭证,是股份公司为筹集资金而发行给各个股东作为持股凭证并借以取得股息和红利的一种有价证券。每股股票都代表股东对企业拥有一个基本单位的所有权。每家上市公司都会发行股票。

(二)股票的种类

按照不同的分类方式,股票可以分为以下几种类别。

1. 按股东权益分类,可以把股票分为普通股和优先股

普通股是指在公司的经营管理和盈利及财产的分配上享有普通权利的股份。普通股构成公司资本的基础,是股票的一种基本形式。普通股股东按其所持有股份比例享有以下基本权利:一是公司决策参与权。普通股股东有权参与股东大会,并有建议权、表决权和选举权,也可以委托他人代表其行使股东权利。二是利润分配权。普通股股东有权从公司利润分配中得到股息,但必须在优先股股东取得固定股息之后才有权享受股息分配权。三是优先认股权。当公司增发普通股股票时,现有普通股股东有权按其持股比例,以低于市价的某一特定价格优先购买一定数量的新发行股票,从而保持其对企业所有权的原有比例。四是剩余资产分配权。当公司破产或清算时,若公司的资产在偿还欠债后还有剩余,普通股股东能获得剩余分配,但前提是已经满足了优先股股东的分配。

优先股在利润分红及剩余财产分配的权利方面优先于普通股。首先是优先分配权。在公司分配利润时,拥有优先股票的股东比持有普通股票的股东分配在先,但优先股的股利是相对固定的。二是优先求偿权。若公司清算,分配剩余财产,优先股在普通股之前分配。

2. 按发行范围分类,可分为 A 股、B 股、H 股、N 股、S 股

A 股又叫人民币普通股票,它是由我国境内的公司发行,供境内机构、组织或个人(不含台、港、澳投资者)以人民币认购和交易的普通股票。B 股的正式名称是人民币特种股票。它是以人民币标明面值,以外币认购和买卖,在境内(上海、深圳)证券交易所上市交易的。H 股,即注册地在内地、上市地在香港的外资股。香港的英文是"HongKong",取其字首,在香港上市的外资股即称为 H 股。以此类推,纽约的第一个英文字母是"N",新加坡的第一个英文字母是"S",纽约和新加坡上市的股票分别叫作 N 股和 S 股。

3. 按投资主体分类,可分为国家股、法人股、个人股、外资股四类

国家股指的是有权代表国家投资的部门或机构以国有资产向公司投资形成的股份。由于我国大部分股份制企业都是由原国有大中型企业改制而来的,因此,国有股在公司股份中占有较大的比重。法人股是指企业法人或具有法人资格的事业单位和社会团体向公司投资形成的股份。个人股指公民个人以自己的合法财产投资于股份制企业的股份。外资股是指外国和我国香港、澳门、台湾地区投资者在 B 股市场购买股票形成的股份。

4. 按票面形式分类,可分为有面额股票和无面额股票

有面额股票是指在股票票面上记载一定金额的股票,记载的金额又称为股票票面金额。《中华人民共和国公司法》规定,股票发行价格可以和票面金额相等,也可以超过票面金额,但不得低于票面金额。与有面额股票相对应的就是无面额股票。

5. 按照是否记名分类,可分为记名股票和不记名股票

记名股票是指在股票票面和股份公司的股东名册上记载股东姓名的股票,转让时要办理过户手续。不记名股票指股票票面上不记载股东姓名的股票,转让时不需要办理过户手续。

(三)股票价格

股票价格是股票交易的价格,它是投资者购买股票的重要依据之一。影响股票价格的因素包括政治因素、经济因素、技术性因素、心理性因素等。

所谓政治因素,指的是国内外的政治形势、政治活动、政局变化、国家机构和领导人的更迭、执政党的更替、国家政治经济政策与法律的公布或改变、国家或地区间的战争和军事行为等。

经济因素包括宏观经济因素、中观经济因素和微观经济因素。宏观经济因素,如国内生产总值、利率、财政政策、货币政策等,一般来说,一国的股市与该国的国内生产总值呈现正向关系,而利率与股价走势相反;中观经济因素是指行业因素,包括行业的经济结构、行业的经济周期、行业的生命周期等,一般来说,当股票所在行业处于成长期时,该类股票价格上涨,而当所在行业处于衰退期时,该股票价格也会相应下降;微观经济因素指发行该股票企业的情况,包括行业中的竞争优势、技术水平、管理水平、市场开拓能力和市场占有率等。

技术性因素是指股票市场本身的因素。由于某些政治因素或经济因素造成某种股票的价格不断上涨,涨到一定程度时,由于购买量的逐渐减少、抛售量的不断增加,这种股票的价格下落。这种下落并非人们看淡这种股票所致,而纯粹是由于手持这种股票的人多。随着价格的上升和购买人的逐渐减少,有的人开始趋高抛售以赚取价差收益,这种情况叫作技术性调整。因为人们对这种股票看好的情绪并没改变,一旦价格下降到一个合理的水平,人们又会争相购买,促使这种股票重新上升到更高的价格。那么反过来,人们看淡某种股票,就会争相抛售,该股票价格就会大幅度下跌,随着价格的下跌和抛售的人逐渐减少,该股票价格向上调整,到一定的价格后,人们又会抛售,该股价就会重新下跌到一个新的位置。

另外,人们心理状态的变化,也会导致股价变动。如果投资者对于购买股票的基本情况表示乐观,股价就会上升,但这种上升却不一定有经济基础。另一方面,如果投资者对将来的前途表示悲观,将会忽视发行公司的盈亏状况而大量抛售手中的股票,致使股票价格下跌。

把众多股票的价格运用统计学的指数方法进行编制,用来反映股市总体价格的走势的相对指标叫作股价指数。股价指数用来衡量股票市场的总体价格水平及变化趋势,是国民经济发展的"晴雨表"。著名的股价指数有道琼斯股票价格指数、标准普尔 500 股票价格指数、香港恒生指数、日经 500 股价指数等。我国的股价指数为上海证券综合指数(简称上证指数)和深证证券综合指数(简称深证指数)。

(四)股票的发行市场

1. 股票的发行市场定义

股票的发行市场指发行股票从规划到销售的全过程,又称为股票一级市场或初级市场。股票的发行没有固定的场所,可以通过证券公司、信托投资公司等发行。股票的发行也没有统一的时间,由股票发行者根据需要自行决定。

2. 股票发行市场的主体

股票发行市场的三大主体是指股票发行者、股票承销商和股票投资者。

股票发行者是资金的需求方,通过发行股票募集资金。股票发行者必须是经过有关部门批准的股份有限公司。股票承销商是指代发行者办理股票发行和销售业务的机构。股票发行者在发行股票时并不会直接把股票销售给投资者,而是通过具有专业知识、技能的承销商销售,其一般指证券公司、投资银行及其他金融机构。股票投资者是指购买股票的机构或者个人。

3. 股票发行方式

按照不同的分类方式,股票发行可分为以下几种。

(1)按照发行对象不同,股票发行可分为公募发行和私募发行。公募发行是指事先没有特定的发行对象,向社会广大投资者公开推销股票的方式,目前大多数股票都是采用公募发行的方式,这类股票流动性强,能在公开市场上流通转让。私募发行,是指面向特定的投资对象发行股票的方式,也称为不公开发行。私募发行可以节省委托中介机构的手续费,降低发行成本,巩固与投资者的关系。但私募发行的股票一般不能转让,流动性差。

(2)按照是否为首次发行,股票发行可分为首次公开发行和增资发行。首次公开发行又称为IPO,是公司首次在证券市场公开发行股票募集资金并上市的行为,首次发行股票后,公司成为上市公司。增资发行是指公司依照法定程序增加公司资本和股份总数的行为,目的是为了增加资本金,满足企业发展的需要。

(3)按照发行价格与股票面额的关系,股票发行可分为溢价、平价、折价发行。溢价发行是指发行价格高于股票面额发行。平价发行指发行价格等于股票面额发行。折价发行指发行价格低于股票面额发行。《中华人民共和国公司法》规定,股票发行价格可以采用溢价发行和平价发行,但不能折价发行。

(4)按照是否通过中介机构,股票发行可分为直接发行和间接发行。直接发行是不通过中介机构,发行者自己办理发行和销售股票,这类发行方式一般针对规模较小、手续简单的私募。而大多数股票的公开发行和销售都通过股票承销机构,称为间接发行。

(五)股票的流通市场

1. 证券交易所

证券交易所是依据国家有关法律,经政府证券主管机关批准设立的集中进行证券转让、买卖和流通的有形场所,又被称为二级市场。证券交易所本身不从事证券买卖,而是为证券供需双方提供稳定、公开、高效的交易场所并提供相应的服务。我国大陆地区最早的证券交易所为1990年成立的上海证券交易所,1991年7月成立的深圳证券交易所。

2. 场外交易市场

场外交易市场是指在证券交易所以外进行证券交易的市场,又称为店头交易或柜台交易。场外交易市场进行证券交易没有固定的时间、地点,主要依靠网络和电话达成交易,且任何投资者均可参与交易,交易的证券以未在交易所登记上市的证券为主。

3. 创业板市场

创业板市场又称为二板市场,与现有的股票市场即主板市场相对应。主板市场主要针对大型成熟企业,而创业板市场主要面向高成长性的高科技中小企业。最典型的代表为美国纳斯达克(Nasdaq)市场。

知识拓展

阿里巴巴上市,创美股最大 IPO 记录

北京时间 2014 年 9 月 19 日晚 9 点 30 分,阿里巴巴集团正式登陆纽交所。同时阿里巴巴还用一个特别方式敲响了开市钟,其邀请了包括网店店主、快递员、用户代表、电商服务商、网络模特和云客服,以及美国农场主皮特·维尔布鲁格在内的 8 位客户代表,共同敲响了开市钟。并且,马云还在现场表示:"我们奋斗了这么多年,不是为了让我们自己站在那里,而是为了让他们站在台上。"开市后,阿里巴巴股票首日开盘价 92.7 美元,较发行价 68 美元大涨 36.3%,阿里巴巴市值 2383 亿美元,正式成为全球互联网企业市值第二名,同时也创下了美股最大 IPO 记录。

(资料来源:中关村在线,http://pad.zol.com.cn/497/4970542.htm)

三、中长期债券市场

(一)债券的定义

债券是发行人直接向社会借债筹措资金时,向投资者发行,并承诺按一定利率支付利息和约定条件偿还本金的债权债务凭证。债券的发行主体可以是政府机构、工商企业和金融机构等,这些主体发行债券的目的是为了筹集资金,而投资人购买债券的目的是为了有效运用闲置资金,获取投资收益。

中长期债券是指融资期限在 1 年及以上的债券,与其相对应的是融资期限在 1 年以下的短期债券。

(二)债券的特点

(1)偿还性。债券上一般都有具体的偿还期限,发行人必须按照约定的条件还本付息。

(2)流通性。一般情况下债券都能在市场上流通转让。

(3)安全性。债券是安全性很高的金融产品,一般的债券有固定利率,不随企业的经营状况变化,风险较小。

(4)收益性。债券规定有固定利率,投资者可以获得一定的利息收入,且通过在债券市场的债券买卖赚取差价。

(三)债券的分类

1. 按发行主体分类,债券可分为国债、地方政府债券、金融债券和公司债券

国债又称为公债,是中央政府为履行其职能而募集资金形成的债务。地方政府债券是

地方政府为了当地的交通、住宅、教育等地方性公共设施的建设募集资金而发放的债务凭证。金融债券是指金融机构发行的债券,而公司债券又称企业债券,是企业为募集资金发行的债券。

2. 按付息方式分类,债券可分为贴现债券和付息债券

贴现债券是指发行价格低于债券面额,到期按面额偿还本金的债券。付息债券指按照票面载明的利率(利率一般固定),到期还本付息的债券。

3. 按募集方式分类,债券可分为公募债券和私募债券

公募债券指面向社会公众公开发行的债券。私募债券指面向少数特定投资者发行的债券。

4. 按是否记名分类,债券可分为记名债券和不记名债券

记名债券指在债券上标明债权人姓名,这类债券流动性较差。不记名债券不在债券上标明债权人,流动性较强。

(四)债券的发行市场

债券的发行市场也称一级市场,这个市场没有统一的时间和固定的场所,是个无形市场,组成者包括:①债券发行者,即通过发行债券筹措资金的企业、政府、金融机构等;②认购者,即通过购买证券以期赚取投资收益的个人投资者、企业或投资机构、政府和中央银行等;③委托承销机构,即以其专业的团队能力和销售能力为发行人承销证券的机构;④证券管理机构,对证券的募集、发行和买卖行为进行监督管理。

债券的发行程序是:①提出申请,填写申报书。申报书主要内容有拟发行债券数量、发行价格、偿还期限、票面利率、利息支付方式、有无担保等。②批准。政府证券管理部门根据规定,对申报书中的各项内容逐一审查,决定是否批准发行。③落实发行任务,当发行人取得政府证券管理部门的批准后,正式向社会发行债券。

(五)债券的流通市场

债券的流通市场指已发行债券的买卖转让市场,又称二级市场。在二级市场上,债券的持有者可以将债券转让变现。一国债券流通市场的发达是发行市场的重要支撑,也是这个国家金融市场发达的重要标志之一。

债券的流通市场可分为场内交易市场和场外交易市场。在证券交易所买卖债券形成的市场,是场内交易市场,在场内进行债券交易较为规范。交易所不参与债券的买卖及定价,而是为债券的交易提供规范的场所和相关的服务,并对债券的交易进行监督。场外交易市场指在证券交易所以外进行债券交易的场所,主要以证券经营机构的柜台交易为主。在柜台交易中,证券经营机构既是组织者又是交易参与者。除此之外,还包括银行间交易市场等。我国债券的流通市场就由沪深证券交易所市场、证券机构柜台交易市场和银行间交易市场三部分组成。

四、投资基金市场

（一）投资基金的定义

投资基金是一种由众多不确定投资者自愿将不同的出资份额汇集起来，交由专家管理投资，所得收益由投资者按出资比例分享的一种金融组织。其实质为代客理财。

在不同的国家，投资基金的称谓有所区别，英国称之为"单位信托投资基金"，美国称为"共同基金"，日本则称为"证券投资信托基金"。

（二）投资基金的特征

投资基金具有"集合投资、专家理财"的特征，具体表现在：

1. 集合投资，积少成多

投资基金的投资限额低，能最广泛地吸收社会闲散资金，且具有规模效益、汇成规模巨大的投资资金、可享有大额投资在降低成本上的相对优势。

2. 分散风险

投资基金的投资分散投资于多种证券，利用不同投资对象之间的互补性分散风险。

3. 专家管理

基金募集的资金均由有相应投资知识和技术能力的专家管理，能提高投资成功率。

（三）投资基金的运作流程

投资基金的运作流程如图 9 – 1 所示。

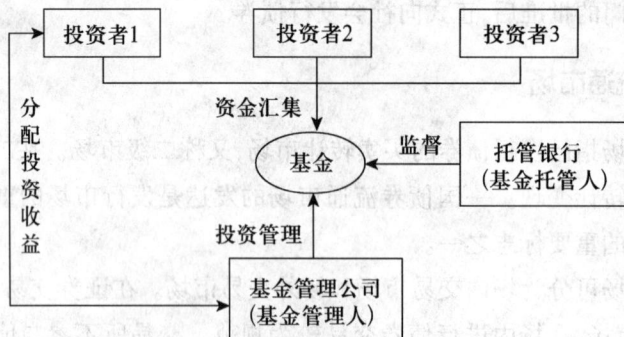

图 9 – 1　投资基金的运作流程

首先，投资者资金汇集成基金。其次，基金管理公司对基金进行专业理财，并将收益分配给投资者，不同的基金投资与股市、债券、货币市场等的比例不同，因而收益和风险呈现差异性。最后，由商业银行担任基金托管人对基金进行监督。

第五节 外汇及黄金市场

一、外汇市场

(一)外汇市场的含义

外汇就是国际汇兑的简称,分为广义的和狭义的两种含义。广义的含义是:所有以外币表示的用于国际结算的支付手段,如外币现钞、银行存款、支票、汇票、有价证券等。狭义的含义是:一种货币兑换成另外一种货币,通过国际信用工具汇到国外,以结清国际经贸活动所产生的债权、债务的交易过程。外汇市场是专门进行外汇买卖、调节外汇供求关系的市场。外汇市场的存在为国际间的资金自由流动提供可能,国际债务的清偿、跨国资金的借贷等都离不开外汇市场。作为世界上交易规模最大的市场,它不像商品市场或其他金融市场那样具有有形的交易场所,而是一个由现代通信设施与通信服务连接起来的、无形的世界性网络系统。

(二)外汇市场的参与者

外汇市场的参与者主要包括外汇银行、客户、外汇经纪人和中央银行与监管机构等。

1. 外汇银行

外汇银行是指根据外汇法由中央银行指定可以经营外汇业务的商业银行或其他金融机构。商业银行参与外汇买卖,通过为客户兑换外币或开信用证、办理电汇等业务,为客户提供方便快捷的服务。我国五大国有商业银行和全国性的股份制商业银行均为外汇指定银行,也包括部分具有外汇经营资格的外资银行。

2. 客户

凡与外汇银行有外汇交易关系的公司和个人,都是外汇市场的客户,他们可能是外汇的供应者或需求者,也可能是外汇市场的投机者。他们通过外汇市场进行国际贸易、国际投资等经济交易,或通过外汇的波动赚取投资收入。

3. 外汇经纪人

外汇经纪人指介于外汇银行之间、外汇银行和其他外汇市场参与者之间,充当外汇买卖的中间人,为客户买卖接洽撮合,从中赚取佣金的经纪公司或个人。

4. 中央银行与监管机构

中央银行经常通过购入或抛出某种国际性货币的方式来对外汇市场进行干预,以便能把本国货币的汇率稳定在一个希望的水平上或幅度内。除此之外,会有专门的监管机构来规范外汇市场的发展,在我国为国家外汇管理局。

(三)外汇市场的作用

1. 使购买力在国家间转移

各国使用的货币均有差别,在进行国际贸易或资金转移的过程中要求不同国家的货币能相互交换,如中国进口商要从美国进口一批商品必须把人民币换成美元,以使购买力从中国转移到美国,外汇市场为货币兑换提供场所,使购买力的国际转移成为可能。

2. 提供资金融通

随着国际间借贷活动日益增加,对外汇的需求也日益增加。外汇市场为国际交易者之间的资金融通更为便利,国际借贷和国际投资得以顺利进行。

3. 充当外汇保值和投机的场所

外汇价格随时在变化,因而国际贸易交易中存在着很大的外汇风险。一部分参与者通过一定的手段分散外汇风险,另一部分参与者在外汇市场进行投机,以赚取因外汇波动产生的收益。

二、黄金市场

(一)黄金市场的定义

黄金市场是黄金投资者进行黄金交易的集中场所。黄金市场是国际金融市场的重要组成部分,能为黄金投资者提供即期交易、远期交易及期权、期货交易。

(二)黄金市场的种类

1. 按黄金市场的规模分类

按黄金市场的规模分类,可以将黄金市场分为国际性黄金市场和区域性黄金市场。国际性黄金市场有伦敦、纽约、芝加哥、中国香港等黄金市场,这些国际性的黄金市场的价格及交易的变化对其他市场有着决定性的作用。区域性黄金市场有东京、巴黎、卢森堡等黄金市场,这些市场的交易规模有限,主要满足本国或附近区域的企业、个人对黄金的需要,其价格及交易的变动对其他市场影响不大。

2. 按黄金市场的交易类型分类

按黄金市场的交易类型分类,可将黄金市场分为现货交易市场和期货交易市场。黄金现货交易是指成交后立即或在两天内交割。若成交后不立即交割,而是先签订合同,在约定的日期交易的黄金市场就叫黄金期货市场。

3. 按有无固定场所分类

按有无固定场所分类,可将黄金市场分为无形黄金市场和有形黄金市场。无形的交易场所指黄金的交易没有专门的交易场所,主要通过网络等方式进行交易的黄金交易市场,如伦敦黄金交易市场。而有形的黄金交易市场指黄金的交易有固定的场所,包括专门的黄金交易场所和设在商品交易所之内的黄金市场,前者有香港金银业贸易场,后者有纽约商品交易所之内的纽约黄金市场。

(三)黄金市场的投资产品

目前,我国黄金市场的投资产品包括纪念金币、黄金饰品、金条、纸黄金等。

纪念金币是广受投资者青睐的一种黄金投资产品。纪念金币不仅具有保值增值的作用,而且由于其做工精美、有一定的纪念意义,因而有很大的收藏价值。

黄金饰品受到爱好珠宝首饰的女性投资者欢迎,因其不仅有投资价值,还具有极高的美观价值。但是作为投资品来说,黄金饰品的价格中包含了较多的人工费,如加工费等,因而价格比金条的价格贵,变现时会有部分折价。

金条或纯金币是投资黄金的主要标的,因其价值基本与黄金含量一致,价格随国际黄金价格的波动而波动,变现能力较强。

纸黄金是指黄金的买卖没有实物的交割,交易记录只在"黄金存折账户"上体现,通过把握黄金价格的波动,低买高卖,赚取差价。

关键术语

金融市场　金融体系　中央银行　商业银行　货币市场　同业拆借　票据市场　大额可转让定期存单　资本市场　股票　中长期债券　外汇市场　黄金市场

练习与思考

一、单项选择题

1. 下列不属于政策性银行的是(　　)。

A. 中国人民银行　　　　　　　　　　B. 中国进出口银行

C. 中国农业发展银行　　　　　　　　D. 国家开发银行

2. 按资金的偿还期限分,金融市场可分为(　　)。

A. 一级市场和二级市场　　　　　　　B. 同业拆借市场和长期债券市场

C. 货币市场和资本市场　　　　　　　D. 股票市场和债券市场

3. 下列属于资本市场的是(　　)。

A. 国库券市场　　　　　　　　　　　B. 股票市场

C. 商业票据市场　　　　　　　　　　D. 大额可转让定期存单市场

4. 同业拆借市场是指金融机构之间为（   ）而相互融通的市场。

A. 增加收益   B. 减少风险

C. 调剂短期资金余缺   D. 减弱流动性

二、简答题

1. 分析我国金融市场的现状。

2. 货币市场和资本市场的区别是什么？

3. 中央银行的职能有哪些？

三、技能训练题

项目：模拟股票经纪人推销某只股票。

1. 实训目的：通过模拟推销股票，深刻理解股票交易过程，认识到影响股票价格走势的因素，同时训练同学们的推销能力。

2. 实训形式：现场展示。

3. 实训指导：

第一步：将同学们分成 6 个小组；

第二步：每个小组选取一只股票向同学们推荐；

第三步：小组成员接受其余小组关于这只股票的提问。

第十章 失业与通货膨胀

知识目标

1. 了解失业与通货膨胀的概念。
2. 理解失业的类型及原因。
3. 理解通货膨胀的类型及原因。
4. 掌握消除失业及通货膨胀的方法。

能力目标

1. 学会运用失业理论分析现实经济社会中的失业现象。
2. 学会运用通货膨胀理论分析现实经济社会中的通货膨胀现象。
3. 学会运用相关理论规避风险。

案例导入

金融危机下的失业

2008 年的金融危机使很多国家的失业率直线上升,英国也不例外。不过,就在很多英国人为丢掉饭碗而发愁的时候,英国军队却在偷着乐。近年来,由于军人待遇低,再加上在伊拉克和阿富汗的驻军面临危险,英军招募新兵的工作进行得十分困难,但是近来的金融危机却使征兵工作出现了转机。2009 年英国失业率高达 5.7%,找到一份工作养家糊口成为人们的迫切需要。于是,越来越多的人选择应征入伍,这些报名入伍的年轻人一旦被选中,就将接受 18 个月的训练,然后可能被派往海外驻军。而那些未被选中的年轻人,将不得不再次加入到失业大军的队伍中。

第一节　失业的描述

一、失业的数据

西方国家重视失业问题,从而经常通过民间和官方组织来收集和公布失业的数据。例如,美国的盖洛普(Callup)公司经常进行民意调查,向人们询问什么是美国面临的最主要问题。1983 年,由于美国的失业率达到了 9.5% ,接受调查的大多数美国人都认为失业是当时美国面临的最主要的问题。而在 1996 年,美国的失业率降低为 5.6% ,美国的民意调查表明,失业已不被认为是主要的问题。也就是说,当失业率高时,失业就被视为美国的全国性问题,而当失业率低时,失业就不被列入重要问题的名单中。

失业率是指劳动力中没有工作而又在寻找工作的人所占的比例,失业率的波动反映了就业的波动情况。当就业率下降时,由于工人被解雇,失业率上升。一般地,失业率在经济衰退期间上升,在经济复苏期间下降。例如,1982 年美国的失业率上升到近 10% ,1989 年降到了 5% ,1992 年再次上升至近 8% ,1995 年又降到 6% 以下。图 10 - 1 所示为 1953 年到 2003 年美国的年失业率情况。

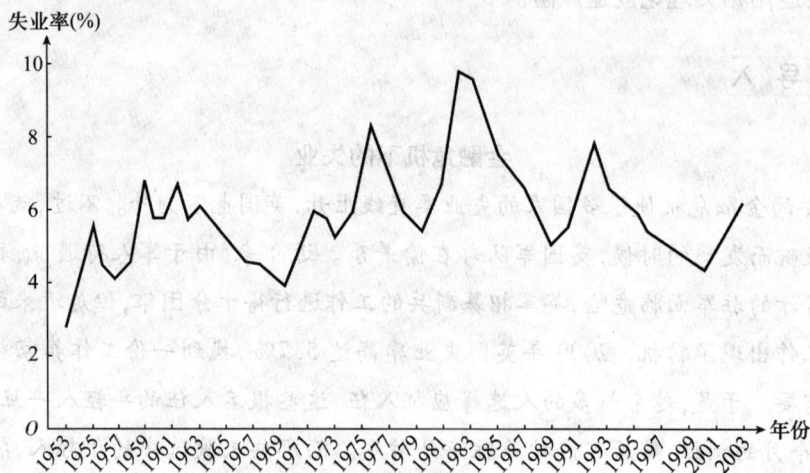

图 10 - 1　1953—2003 年美国的年失业率

二、失业的分类

宏观经济学通常将失业分为 3 种类型,即摩擦性失业、结构性失业及周期性失业。

摩擦性失业是指在生产过程中因为难以避免的摩擦而造成的短期的、局部性的失业。这种失业在性质上是过渡性或短期性的。它通常起源于劳动力的供给方。如人们换工作或找新的工作时,工作机会和寻找工作的人的匹配在现实中并不总是顺利地发生,结果一些人便得不到工作,这便是摩擦性失业的典型例子。摩擦性失业被认为在任何时候都存在,但对任何个人或家庭来说,它都是过渡性的。因此,摩擦性失业不被认为是严重的经济问题。

结构性失业是指劳动力的供给和需求不匹配所造成的失业,其特点是既有失业又有职位空缺,失业者或者没有合适的技能,或者居住地点不当,导致无法填补现有的职位空缺。

结构性失业在性质上是长期性的,而且通常起源于劳动力的需求方。结构性失业是由经济变化导致的,这些经济变化引起特定市场和区域中的特定类型劳动力的需求相对低于其供给。在特定市场中,劳动力的需求相对较低,可能出于以下原因:一是技术变化。尽管技术变化被认为能减少成本,扩大整个经济的生产能力,但它可能也会对某些特定市场(或产业)带来破坏性极大的影响;二是消费者偏好的变化。消费者产品偏好的改变在某些地区扩大了生产,增加了就业,而在其他地区减少了生产和就业;三是劳动力的不流动性。这种不流动性延长了由于技术变化或消费者偏好改变而造成的失业时间。工作机会的减少本应引起失业者流动,但不流动性却没有使这种情况发生。

周期性失业是指经济周期中的衰退或萧条时,因需求下降而造成的失业,这种失业是由整个经济的支出和产出下降造成的。当经济中总需求的减少降低了总产出时,其会引起整个经济体系的较普遍的失业。

除了上述失业类型外,在宏观经济学中还有一种关于失业的分类,即所谓的自愿失业和非自愿失业。前者指工人不愿接受现行工资水平而形成的失业;后者指愿意接受现行工资,但仍找不到工作的失业。

三、自然失业率和自然就业率

由于摩擦性失业具有普遍性和不可避免性,宏观经济学认为,经济社会在任何时期总存着一定比率的失业人口。为此,自然失业率被定义为经济社会在正常情况下的失业率,它是劳动市场处于供求稳定状态时的失业率,这里的稳定状态被认为是既不会造成通货膨胀也不会导致通货紧缩的状态。为了更好地理解自然失业率,下面给出一种自然失业率的表示方式。

设 N 代表劳动力,E 代表就业者人数,U 代表失业者人数,则有 $N = E + U$。相应地,失业率为 U/N。假定劳动力总数 N 不变,重点考察劳动力中的人数在就业与失业之间的转换。

设 L 代表离职率,即每个月失去自己工作的就业者比例;f 代表就职率,即每个月找到工作的失业者的比例。

如果失业率既没有上升也没有下降,换句话说,如果劳动市场处于稳定状态,那么,找到工作的人数必定等于失去工作的人数。找到工作的人数是 fU,失去工作的人数是 LE,因此,劳动市场达到稳定状态的条件如下式:

$$fU = LE \qquad (10-1)$$

又因为 $E = N - U$,则上式变为:

$$fU = L(N - U) \tag{10 - 2}$$

解得：

$$\frac{U}{N} = \frac{L}{L + f} \tag{10 - 3}$$

式 10 - 3 给出的失业率就是自然失业率,因为在正常时期失业率是稳定的。式 10 - 3 表明,自然失业率取决于离职率 L 和就职率 f。离职率越高,自然失业率越高;就职率越高,自然失业率越低。上述公式的另一个意义在于其给出了一种估计自然失业率的方法。

与自然失业率相联系的一个概念是自然就业率,其含义是与自然失业率相对应的就业率,即充分就业量除以劳动力总量所得到的比率。按照这一界定,显然,一个经济的自然失业率与自然就业率之和为 100%。这意味着只要知道两者中的一个,就可以推知另一个。从这个意义上来说,自然失业率和自然就业率两者是一回事。在一些西方文献中,在不会产生混淆的情况下,就将它们统称为自然率。

自然失业率不仅在理解充分就业和潜在产量(或充分就业产量)方面发挥着作用,也在理解宏观经济学和宏观经济政策方面发挥着重要作用。

四、失业的经济学解释

失业现象从表面上看就是过多的劳动力去追逐过少的工作岗位。为了更好地理解失业问题,西方学者使用微观经济学的供 - 求分析框架对不同类型的失业进行了解释。如图 10 - 2 所示。

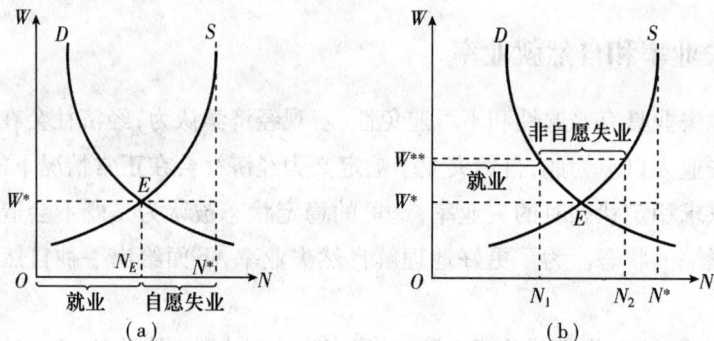

图 10 - 2 失业的解释

图 10 - 2 中,横轴为劳动力数量(N),纵轴为劳动力价格(W),即工资率。曲线 D 为劳动需求曲线,曲线 S 为劳动供给曲线。图 10 - 2(a)描述的是竞争性的劳动力供给和需求的一般情况。市场均衡点在工资水平为 W^* 的 E 点上,另有数量为($N^* - N_E$)的工人,他们虽愿意工作,但却要求较高的工资,由于这部分工人不愿意在现行的市场工资率下工作,所以他们被认为是自愿失业的。在现行工资率下,自愿失业者可能更偏好闲暇或其他活动,而不是工作。他们可能属于摩擦性失业,也可能正在寻找第二份工作;他们可能是生产率较低的劳动力,相对于较低收入的工作,他们更愿意享受福利和失业保险。

图 10 - 2(b)显示的是非出清的劳动市场情况,它用来说明没有伸缩性的工资怎样导致非自愿失业。一次经济波动使劳动市场工资过高,劳动的价格是 W^{**},而不是均衡工资即市场出清情况下的工资 W^*。

在过高的工资率下,寻找工作的合格工人的数量大于提供的工作职位数。愿意在工资 W^{**} 水平下工作的工人数量是 N_2,而企业愿意雇用的工人的数量为 N_1。由于工资高于市场出清水平,于是出现劳动供给过剩,$(N_2 - N_1)$ 表示的是这部分非自愿失业的失业者的数量。在劳动力供给过剩的情况下,企业启用劳动力时将会提出更严格的技能要求,雇用最有资格、最有经验的劳动者。

图 10 - 2(b)所说明的非自愿失业理论是以工资是刚性的为假设前提,由此引出进一步的问题:为什么工资不上下浮动以便实现市场出清?为什么劳动市场与谷物、玉米和普通股票之类的市场不同?这些问题属于现代宏观经济学中最有争议的论题,到目前为止还没有形成共识。

第二节 失业的影响与奥肯定律

一、失业的影响

失业的两种主要影响即社会影响和经济影响。失业的社会影响虽然难以估计和衡量,但它最易为人们所感受。失业威胁着作为社会单位和经济单位的家庭的稳定。没有收入或收入遭受损失,户主就不能起到应有的作用;家庭的要求和需要得不到满足,家庭关系将因此而受到损害。西方学者已经发现,高失业率常常与吸毒、高离婚率以及高犯罪率联系在一起。西方有关的心理学研究指出,解雇造成的创伤不亚于亲友去世或学业上的失败。此外,家庭之外的人际关系也受到失业的严重影响。一个失业者在就业的人员当中失去了自尊和影响力,面临着被同事拒绝的可能性,并且可能会失去自尊和自信,最终,失业者在情感上受到严重打击。

失业的经济影响可以用机会成本的概念来理解。当失业率上升时,本可由失业工人生产出来的产品和劳力就损失了。衰退期间的损失,就好像是将众多的汽车、房屋、衣物和其他物品都销毁掉了。从产出核算的角度看,失业者的收入总损失等于生产的损失。因此,丧失的产量是计量周期性失业损失的主要尺度,因为它表明经济处于非充分就业状态。表 10 - 1给出了 20 世纪高失业期间,美国实际产出相对潜在 GDP 的减少量。

表 10 - 1　高失业时期的经济损失额

时期	产出损失		
	平均失业率/%	GDP 损失/亿美元	占该时期 GDP/%
大萧条时期 (1930—1939)	18.2	2 560	27.6
石油危机和通货膨胀时期 (1975—1984)	7.7	1 570	3.0
新经济跌落后的时期 (2001—2003)	5.5	220	0.2

从表 10 - 1 中可知,美国最大的经济损失发生在大萧条时期。而 20 世纪 70 年代和 80 年代的石油危机与通货膨胀也使产出损失高达 1 万多亿美元。相比之下,2001—2003 年这一时期,经济周期损失非常小。

二、奥肯定律

20 世纪 60 年代,美国经济学家阿瑟·奥肯根据美国的数据,提出了经济周期中失业变动与产出变动的经验关系,即奥肯定律。

奥肯定律的内容是,失业率每高于自然失业率 1 个百分点,实际 GDP 将低于潜在GDP 2 个百分点。换一种方式说,相对于潜在 GDP,实际 GDP 每下降 2 个百分点,实际失业率就会比自然失业率上升 1 个百分点。

西方学者认为,奥肯定律揭示了产品市场和劳动市场之间极为重要的联系。它描述了实际 GDP 的短期变动与失业率变动的联系。根据奥肯定律,我们可以通过失业率的变动推测或估计 GDP 的变动,也可以通过 GDP 的变动预测失业率的变动。例如,如果实际失业率为 8%,高于 6% 的自然失业率 2 个百分点,则实际 GDP 就将比潜在 GDP 低 4% 左右。在宏观经济学中,GDP 偏离其潜在值的百分比被称为 GDP 缺口。

奥肯定律可以用下面的公式表示:

$$\frac{y - yf}{yf} = -a(u - u^*) \tag{10-4}$$

式中,y 为实际产出,yf 为潜在产出,u 为实际失业率,u^* 为自然失业率,a 为大于零的参数。

奥肯定律的一个重要结论是,实际 GDP 必须保持与潜在 GDP 同样快的增长,以防止失业率的上升;如果政府想让失业率下降,那么,该经济社会的实际 GDP 的增长必须快于潜在GDP 的增长。

第三节　通货膨胀的描述

一、通货膨胀的数据

和失业一样,通货膨胀是经济运行状况的主要指示器。如图10-3所示反映了20世纪后半叶美国用消费价格指数计量的通货膨胀率。

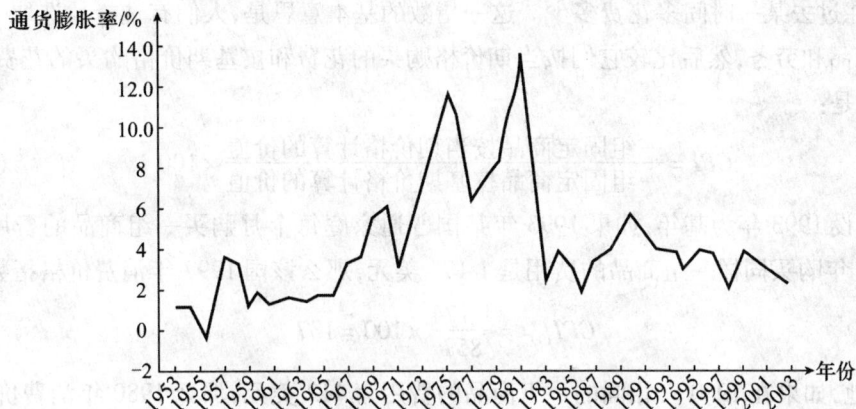

图10-3　1953—2003年美国的通货膨胀

从图10-3可以看出,在长达近50年的时间中,美国的通货膨胀率很不稳定,20世纪80年代初的通货膨胀率曾达到令人难以接受的高水平,而在20世纪90年代,由于美联储的有效控制和较小的供给冲击,通货膨胀率一直稳定在较低的水平。

二、通货膨胀的衡量

当一个国家的经济中的大多数商品和劳务的价格在一段时间内连续上涨时,宏观经济学就称这个国家的经济经历着通货膨胀。按照这一说明,如果仅有一种商品的价格上升,就不是通货膨胀,只有大多数商品和劳务的价格持续上升才是通货膨胀。

那么,如何理解大多数商品和劳务的价格持续上升呢? 这需要考虑到现实经济当中成千上万种不同商品价格的实际情况;一些商品价格上涨的同时,另一些商品的价格却可能下降;各种商品价格涨跌幅度也不尽相同。宏观经济学对此运用价格指数这一概念来进行说明。

先看一下人们较熟悉的股票市场的情况。股票市场在开市期间的每时每刻都有许多股票在进行交易。在同一时间里,所交易的股票的价格各异,而且它们都在不断变化。有些股票价格上涨,有些股票价格下跌,且各种股票的涨跌幅度也不相同,有些大,有些小。在这种市场中,单用某一种股票价格的变化来描述整个股票市场的价格变动情况显然是不合适的。那么,应怎样描述整个股票市场的价格变动情况呢? 为此,人们提出了股票价格指数的概念。股票价格指数是股票市场上各种股票价格的一种平均数,利用股票价格指数及其变化,人们就可以衡量与描述整个股票市场的价格变化情况。

与股票的情形相类似,宏观经济学用价格指数来描述整个经济的各种商品和劳务价格的总体平均数,也就是经济中的价格水平。宏观经济学中常涉及的价格指数主要有 GDP 折算指数、消费价格指数(简记为 CPI)和生产者价格指数(简记为 PPI)。下面简要说明一下消费价格指数和生产者价格指数。

消费价格指数告诉人们的是,对普通家庭的支出来说,购买具有代表性的一组商品,在今天要比在过去某一时间多花费多少。这一指数的基本意思是,人们有选择地选取一组(相对固定)商品和劳务,然后比较它们按当期价格购买的花费和按基期价格购买的花费。用公式表示,就是:

$$CPI = \frac{\text{一组固定商品按当期价格计算的价值}}{\text{一组固定商品按基期价格计算的价值}} \times 100 \qquad (10-5)$$

例如,设 1993 年为基年,如果 1993 年某国普通家庭每个月购买一组商品的费用为 857 美元,1997 年购买同样一组商品的费用是 1 174 美元,那么该国 1997 年消费价格指数就为:

$$CPI_{1997} = \frac{1\ 174}{857} \times 100 = 137$$

类似地,如果在 1980 年相同的一组商品的费用为 412 美元,那么 1980 年消费价格指数(仍以 1993 年为基年)是这一数值与 1993 年购买相同一组商品的费用比较的结果,即:

$$CPI_{1980} = \frac{412}{857} \times 100 = 48$$

作为衡量生产原材料和中间投入品等价格平均水平的价格指数,生产者价格指数是对给定的一组商品成本的度量。它与 CPI 的一个不同之处在于,它包括原材料和中间产品,这使得 PPI 成为表示一般价格水平变化的一个信号,被当作经济周期的指示性指标之一,受到政策制定者的密切关注。

有了价格水平(价格指数)这一概念,就可以将通货膨胀更为精确地描述为经济社会在一定时期以什么样的价格水平持续地、显著地上涨。通货膨胀的程度通常用通货膨胀率来衡量。通货膨胀率被定义为从一个时期到另一个时期价格水平变动的百分比。用公式表示,就是:

$$\pi t = \frac{Pt - (Pt - 1)}{Pt - 1} \times 100\% \qquad (10-6)$$

式中,πt 为 t 时期的通货膨胀率;Pt 和 $Pt-1$ 分别为 t 时期和 $(t-1)$ 时期的价格水平。如果用上面介绍的消费价格指数来衡量价格水平,则通货膨胀率就是不同时期的消费价格指数变动的百分比。假定一个国家经济的消费价格指数从去年的 100 增加到今年的 127,那么这一时期的通货膨胀率就为:$\frac{127-100}{100} \times 100\% = 27\%$。

三、通货膨胀的分类

对于通货膨胀,西方学者从不同角度进行了分类。

1. 按照价格上升的速度进行分类

按照价格上升的速度,西方学者认为存在着3种类型的通货膨胀。第一,温和的通货膨胀,指每年物价上升的比例在10%以内。目前,许多国家都存在着这种温和类型的通货膨胀。一些西方经济学家并不十分害怕温和的通货膨胀,甚至有些人还认为这种缓慢而逐步上升的价格对经济和收入的增长有积极的刺激作用。第二,奔腾的通货膨胀,指年通货膨胀率在10%以上至100%以内。这时,货币流通速度提高而货币购买力下降,并且均具有较快的速度。西方学者认为,当奔腾的通货膨胀发生以后,由于价格上涨率高,公众预期价格还会进一步上涨,因而采取各种措施来保卫自己,以免受通货膨胀之害,结果会导致这种通货膨胀更为加剧。第三,超级通货膨胀,指通货膨胀率在100%以上。发生这种通货膨胀时,价格持续猛涨,人们都想尽快地使货币脱手,从而大大加快货币流通速度。其结果使得货币完全失去信任,货币购买力猛降,各种正常的经济联系遭到破坏,以致货币体系和价格体系最后完全崩溃。在严重的情况下,还会出现社会动乱。

2. 按照对价格影响的差别分类

按照对不同商品价格影响的大小分类,通货膨胀存在着两种类型。第一种为平衡的通货膨胀,即每种商品的价格都按相同比例上升。这里所指的商品价格包括生产要素以及各种劳动的价格,如工资率、租金、利率等。第二种为非平衡的通货膨胀,即各种商品价格上升的比例并不完全相同。例如,甲商品价格的上涨幅度大于乙商品,或者利率上升的比例大于工资上升的比例,等等。

3. 按照人们的预期程度加以区分

按照人们的预期程度区分有两种通货膨胀类型。一种为未预期到的通货膨胀,即价格上升的速度超出人们的预料,或者人们根本没有想到价格会上涨。例如,国际市场原料价格的突然上涨所引起的国内原料价格的上涨,或者在长时期价格不变的情况下突然出现的价格上涨。另一种为预期到的通货膨胀。例如,当某一国家的物价水平年复一年地按5%的速度上升时,人们便会预计到,物价水平将以同一比例继续上升。既然物价按5%的比例增长成为意料之中的事,则该国居民在日常生活中进行经济核算时会把物价上升的比例考虑在内。例如,银行贷款的利息率肯定会高于5%,因为5%的利率仅能起到补偿通货膨胀的作用。由于每个人都把5%的物价上涨考虑在内,所以每个人所要的价格在每一时期中都要上升5%。每种商品的价格上涨5%,劳动者所要求的工资、厂商所要求的利率都会以相同的速度上涨。因此,预料之中的通货膨胀具有自我维持的特点,有些像物理学中所讲的运动中的物体所具有的惯性。因此,预期到的通货膨胀有时又被称为惯性的通货膨胀。

第四节 通货膨胀的原因

关于通货膨胀的原因,西方经济学提出了种种解释,综合起来可以分为三个方面:第一个方面为货币数量论的解释,这种解释强调货币在通货膨胀过程中的重要性;第二个方面是用总需求与总供给来解释,包括从需求的角度和供给的角度解释;第三个方面是以经济结构因素变动的角度来说明通货膨胀的原因。下面依次加以说明。

一、作为货币现象的通货膨胀

货币数量论在解释通货膨胀方面的基本思想是,每一次通货膨胀背后都有货币供给的迅速增长。这一理论的出发点是如下所示的交易方程:

$$MV = Py \qquad\qquad (10-7)$$

式中,M 为货币供给量;V 为货币流通速度,它被定义为名义收入与货币量之比,即一定时期(如 1 年)平均 1 元钱用于购买最终产品与劳务的次数;P 为价格水平;y 为实际收入水平。

方程式左方的 MV 反映的是经济中的总支出,而右方的 Py 为名义收入水平。由于经济中对商品与劳务支出的货币额即为商品和劳务的总销售价值,因而方程的两边相等。由上述方程式,可以得到如下关系式:

$$\pi = \hat{m} - \hat{y} + \hat{v} \qquad\qquad (10-8)$$

式中,π 为通货膨胀率;$\hat{m}$ 为货币增长率;$\hat{v}$ 为货币流通速度变化率;$\hat{y}$ 为产量增长率。

根据式 10-8 可以推导出通货膨胀来源于以下三个方面:货币流通速度的变化,货币增长和产量增长。如果货币流通速度不变且收于其潜在的水平上,则显然可以得出,通货膨胀的产生主要是货币供给增加的结果。换句话说,货币供给的增加是通货膨胀的基本原因。

二、需求拉动通货膨胀

需求拉动通货膨胀,又称超额需求通货膨胀,是指总需求超过总供给所引起的一般价格水平的持续显著的上涨。需求拉动通货膨胀理论把通货膨胀解释为"过多的货币追求过少的商品"。图 10-4 常被用来说明需求拉动通货膨胀。

图 10-4 中,横轴 Y 表示总产量(国民收入),纵轴 P 表示一般价格水平。AD 为总需求曲线,AS 为总供给曲线。总供给曲线 AS 起初呈水平状,这表示,当总产量较低时,总需求的增加不会引起价格水平的上涨。在图 10-4 中,产量从 0 增加到 Y_1,价格始终稳定。总需求曲线 AD_1 与总供给曲线 AS 交点 E_1 决定的价格水平为 P_1,总产量水平为 Y_1。当总产量达到 Y_1 以后,总需求继续增加,就会遇到生产过程中所谓的瓶颈现象,即由于劳动、原料、生产设

备等不足而使成本提高,从而引起价格水平的上涨。图 10 - 4 中总需求曲线 AD 继续提高时,总供给曲线 AS 便开始逐渐向右上方倾斜,价格水平逐渐上涨。总需求曲线 AD_2 与总供给曲线 AS 的交点 E_2 决定的价格水平为 P_2,总产量为 Y_2。当总产量达到充分就业的产量 Y_f 时,整个社会的经济资源全部得到利用。图中总需求曲线 AD_3 同总供给曲线 AS 的交点 E_3 决定的价格水平为 P_3,总产量水平为 Y_f。价格水平从 P_1 上涨到 P_2 和 P_3 的现象被称作瓶颈式的通货膨胀。在达到充分就业的产量 Y_f 以后,如果总需求继续增加,总供给就不再增加,此时总供给曲线 AS 呈垂直状,这时总需求的增加只会引起价格水平的上涨。例如,图 10 - 4 中总需求曲线从 AD_3 提高到 AD_4 时,它同总供给曲线的交点所决定的总产量并没有增加,仍然为 Y_f,但是价格水平已经从 P_3 上涨到 P_4,这就是需求拉动通货膨胀。西方经济学家认为,不论总需求的过度增长是来自消费需求、投资需求,还是来自政府需求、国外需求,都会导致需求拉动通货膨胀。需求方面的原因或冲击主要包括财政政策、货币政策、消费习惯的突然改变、国际市场的需求变动等。

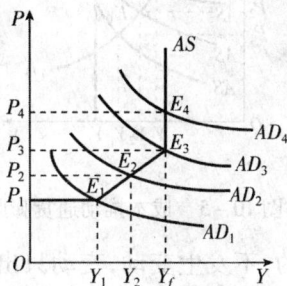

图 10 - 4　需求拉动通货膨胀

三、成本推动通货膨胀

成本推动通货膨胀理论是西方学者企图从供给方面说明为什么会发生一般价格水平上涨的一种理论。成本推动通货膨胀,又称成本通货膨胀或供给通货膨胀,是指在没有超额需求的情况下由于供给方面成本提高而引起的一般价格水平持续和显著的上涨。

西方学者认为,成本推动通货膨胀主要是由工资的提高造成的。他们把这种成本推动通货膨胀叫作工资推动通货膨胀,以区别于因利润提高而造成的成本推动通货膨胀。

工资推动通货膨胀是指不完全竞争的劳动市场造成的过高工资所导致的一般价格水平的上涨。据西方学者解释,在完全竞争的劳动市场上,工资率完全取决于劳动的供求,工资的提高不会导致通货膨胀;而在不完全竞争的劳动市场上,由于工会组织的存在,工资不再是竞争的工资,而是工会和雇主集体议价的工资。并且由于工资的增长率超过生产率增长率,工资的提高就导致成本提高,从而导致一般价格水平上涨,这就是所谓工资推动通货膨胀。西方学者进而认为,工资提高和价格上涨之间存在因果关系:工资提高引起价格上涨,价格上涨又引起工资提高。这样,工资提高和价格上涨形成了螺旋式的上升运动,即所谓工资—价格螺旋。

利润推动通货膨胀是指垄断企业和寡头企业利用市场势力谋取过高利润所导致的一般价格水平的上涨。西方学者认为,就像不完全竞争的劳动市场是工资推动通货膨胀的前提一样,不完全竞争的产品市场是利润推动通货膨胀的前提。在完全竞争的产品市场上,价格完全取决于商品的供求,任何企业都不能通过控制产量来改变市场价格。而在不完全竞争的产品市场上,垄断企业和寡头企业为了追求更大的利润,可以操纵价格,把产品价格定得很高,致使价格上涨的速度超过成本增长的速度。

在总需求曲线不变的情况下,包括工资推动通货膨胀和利润推动通货膨胀在内的成本推动通货膨胀,如图 10－5 所示。

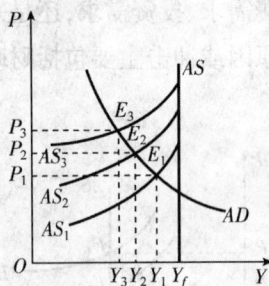

图 10－5　成本推动通货膨胀

图 10－5 中,总需求是既定的,不发生变动,变动只出现在供给方面。当总供给曲线为 AS_1 时,这一总供给曲线和总需求曲线 AD 的交点 E_1 决定的总产量为 Y_1,价格水平为 P_1。当总供给曲线由于成本提高而移到 AS_2 时,总供给曲线与总需求曲线的交点 E_2 决定的总产量为 Y_2,价格水平为 P_2。这时,总产量比以前下降,而价格水平比以前上涨。当总供给曲线由于成本进一步提高而移动到 AS_3 时,总供给曲线和总需求曲线的交点 E_3 决定的总产量为 Y_3,价格水平为 P_3。这时的总产量进一步下降,而价格水平进一步上涨。

一些西方学者认为,单纯用需求拉动或成本推动都不足以说明一般价格水平持续上涨,而应当同时从需求和供给以及二者的相互影响方面说明通货膨胀。于是又有人提出了混合通货膨胀理论。

四、结构性通货膨胀

西方经济学家认为,在没有需求拉动和成本推动的情况下,只是经济结构因素发生变动,也会导致一般价格水平的持续上涨。他们将这种价格水平的上涨叫作结构性通货膨胀。

结构性通货膨胀理论把通货膨胀的起因归结为经济结构本身所具有的特点。据西方学者解释,从生产率提高的速度看,社会经济结构的特点是:一些部门生产率提高的速度快,另一些部门生产率提高的速度慢。从经济发展的过程看,社会经济结构的特点是:一些部门正在迅速发展,另一些部门渐趋衰落;从同世界市场的关系看,社会经济结构的特点是:一些部门(开放部门)同世界市场的联系十分密切,另一些部门(非开放部门)同世界市场没有密切联系。现代社会经济结构不容易使生产要素从生产率提高慢的部门转移到生产率提高快的部门,从渐趋衰落的部门转移到正在迅速发展的部门,从非开放部门转移到开放部门。但是,生产率提高慢的部门、正在趋向衰落的部门以及非开放部门在工资和问题上都要求"公平",要求向生产率提高快的部门、正在迅速发展的部门以及开放部门"看齐",要求"赶上去",结果导致一般价格水平的上涨。

西方学者通常用生产率提高快慢不同的两个部门说明结构性通货膨胀。由于生产率提高的快慢不同,两个部门工资增长的快慢也应当有区别。但是,生产率提高慢的部门要求工资增长向生产率提高快的部门看齐,结果使全社会工资增长速度超过生产率增长速度,因而引起通货膨胀。

假定 A、B 分别为生产率提高快慢不同的两个部门,二者的产量相等。部门 A 的生产增长率 $\left(\dfrac{\Delta y}{y}\right)A$ 为 3.5%,工资增长率 $\left(\dfrac{\Delta w}{w}\right)A$ 也为 3.5%。这时全社会的一般价格水平不会因部门 A 工资的提高而上涨。但是,当部门 B 的生产增长率 $\left(\dfrac{\Delta y}{y}\right)B$ 是 0.5%,而工资增长率 $\left(\dfrac{\Delta w}{w}\right)B$ 因向部门 A 看齐也达到 3.5% 时,这时就使全社会的工资增长率超过了生产增长率。

全社会的工资增长率为:

$$\frac{\Delta w}{w} = \left[\left(\frac{\Delta w}{w} \right)A + \left(\frac{\Delta w}{w} \right)B \right] \div 2 = 3.5\%$$

全社会的生产增长率为:

$$\frac{\Delta y}{y} = \left[\left(\frac{\Delta y}{y} \right)A + \left(\frac{\Delta y}{y} \right)B \right] \div 2 = 2\%$$

这样全社会工资增长率超过生产增长率1.5%,工资增长率超过生产增长率的百分比就是价格上涨率或通货膨胀率。西方学者认为,上述说明同样适用于在工资问题上渐趋衰落的部门向正在迅速发展的部门看齐、非开放部门向开放部门看齐的情况。

五、通货膨胀的持续

上面关于需求拉动通货膨胀和成本推动通货膨胀的分析表明,对经济的冲击如何移动了总需求曲线和总供给曲线,导致出现了一个新的更高价格水平的均衡。但是,通货膨胀不是价格水平的一次性改变,而是价格水平的持续上升。在大多数情况下通货膨胀似乎有一种惯性。这种情况被称为通货膨胀螺旋。

产生这种现象的原因在于,如果经济中大多数人都预期到同样的通货膨胀率,那么,这种对通货膨胀的预期就会变成经济运行的现实。在通货膨胀时期,劳工与厂方谈判,要求保证工资的上升与物价水平的上涨相一致,以使他们的实际工资不会下降。银行在贷款时也希望确保一定的实际收益率,因此,它们在确定贷款利率时,要考虑到它们年末收回的货币值低于年初贷出时的货币值这一情况。这意味着,在以货币计量中一些名义变量(如工资、租金等)的提高和价格上涨之间存在着因果关系。以工资为例,工资提高引起价格上涨,价格上涨又引起工资提高。于是,工资提高和价格上涨形成了螺旋式的上升运动。

考虑到上述情况,可以说,单纯用需求拉动或成本推动都不足以说明一般价格水平持续上涨。事实上,无论通货膨胀的原因如何,只要通货膨胀开始,需求拉动和成本推动过程几乎都发挥着作用,即使导致通货膨胀的初始原因消失了,通货膨胀也可以自行持续下去。当工人们预期物价会上涨时,他们就会坚持要求增加工资,而工资的上升,使企业成本增加,从而又导致更高的价格水平。

图 10−6 进一步说明了通货膨胀螺旋。

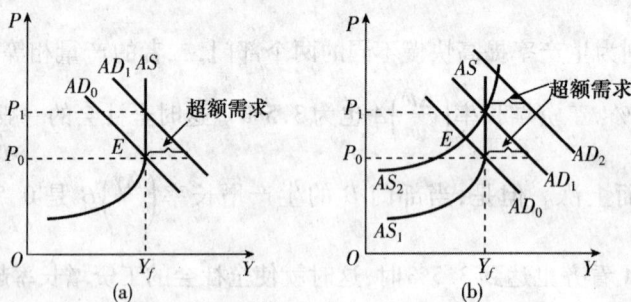

图 10−6 通货膨胀螺旋

在图 10−6(a)中,经济初始时处于均衡点 E,它位于总供给曲线比较陡的部分。现在假定出现总需求冲击,总需求曲线从 AD_0 移到 AD_1。这个移动使得在原来的价格水平上出现了超额需求,结果价格上升到 P_1。根据上面所说的工资—价格螺旋,价格上升会引起工资提高,较高的工资使总供给曲线向上移动,表现在 10−6(b)图中,就是总供给曲线由 AS_1 移动到 AS_2。同时,更高的工资率意味着人们有更多的货币收入,这导致更多的消费,从而使总需求进一步扩大,在 10−6(b)图中,总需求曲线由 AD_1 移动到 AD_2。在新的价格水平 P_1 下,新的总需求曲线 AD_2 与新的总供给曲线 AS_2 之间仍有差距。于是又存在一个对商品的超额需求,导致价格进一步上涨,又引发了新一轮的工资上涨。这样,通货膨胀的压力在整个经济中具有不断循环下去的趋势。

第五节　反通货膨胀的对策

控制通货膨胀已经成为各国政府的主要政策目标之一。但是,由于引发通货膨胀的因素不相同,反通货膨胀并不存在普遍适用的模式,只可能是相机抉择。

一、紧缩性财政政策和货币政策

紧缩性的财政政策与货币政策是应对需求拉动型通货膨胀的传统方法。

紧缩性的财政政策主要包括减少政府支出和增加税收，它在应对由实际因素引起的需求拉动通货膨胀方面较为有效。政府支出包括公共消费和公共投资，它们是总需求的组成部分，削减政府支出，等于直接减少总需求。增加个人所得税可以减少家庭的可支配收入，从而降低他们的开支；增加公司所得税，可以减少投资需求和个人消费支出。

紧缩性货币政策被认为是应对由货币因素引起的需求拉动通货膨胀的较好办法。紧缩性货币政策的基本作用在于增大信贷成本和减少信贷可供量，对需求拉动的通货膨胀，尤其是投资需求拉动的通货膨胀收效迅速。

需要注意的是，利用紧缩性财政和货币政策抑制通货膨胀，必须确定通货膨胀是起因于需求拉动，并且该国经济已充分就业。现实的情况是，需求拉动的通货膨胀有时在实现充分就业前就可能已经出现，这种情况下，如果实行紧缩性政策，特别是紧缩性的货币政策，虽然使通货膨胀率降低，但将以经济停滞和失业为代价。

二、收入政策

如果一国的通货膨胀是由成本推动形成，或由成本推动与需求拉动混合而成，则紧缩性政策就显得无力，只能诉之于直接管制的收入政策。

收入政策的主要内容为控制工资与物价、以避免工会任意要求提高工资，增加生产成本；控制垄断企业哄抬物价；同时政府配合外贸政策，降低关税，以使进口价格降低，从而缓解物价上涨带来的压力。

但是，一些西方经济学家也反对实行收入政策。其主要理由为：(1)管制是否有效，值得怀疑；(2)纵使有效，亦是权宜之计，绝非长期解决通货膨胀问题的根源之道。况且，一旦放松管制，物价可能产生大幅度的反弹；(3)管制使价格体系扭曲，导致资源配置不当，形成稀缺资源的浪费，损害经济增长。事实上，至今为止，西方各国寻求有效而持久的收入政策的努力仍然是劳而无功的。

收入政策方面，值得一提的是，西方一些经济学家提出了基于税收的收入政策，试图利用价格制度，用微观经济的动力去达到宏观经济的目标。其主要办法是通过给予工资或价格上升缓慢的人们以补贴，并且对扩大通货膨胀的人们进行征税来促使通货膨胀发生逆转，这种方法被称为用财政政策的"胡萝卜"加"大棒"来遏制通货膨胀。

三、指数化

紧缩性政策和收入政策旨在追求物价的稳定，而指数化政策则在于减少物价上涨的影响。20世纪70年代，通货膨胀相对较高的国家，纷纷使用指数化的办法。指数化包括债券指数化、税收指数化和工资指数化。

（一）债券指数化

政府和公司发行指数化的债券,债券的名义利率包含一个固定的实际利率和实际通货膨胀率,以使储蓄者的利益不受非预期通货膨胀率变动的影响。债券指数化的同时,相应地银行存款也实行指数化。

（二）税收指数化

税收指数化的目的,在于使纳税额的变化与因通货膨胀而造成的、非主观愿望所要求的变化分开。征税的最终目的在于调节收入分配、鼓励投资等。许多国家个人所得税是按名义收入累计计征的,资本收入者交纳的税收也是按名义资本收入计征的,通货膨胀的结果将把个人纳税者推到更高的纳税档次,加重了纳税者的负担;资本收入者也将由于名义收入的增加而交纳更多的税收。实际上个人收入者和资本收入者的增加是对通货膨胀所造成损害的一种补偿,非主观性的税收增加减少了收入者的实际收入,不利于个人收入者,同时也将严重打击资本收入者的投资行为,损害经济增长,有违征税的目的。税收指数化可在某种程度上缓解这些矛盾,但在实际操作上,税收指数化又有许多困难,如会加重财政预算的不平衡,对通货膨胀可能将产生加速的影响等,因此,应用这一政策应谨慎为之。

（三）工资指数化

工资指数化就是使劳动者的货币收入同通货膨胀指数挂钩,随通货膨胀率的增长而增加,以减少劳动收入购买力的不稳定性,保护劳动者的利益,但这种政策也可能加速通货膨胀。

名义价值指数化,有助于减少通货膨胀的影响,然而在实际中指数化方法也带来了不利影响。因为指数化的目的是让人们能够应付通货膨胀,而不是为了制止它的发生、发展,否则,指数化更容易发生通货膨胀。因此,进入 20 世纪 80 年代后,一些国家实行的稳定计划中,都减少或取消了工资、金融票据和汇率指数化。

四、其他政策

（一）结构改革

对产业结构、商品市场结构和劳动市场结构进行改革,有助于抑制结构性通货膨胀。特别是对于发展中国家普遍存在的产业结构"瓶颈"现象,不能单纯地应用紧缩政策,因为它在抑制通货膨胀的同时,也会损害产业部门,而应通过经济政策和行政手段,改善投资结构,鼓励"瓶颈"部门的发展,促使整个经济的发展,抑制结构性通货膨胀。

（二）货币改革

抑制恶性通货膨胀,仅靠前述的各项政策还远远不能奏效,政府必须实行货币政策,大刀阔斧地减少货币供给量,同时辅之以其他的政治、经济措施。

总之,通货膨胀是一种综合性的经济现象,治理通货膨胀必须多种手段相互配合、综合控制,否则难以收到成效。

关键术语

失业率　摩擦性失业　结构性失业　周期性失业　自然失业率　自然就业率　消费价格指数　通货膨胀率　温和的通货膨胀　奔腾的通货膨胀　超级通货膨胀　需求拉动通货膨胀　成本推动通货膨胀　结构性通货膨胀　收入政策　指数化　债券指数化　税收指数化　工资指数化

练习与思考

一、选择题

1. 货币工资上涨一定导致工资推进通货膨胀,这句话(　　)。

A. 肯定对
B. 肯定不对

C. 由具体情况而定
D. 无法确定

2. 成本推动通货膨胀是由于(　　)。

A. 货币发行量超过流通中的黄金量

B. 货币发行量超过流通中的价值量

C. 货币发行量太多引起物价水平普遍持续上升

D. 以上都不是

3. 造成通货膨胀的原因包括(　　)。

A. 需求拉动
B. 成本推动

C. 经济结构因素的变动
D. 消费不足

4. 通货膨胀在经济上的影响有(　　)两个方面。

A. 对产量、就业量的影响
B. 对收入分配的影响

C. 对物价的影响
D. 对货币供给的影响

5. 收入政策的主要手段是(　　)。

A. 税收
B. 工资价格管制

C. 工资价格指导
D. 道德规劝

6. 根据通货膨胀的起因,通货膨胀可分为(　　)。

A. 平衡的和非平衡的通货膨胀
B. 需求拉动通货膨胀

C. 成本推进通货膨胀
D. 结构性通货膨胀

二、简答题

1. 简述失业的类型及原因。

2. 简述失业对经济的影响。

3. 通货膨胀是如何分类的?

4. 治理通货膨胀有哪些方法?

5. 简析结构性通货膨胀及其原因。

三、技能训练题

1. 试阐述通货膨胀对经济产生的影响。

2. 试阐述通货膨胀的原因。

3. 试阐述日常生活中如何规避通货膨胀的风险。

第十一章 经济周期与经济增长理论

知识目标

1. 掌握经济周期、经济增长的含义和特征。

2. 了解经济周期的几种理论。

3. 明确经济周期的确定因素。

4. 理解经济增长的含义,了解经济增长与经济发展之间的区别。

能力目标

1. 根据经济表现,识别经济周期。

2. 能够根据经济周期与经济增长的基本理论及基本方法,对现实经济活动的现象与过程进行解释。

3. 运用增长理论,分析和理解经济增长的源泉。

案例导入

改变不了的经济周期性波动理论

一国经济的发展是有周期性波动变化的。经济并不是由人的主观意志决定的。例如,美国经济在 20 世纪 90 年代克林顿执政时期,走了一个很长的增长周期,经历了 8 年的经济高速增长。其间,失业率低,通货膨胀率低,经济增长率高,人们把这个阶段称为"新经济"。甚至有人认为,美国改变了经济周期性波动的理论,美国的经济只有增长,没有衰退。但是,进入 21 世纪后,美国经济出现了很多问题。"9·11"恐怖事件的发生、安然会计师事务所造假丑闻的曝光,导致人们对很多大公司产生怀疑,进而引发了公司信用危机。美国经济开始出现衰退,并逐步进入萧条期。

那么,一国经济为什么会出现周期性的变动?经济的周期性变动会产生什么样的影响?政府又应该怎样面对经济周期的变化?下面我们就来一起学习与这些问题有关的知识。

第一节 认知经济周期的含义与类型

一、经济周期的含义

经济周期,也称商业周期,是指一国经济生产和再生产过程中出现的经济扩张和经济紧缩交替更迭、循环往复的一种现象,体现为国民收入及经济活动的周期性波动。经济周期的基本变动规律使国民经济增长态势呈现出繁荣、衰退、萧条和复苏四个不同的变化阶段,并交替循环进行。早期经济学家对经济周期的定义,是建立在实际 GDP(或 GNP)变动的基础之上的,这样的经济周期被称为古典的经济周期。现代经济学家将经济周期归结为以经济增长率的变化为基础,即经济周期是经济增长率的上升和下降交替出现的经济发展过程,这一变化过程及其规律可以通过对国民收入变动的分析来进行研究。根据经济周期理论,经济发展总会呈现为扩张和收缩,但收缩是为了更好地发展。因而,衰退不一定表现为经济总量绝对量的下降,而是表现为经济总量增长率的下降,所以在现代经济中存在着增长性的衰退。为了便于分析,可以把经济发展周期性变动的规律通过图 11－1 来表示。

在图 11－1 中,潜在的国民收入水平具有正斜率,代表经济增长的长期趋势,如图中的直线 N 所示,这是因为经济在总体上总是保持着或多或少的增长态势。

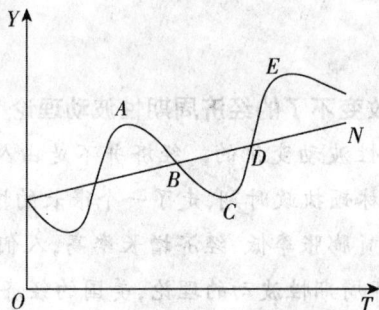

图 11－1 经济周期的阶段

理解经济周期的含义应该注意三点:

(1)经济周期是现代经济社会中不可避免的经济波动现象。

(2)经济周期是总体经济活动的波动,即国民收入的波动,这种波动引起了价格、利率和就业等的波动,所以研究经济周期的关键是研究国民收入波动的规律与根源。

(3)经济周期在经济活动过程中反复出现,但每个周期的时间长短并不完全一样。

二、经济周期的阶段

(一)两阶段法

经济波动以经济中的许多成分普遍而同期地扩张和收缩为特征,持续时间通常为 2~10 年。现代宏观经济学中,经济周期发生于实际 GDP。相对于潜在 GDP 的上升(扩张)或下降(收缩或衰退),每一个经济周期都可以分为上升和下降两个阶段。上升阶段也称为繁荣,最高点称为顶峰。然而,顶峰也是经济由盛转衰的转折点,此后经济就进入下降阶段,即衰退。衰退严重则经济进入萧条,衰退的最低点称为谷底。当然,谷底也是经济由衰转盛的一个转折点,此后经济进入上升阶段。经济从一个顶峰到另一个顶峰,或者从一个谷底到另一个谷底,就是一次完整的经济周期。现代经济学关于经济周期的定义,建立在经济增长率变化的基础上,指的是增长率上升和下降的交替过程。

经济周期波动的扩张阶段,是宏观经济环境和市场环境日益活跃的阶段。这时,市场需求旺盛,订货饱满,商品畅销,生产趋升,资金周转灵便;企业的供、产、销和人、财、物都比较好安排,企业处于较为宽松有利的外部环境中。

经济周期波动的收缩阶段,是宏观经济环境和市场环境日趋紧缩的阶段。这时,市场需求疲软,订货不足,商品滞销,生产下降,资金周转不畅;企业在供、产、销和人、财、物方面都会遇到很多困难,企业处于较恶劣的外部环境中。经济的衰退既有破坏作用,又有自动调节作用。在经济衰退中,一些企业破产,退出商海;一些企业亏损,陷入困境,寻求新的出路;一些企业顶住恶劣的气候,在逆境中站稳了脚跟,并求得新的生存和发展。这就是市场经济下"优胜劣汰"的企业生存法则。

(二)四阶段法

在经济分析中,一般把经济周期分为扩张与收缩两大阶段。如果进一步细分,则可分为四个阶段:繁荣、衰退、萧条、复苏。其中,繁荣与萧条是两个主要的阶段,衰退与复苏是两个过渡性的阶段。如图 11-1 所示,A、E 为经济活动的顶峰,C 为经济活动的低谷。$A—B$ 为衰退阶段,$B—C$ 为萧条阶段,$C—D$ 为复苏阶段,$D—E$ 为繁荣阶段。$A—E$ 为一个经济周期。在经济周期中,复苏与繁荣属于扩张时期,衰退和萧条属于收缩时期。

经济周期的四个阶段各有其特点。假设经济从一开始处于繁荣阶段,这是经济活动处于高涨的时期,需求不断增加,产品畅销,投资活跃,就业水平提高,产量扩大,经济总量达到最高点,整个社会充满乐观情绪。由于繁荣阶段不能长久维持下去,每当消费增长减缓、投资减少时,经济水平开始下降,这就是经济的衰退阶段。此时,悲观情绪笼罩整个社会。随着消费和投资的减少,经济开始收缩,生产下降,失业增加,同时使企业的利润下降,经济总量也相应减少到最低点,使经济进入萧条阶段,整个社会陷入"恐慌"之中。随着时间的推进、现有设备的不断消耗,以及消费引起的企业存货减少,企业考虑增加投资,使得就业增加,产量扩大,经济逐步进入复苏阶段。复苏阶段是经济走出萧条并转向上升的阶段,人们对前景的预测由悲观情绪逐渐转变为乐观情绪。由于经济复苏的进一步推进,消费和投资的拉动作用进一步明显,经济总量进一步提升,达到顶点的经济状态就称之为繁荣。由此,新一轮的经济周期开始,经济周期阶段不断循环交替出现。

在实践中,如何判断经济活动处在周期的哪一阶段,一般可用具有可比性的经济变化指标来判断分析。这些指标包括就业量、物价水平、国民收入量、借贷量和利润水平等。当这些指标在正常水平之下,并有明显的上升趋势时,则表明经济活动处于复苏阶段;相反,则处于萧条阶段;否则,就处于衰退阶段。虽然经济周期是社会经济发展中不可避免的波动现象,并且每次发生的经济周期都存在一定的共同之处,即每个经济周期都是繁荣、衰退、萧条、复苏四个阶段的交替,但每次的经济周期并不完全相同,经济周期及经济周期中的各个阶段并不是机械地重复。纵观社会经济发展的历史,每次发生经济周期的时间长短、规律及程序等都不完全一致。

三、经济周期的类型

(一)朱格拉周期

法国经济学家朱格拉认为经济中存在一个长度约为9—10年的经济周期。熊彼特把这种周期称为中周期或朱格拉周期。美国经济学家 A. 汉森则把这种周期称为"主要经济周期"并重新分析了美国1795—1937年的统计资料,认为这些年间共有17个朱格拉周期,其平均长度为8.35年。

(二)基钦周期

英国经济学家基钦于1923年提出了经济周期实际包括大周期和小周期两种周期的观点。小周期平均长度为3.5年(约40个月),而一个大周期则包括两个或三个小周期。基钦还认为,这种小周期是心理原因所引起的有节奏的运动结果,而这种心理原因又是受农业丰收影响食物价格所造成的。

(三)康德拉季耶夫周期

1925年,俄国经济学家康德拉季耶夫发表《经济生活中的长期波动》一书,书中提出了著名的"长波理论",认为经济中有一种平均长度为50年左右的长期循环。需特别加以说明的是,熊彼特在他的两卷本《经济周期》(1939年版)中对前三种经济周期做了高度综合与概括。他认为前三种周期尽管划分方法不一样,但并不矛盾。每个长周期中套有中周期,每个中周期中套有短周期。每个长周期包括六个中周期,每个中周期包括三个短周期。

(四)熊彼特周期

奥地利经济学家熊彼特在1936年,以他的"创新理论"为基础,对各种经济周期进行综合分析后提出了他的新理论。他认为,每个长周期包括六个中周期,每个中周期包括三个短

周期,其中短周期约为 40 个月,中周期约为 9—10 年,长周期约为 49—60 年。熊彼特在
1939 年还把不同的技术创新与不同的周期联系起来,以三次重大创新为标志,划分了三个长
周期:第一个周期,从 19 世纪初到 1842 年,是"产业革命时期";第二个周期,从 1842—1897
年,是"蒸汽和钢铁时期";第三个周期,1897 年以后,是"电气、化学和汽车时期"。

(五)库兹涅茨周期

库兹涅茨是美国经济学家,对经济周期和增长都颇有研究,他在 1930 年出版的《生产和
价格的长期变动》中分析了美国、英国、德国、法国、比利时 1866—1925 年间 53 种商品的历
史统计资料,认为经济中存在着长度为 15—25 年不等的长期波动。这种波动在美国的许多
经济活动中,尤其是在建筑业中表现得特别明显,所以库兹涅茨周期又被称为"建筑业周
期"。他把 1873 年、1890 年和 1913 年作为这种周期的顶点,而 1878 年和 1896 年则是谷底。
在研究建筑业时,库兹涅茨还分析了人口、资本形成、收入、国民生产总值及其他因素。

第二节　认知经济周期的成因理论

经济周期的阶段性变化的特征及其每一周期的长度是宏观经济运行周期性变动的外部
特征。关于造成经济周期的原因,西方经济学者对此做出了种种不同的理解,大致分为以下
五种。

一、消费不足理论

消费不足理论,代表人物有英国学家马尔萨斯、法国经济学家西斯蒙第和近代英国经济
学家霍布森等。这是一种历史悠久的理论,主要用于解释经济周期中危机阶段的出现以及
生产过剩的原因,并没有形成为解释经济周期整个过程的理论。

这种理论认为,经济中出现萧条与危机是因为社会对消费品的需求赶不上消费品的增
长。而消费品需求不足又引起对资本品需求不足,进而使整个经济出现生产过剩性危机。
消费不足的根源则主要是由于国民收入分配不平等所造成的穷人购买力不足和富人储蓄
过度。

消费不足周期理论是一种把经济危机原因归结为消费品的生产超过了人们对消费品需
求的理论。从西斯蒙第于 19 世纪初提出这一学说以来,马尔萨斯、霍布森等人又在此基础
上有所发展。消费不足理论的共同点是认为由于国民收入的一部分用于储蓄,造成对消费
资料需求的不足,从而造成生产过剩的经济危机。霍布森认为资本主义体制最根本的缺陷
就是国民收入分配不均,造成富裕者过度储蓄,因而导致消费不足。解决办法是改善国民收
入的分配。关于消费不足理论的另一个论述来自美国经济学家斯威齐的《资本主义发展理

论》。斯威齐根据资本家行为的特点，即尽可能多地将其利润转化为储蓄，认为资本家个人消费的增长有别于利润的增长，前者以递减的比率增加。此外，由于工资的增加相对于储蓄总额呈现递减的比率，即消费增加率（消费总额与消费增加部分的比率）与生产手段增加率（生产手段总额与投资的比率）之比不断降低，因而存在着消费的增加低于消费资料生产量的增加这一内在倾向。

二、投资过度理论

投资过度理论从投资的角度分析经济周期的形成。其中心论点是：由于投资过多，与消费品生产相比，资本品生产发展过快。资本品生产的过度发展促使经济进入繁荣阶段，同时引起消费品生产的减少，从而形成经济结构的失衡。并且，资本品生产过多必将引起资本品过剩，由于出现生产过剩危机，经济进入萧条阶段。这样，投资的变动就会引起经济中的周期波动。

投资过度理论按对投资的不同解释，分为货币投资过度理论和非货币投资过度理论两大派。

奥地利经济学家米塞斯·哈耶克和英国经济学家罗宾斯等人认为，货币量增加引起投资增加。这种理论认为，银行信用的扩大会引起投资增加，这种投资增加首先表现为对资本品需求的增加及资本品的价格上升，这会进一步刺激投资的增加和信用的膨胀，还会导致一部分用于生产消费品的资源转而用于资本品的生产。消费品的缺乏引起了消费者的强迫储蓄。当投资增加、经济繁荣时，人们的收入相应增加，并且必然要把消费恢复到正常比例，这就会引起消费品价格上升，生产资源转向消费品生产。但是，资本品生产的过度发展需要投资进一步增加来维持，一旦银行停止信用扩张，危机就会爆发。这种危机或者表现为高涨阶段利用银行信用正在进行的投资由于资本的缺乏而不得不半途而废，或者表现为已经生产出来的资本品由于资本缺乏而销路不畅，价格猛跌。

德国经济学家施皮特霍夫和瑞典经济学家卡塞尔等人认为，造成投资过度的是诸如新发现、新发明、新市场的开发等非货币性外生因素。例如，当一项新技术发明被采用时，必然会刺激投资，从而会引起信用扩张，投资会继续增加，对资本品的需求增加，使资本品价格上升，资本品生产增加，经济进入繁荣阶段。但由于繁荣时期收入增加，消费品需求相应增加，从而储蓄不足，信用无法扩大，投资受到限制，资本品生产过剩，经济进入萧条阶段。只有在又出现一项新的技术发明或发生其他外生因素刺激时，经济才会进入下一次繁荣以及下一个经济周期。

这一理论与消费不足理论构成经济周期理论的两大主流学说。

三、技术创新理论

技术创新是奥地利经济学家熊彼特提出的用以解释经济波动与发展的一个概念。所谓创新是指一种新的生产函数，或者说是生产要素的一种"新组合"。生产要素新组合的出现会刺激经济的发展与繁荣。当新组合出现时,老的生产要素组合仍然在市场上存在。新老组合的共存必然给新组合的创新者提供获利条件。而一旦新组合的技术扩散被大多数企业获得,最后的阶段——停滞阶段也就临近了。在停滞阶段,因为没有新的技术创新出现,因而很难刺激大规模投资,从而难以摆脱萧条。这种情况直到新的创新出现才被打破,才会有新的繁荣出现。

但经济周期实际上包括繁荣、衰退、萧条、复苏四个阶段。技术创新理论用创新引起的第二次浪潮来解释这一点。这就是说,在第一次浪潮中,创新引起了对资本品需求的扩大和银行信用的扩张。这就促进了生产资本品的部门扩张,进而又促进了生产消费品的部门扩张。这种扩张引起物价的普遍上升,投资机会增加,也出现了投机活动,这就是第二次浪潮。它是第一次浪潮的反应。然而,这两种浪潮有着重大的区别,即第二次浪潮中许多投资机会与本部门的创新无关。这样,在第二次浪潮中包含了失误和过度投资行为。这就使得经济在衰退之后出现了另一个失衡的阶段——萧条。萧条发生以后,第二次浪潮的反应逐渐消除,经济转向复苏。要使经济从复苏进入繁荣还有待于新的创新的出现。

熊彼特根据这种理论解释了长周期、中周期与短周期。他认为,重大的技术创新(蒸汽机、炼钢、汽车制造等)对经济有长期的影响,这些技术创新所引起的繁荣时间长,繁荣之后的衰退也长,从而所引起的经济周期就长,形成了长周期。中等创新所引起的经济繁荣及随之而来的衰退形成了中周期。那些属于不很重要的小创新则只能引起短周期。总之,该理论把周期性的原因归结为科学技术的创新,而科学技术的创新不可能始终如一地、持续不断地出现,从而必然有经济的周期性波动。

四、理性预期理论

这种理论强调心理预期对经济周期各个阶段形成的决定条件,主要代表人物是英国经济学家庇古和凯恩斯。

理性预期理论和投资过度理论是紧密相连的。该理论认为经济的循环周期取决于投资,而投资大小主要取决于业主对未来的预期。而预期却是一种心理现象,心理现象又具有不确定性的特点。因此,经济波动的最终原因取决于人们对未来的预期。当预期乐观时,增加投资,经济步入复苏与繁荣;当预期悲观时,减少投资,经济则陷入衰退与萧条。随着人们情绪的变化,经济也就周期性地发生波动。

预期在经济中的确是十分重要的,现代的理性预期学派也从预期的角度来解释经济周期。但这两者所使用的预期概念并不一样。凯恩斯所强调的是预期的无理性,而理性预期学派强调了预期的合理性。所以,这两种经济周期理论并不一样。

五、乘数—加速数理论

(一)乘数—加速数模型

美国经济学家汉森和萨缪尔森认为,凯恩斯的乘数理论只说明了投资变化引起国民收入和就业的变化,而没有说明收入变化反过来又会引起投资的变化。只有将加速数原理和乘数理论结合起来,才能解释资本主义经济周期性波动的原因和波动的幅度,他们提出了乘数—加速数模型,又叫"汉森－萨缪尔森模型"。

乘数—加速数模型基于以下收入函数:现期收入等于现期消费、现期投资、自发支出之和,即

$$Y_t = C_t + I_t + G \qquad (11-1)$$

式中,Y_t 为现期国民收入,C_t 为现期消费,I_t 为现期投资,G 为自发支出(如政府支出、自发投资、自发消费)。

假设现期消费是上期收入 Y_{t-1} 的函数,现期投资是本期消费增量($C_t - C_{t-1}$)的函数,则有消费函数 $C_t = \beta Y_{t-1}$ 和投资函数 $I_t = a(C_t - C_{t-1})$,其中,β 为边际消费倾向,a 为加速系数。

将 $C_t = \beta Y_{t-1}$ 式、$I_t = a(C_t - C_{t-1})$ 式代入 $Y_t = C_t + I_t + G$ 式中,

可得:

$$Y_t = \beta Y_{t-1} + a(C_t - C_{t-1}) + G \qquad (11-2)$$

根据 $C_t = \beta Y_{t-1}$ 式可知:$C_{t-1} = \beta Y_{t-2}$。

将 $C_t = \beta Y_{t-1}$ 式、$C_{t-1} = \beta Y_{t-2}$ 式代入 $Y_t = \beta Y_{t-1} + a(C_t - C_{t-1}) + G$ 式中,经整理可得:

$$Y_t = (1+a)\beta Y_{t-1} - a\beta Y_{t-2} + G \qquad (11-3)$$

这就是汉森—萨缪尔森模型,即乘数—加速数模型。

(二)经济波动的形式

在乘数－加速数模型中,由于加速系数(a)、边际消费倾向(β)的不同值,将会使经济波动呈现出以下五种形式:

(1)减幅振荡,指国民收入波动幅度逐渐缩小,最后趋于消失。

(2)增幅振荡,指国民收入波动的幅度越来越大。

(3)同幅振荡,指国民收入波动的幅度在一定范围内保持不变。

(4)在某种干扰下,国民收入波动的水平以递减的速度上升或下降,没有振荡地从初始的均衡达到新的均衡。

(5)在某种干扰下,国民收入波动的水平以递增的速度上升或下降。

(三)乘数与加速数原理要说明的问题

汉森和萨缪尔森把乘数与加速数作用结合起来,说明经济会自动地呈现周期性的波动,并决定了经济周期的各个阶段。萨缪尔森认为,加速数原理和乘数相互作用造成一个越来越严重的通货紧缩(或通货膨胀)的螺旋。由于加速数原理的作用,产量或销售量的增加会引起投资加速度增加;同时,因乘数原理所起的作用,即投资的增加反过来又会引起产量或销售量的成倍增加。结果,社会经济呈上升的膨胀螺旋。这时经济波动处于复苏的阶段。但是,由于边际收益递减规律的作用,在一定技术条件下,当实际产出水平接近潜在国民收

入时,经济增长速度必将出现递减趋势,周期就从复苏阶段过渡到高涨阶段。根据加速数原理的作用,如果产量增加速度递减,则总投资将以更快的速度下降,结果将导致社会经济呈下降的紧缩螺旋。这时经济波动处于衰退的阶段。但是,这种紧缩螺旋不会无限制地下降,也有一个极限。这个极限就是由于重置投资的存在,使总投资不能小于零,同时,边际消费倾向也不可能等于零,这样,经济的收缩就有了一个限度。一旦经济下降到这一限度,就会停止收缩。这时经济波动处于萧条阶段。由于重置投资的乘数作用仍然有效,因此收入再次逐渐上升。这样,经济由于收入与投资相互影响而再一次增长起来。此时,经济波动再次处于复苏阶段,一个新的周期又重新开始。

由上可知,经济的膨胀与收缩是交替出现的,尽管膨胀时期和收缩时期的时间跨度可能由于各种原因而发生变化,但是,这种交替为西方经济学家所主张的政府对经济进行必要的干预以缓和经济波动并维持经济长期稳定的增长建立了理论基础。

第三节　认知经济增长及其决定因素

经济增长是最古老的经济学议题之一。人类要生存、要发展,其前提就是物质产品的增加。经济增长是学者们所关注的重要问题。现代经济学奠基人、英国古典经济学家亚当·斯密研究的重心就是经济增长问题。

现代经济增长理论是在凯恩斯主义出现之后形成的。它研究国民收入的长期趋势,是国民收入决定理论的长期化与动态化。本节主要介绍经济增长的基本理论。

一、经济增长的定义及特征

(一)什么是经济增长

经济学界对经济增长的理解并不完全一致。美国著名经济学家库兹涅茨曾给经济增长下了这样一个定义:"一个国家的经济增长,可以定义为给居民提供种类日益繁多的经济产品的能力长期上升,这种不断增长的能力是建立在先进技术以及所需要的制度和思想意识相应调整的基础之上的。"

这个定义包含了三个含义:

(1)经济增长集中表现在经济实力的增长上,而这种经济实力的增长就是商品和劳务总量的增加,即国民生产总值的增加。如果考虑到人口的增加和价格的变动,也可以说是人均实际国民生产总值的增加。所以,经济增长最简单的定义就是国民生产总值的增加,而不是其他。例如,经济增长并不等于社会福利的增进或个人幸福的增加,因为国民收入增加当然是社会福利或个人幸福增加的基础,但在某些情况下,经济增长并不一定能增加社会福利或个人幸福。把经济增长严格限制为国民收入增加,才有可能从不同的角度加以研究。

(2)技术进步是实现经济增长的必要条件。这就是说,只有依靠技术进步,经济增长才是可能的。在影响经济增长的众多因素之中,技术进步是第一位的。一部经济增长的历史就是一部技术进步的历史。

温馨提示

技术进步不是经济增长的充分条件。因为技术本身并不能创造任何产出,它必须应用于生产过程中,为劳动力所掌握和运用才能展现知识的威力。而在这个应用的过程中,如果没有相应的制度或者意识作为基础,则即使技术已经进步,它也不会被应用到生产中。

(3)经济增长的充分条件是制度与意识的相应调整。这就是说,只有社会制度与意识形态适合于经济增长的需要,技术进步才能发挥作用,经济增长才是可能的。社会制度与意识形态的某种变革是经济增长的前提。例如,在历史上私有产权的确立实际上是经济增长的起点。只有在这种前提下,技术资本等具体因素才能发挥作用。制度因素往往被人们所忽视,所以,提出这个充分条件是十分必要的。

应该说,这个定义是对各国经济增长历史经验的高度概括,体现了经济增长的实质。因此,这一定义被经济学家广泛接受,并作为研究经济问题的出发点。

(二)经济增长的基本特征

库兹涅茨总结了现代经济增长的六个基本特征。

(1)最明显的特征是发达国家的人均产值和人口增长率很高。1750年以来的两百多年中,发达国家人均产量的增长速度平均每年大致为2%,人口每年平均增长1%,因此总产量大约年平均增长3%。这意味着,人均产量每35年翻一番,人口每70年翻一番,实际国民生产总值每24年翻一番,增长速度远远快于18世纪末工业革命开始前的整个时期。

(2)生产率的快速增长。按库兹涅茨的估算,人均产量增长的50%—75%来自于生产率的增长。也就是说,技术进步对于现代经济增长起了很大作用。

(3)经济结构迅速转变。库兹涅茨从国民收入和劳动力在产业间的分布这两个方面对产业结构的变化做了详细的分析。他指出,农业部门实现的国民收入在整个国民收入中的比重,以及农业劳动力在全部劳动力中的比重,随着时间的推移,处于不断下降之中。工业部门的国民收入的相对比重,大体上是上升的,而工业部门劳动力的相对比重,大体不变或略有上升。服务部门劳动力的相对比重几乎在所有国家都呈上升趋势,但其国民收入的相对比重大体不变或略有上升。在美国,1870年全部劳动力的53%在农业部门,到1960年降到不足7%。在一个世纪中,发达国家农业劳动力占全部劳动力的百分比减少了30—40个百分点。此外,生产单位的规模、企业组织形式、消费结构、国内国外供应的相对份额也都发生了变化。

(4)与经济结构密切相关的社会结构和意识形态也发生了迅速变化。如城市化、家庭规模的变化、现代观念的传播等。

（5）由于技术进步，特别是交通运输技术的发展，发达国家在19世纪末走向世界，瓜分世界。

（6）现代经济增长的扩散，尽管有扩散到世界范围的倾向，但实际的扩散却是有限的，只局限于不到全世界1/3人口的范围内。

上述六个特征是互相联系的。在这些相互联系的增长特征中有一个共同纽带，即对技术创新的大规模应用，它构成现代经济增长的许多特殊内容。

二、经济增长的衡量指标

（一）GDP 增长率

GDP 增长率是最重要的衡量经济增长的指标。通常对 GDP 的定义为：一定时期内（一个季度或一年），一个国家或地区的经济中所生产出的全部最终产品和提供劳务的市场价值的总值。在经济学中，常用国内生产总值和国民生产总值（gross national product，GNP）共同来衡量该国或地区的经济发展综合水平。这也是目前各个国家和地区常采用的衡量手段。GDP 是宏观经济中最受关注的经济统计数字，因为它被认为是衡量国民经济发展情况最重要的一个指标。一般来说，国内生产总值有三种形态，即价值形态、收入形态和产品形态。从价值形态看，它是所有常驻单位在一定时期内生产的全部货物和服务价值与同期投入的全部非固定资产货物和服务价值的差额，即所有常驻单位的增加值之和；从收入形态看，它是所有常驻单位在一定时期内直接创造的收入之和；从产品形态看，它是货物和服务最终使用减去货物和服务进口。

（二）GNP 增长率

国民生产总值是指一个国家（地区）所有常驻机构单位在一定时期内（年或季）收入初次分配的最终成果。一个国家常驻机构单位从事生产活动所创造的增加值（国内生产总值）在初次分配过程中主要分配给这个国家的常驻机构单位，但也有一部分以劳动者报酬和财产收入等形式分配给该国的非常驻机构单位。同时，国外生产单位所创造的增加值也有一部分以劳动者报酬和财产收入等形式分配给该国的常驻机构单位。从而产生了国民生产总值概念，它等于国内生产总值加上来自国外的劳动报酬和财产收入减去支付给国外的劳动者报酬和财产收入。

国民生产总值与社会总产值、国民收入有所区别。一是核算范围不同，社会总产值和国民收入都只计算物质生产部门的劳动成果，而国民生产总值对物质生产部门和非物质生产部门的劳动成果都进行计算。二是价值构成不同，社会总产值计算社会产品的全部价值；国民生产总值计算在生产产品和提供劳务过程中增加的价值，即增加值，不计算中间产品和中间劳务投入的价值。国民收入既不计算中间产品价值，也不包括固定资产折旧价值，即只计算净产值。

　　国民生产总值反映一个国家的经济水平。按可比价格计算的国民生产总值,可以计算不同时期、不同地区的经济发展速度(经济增长率)。国民生产总值的计算方法有三种:①生产法(或称部门法),是从各部门的总产值(收入)中减去中间产品和劳务消耗,得出增加值。各部门增加值的总和就是国民生产总值。②支出法(或称最终产品法),即个人消费支出 + 政府消费支出 + 国内资产形成总额(包括固定资本形成和库存净增或净减) + 出口与进口的差额。③收入法(或称分配法),是将国民生产总值看作各种生产要素(资本、土地、劳动)所创造的价值增加总额。因此它要以工资、利息、租金、利润、资本消耗、间接税净额(即间接税减政府补贴)等形式,在各种生产要素中间进行分配。这样,将全国各部门(物质生产部门和非物质生产部门)的上述各个项目加以汇总,即可计算出国民生产总值。国民生产总值是最重要的宏观经济指标,它是指一个国家或地区的国民经济在一定时期(一般一年)内以货币表现的全部最终产品(含货物和服务)价值的总和。

　　此外,国民收入(NI)增长率、工业增加值增长率、恩格尔系数、人均国内生产总值增长率、主要工业产品产量增长率、财政收入增长率都是衡量一个国家经济发展的指标。

三、经济增长的决定因素

　　在不同的国家、不同的时期,决定经济增长的因素是不同的。

(一)制度是一种涉及社会、政治和经济行为的行为规则

　　制度决定人们的经济与其他行为,也决定一国的经济增长。制度的建立与完善是经济增长的前提。

(二)资源

　　经济增长是产量的增加,产量是用各种生产要素生产出来的,而各种生产要素又属于资源,因此,增长的源泉是资源的增加。资源包括劳动与资本。

1. 劳动

　　劳动包括一国投入的劳动数量和劳动质量。从劳动的投入数量说,就业人数越多,劳动的投入量就越大。如果就业人口占全部人口的比例是固定的,则劳动的投入数量就取决于人口的增长。劳动投入的数量也受到劳动时间的影响。如果全部就业人员每天 8 小时工作制改为 6 小时工作制,劳动的投入数量也相应减少。但是,在其他条件不变的情况下,单纯依靠就业人数的增加只能增加一国的产出总量,并不一定能够促进人均产出的增长。

　　劳动质量包括劳动者各个方面的能力,比如所掌握的知识和技能、体力以及价值取向等。许多经济学家指出,在当代,劳动质量比劳动的数量更重要。与低质量的劳动相比,高质量的劳动具有更高的生产率。因此,劳动质量的提高也是经济增长的源泉。劳动力质量的提高相当于低质量劳动的倍加。如果在全部的劳动投入当中,高质量劳动的比例提高了,全部劳动投入量也会增加。在全球化的经济中,机器设备和技术都可以通过进口来获取,但

是这些机器和技术只有在高质量的劳动力手中才能被有效地利用,技术进步也是依靠高质量的劳动力推动的。因此,发展教育等人力资本的投资可以提高一国劳动力的质量,从而促进经济增长。

2. 资本

资本包括各种机器设备、生产性建筑物、基础设施等。经济增长中必然有资本的增加。现代经济学认为,在经济增长中,一般的规律是资本的增加要大于人口的增加,即人均资本量是增加的,资本数量的增加是推动经济增长的重要因素。资本的增加必须牺牲现在的消费,提高储蓄率。一般认为,一个国家要保证快速增长,至少必须将全部产出的10%—20%用于资本积累。第二次世界大战后西方各国经济增长的事实也表明,储蓄多从而资本增加的国家,经济增长率也会比较高。但是,必须指出,对于一个国家经济增长所需要的资本,并不能仅仅依靠私人部门。有些资本的投资规模十分巨大,非私人企业所能承担;有些则具有很大的外部性,私人企业不愿意承担。这些资本多属于一个社会的基础设施,对于这些基础设施的建设,政府应该承担起相应的责任。

知识拓展

经济增长方式的衡量标准——粗放与集约

粗放与集约这两个词,最初来源于农业生产,广种薄收为粗放,精耕细作为集约,两者的主要区别是单位面积产量的高低。随着生产力和社会分工的发展,粗放与集约这两个词也延伸到整个经济领域,其含义被规定为:多投入少产出为粗放,少投入多产出为集约。也就是说:以不断追加人力、物力、财力等生产要素的投入求增长为粗放;以提高劳动生产率,降低单位产品的物耗、能耗,用较少的耗费取得较多的成果求增长为集约。

(资料来源:刘玉珂著,《经济增长模式比较》,经济科学出版社1999年版。)

(三)技术进步

技术进步在经济增长中的作用,体现在生产效率的提高。这里所谓的技术进步是广义的,包括科学技术、管理水平和企业家精神等方面。技术进步最终体现在新生产要素的采用、生产过程的改进以及新产品和新劳务的引入等。作为一个过程,技术进步不是按照一种机械的程序进行的。劳动和资本的投入,特别是劳动力质量的提高是技术进步的基础。但是实现技术进步,还需要有企业家精神以及管理水平等方面的进步,为创新者提供自由、开放的环境和有效的激励。根据索洛的估算,1909—1940年间,美国2.9%的年增长率中由于技术进步而引起的增长率为1.49%,即技术进步在经济增长中所做出的贡献占51%左右。随着经济的发展,技术进步的作用越来越明显。

在传统经济理论中,技术进步常常被视为一个外生变量。随着经济增长理论的发展,内生的技术进步理论渐渐兴起。其基本观点是,技术进步本身就是经济体系的产出,各种新产品、新机器、新知识、新技术都是通过研究开发活动而产生的,这些研究开发活动同样是一种经济活动,也需要投入资本和劳动等生产要素,并获得收益。

四、中国经济增长与发展的政策

中国实现经济增长无疑要参照国际经验,遵循具有普遍意义的客观规律,但也要符合自己的实际情况。中国国家大,人口多,地区发展很不平衡,建设中国特色的社会主义不仅是指在发展道路上有自己的特色,在经济增长与发展目标上也要有自己的特色。例如,即使再经过几十年的奋斗,与发达国家相比,中国的农业劳动者比重仍会比较大,地区发展不平衡状况仍可能比较明显等。不同国家的基本国情不同,标准也不宜一概而论。

未来20年或者更长时间,考虑经济发展战略和政策取向,需要着重把握以下几个重要方面:

(1)着力解决"三农"问题。这是今后相当长时间中国经济发展的一个根本性问题。在中国人多地少的情况下,如何顺利实现农村经济和整个国民经济的发展,还需要在实践中继续探索。解决"三农问题"需要从农村外部和内部两方面努力。在外部,一是加强国家财政、金融和其他城市化进程。在农村内部,关键是在坚持和稳定家庭经营基本制度、特别是完善土地制度的基础上,逐步把农村经济发展纳入社会主义市场经济的轨道。

(2)提升产业结构,在新的起点上推进经济的进一步发展。中国经济发展战略,要适应技术进步、结构升级、信息化、知识经济和可持续发展的新要求,积极探索市场经济条件下结构调整和产业升级的新机制和新方式。由主要依赖自然资源、物质资本和劳动力夸张的传统路径,转向主要依赖教育、科技、制度、知识促进经济发展的新路径;由追求国民经济快速增长的单一目标,转向更加关注人的全面发展需要,追求经济和社会协调发展的多重目标。经济结构的调整,要由被动的适应性调整转变为主动的战略性调整;社会生产要关注现实市场的需求变化,更要关注潜在市场的需求变化。

(3)积极扩大就业,提高人民生活水平。人口和就业压力是中国经济增长面临的长期制约因素,今后几年劳动力供给增长较快,对劳动力需求的增长却较慢,问题会相当突出。因此,我们将把扩大就业、降低失业率作为提高居民收入水平、维护社会安定的一项基本政策,并重视发展能够多吸纳劳动力的各种就业形式,加强对失业和贫困群体的基本生活保障,千方百计增加农民收入,保证城乡居民收入持续增长。

(4)发展开放型经济,提高国际竞争能力。根据变化的国际形势,及时调整对外经济战略和贸易政策。积极参与国际区域经济合作,尽快建立我国能够主导或部分主导的自由贸易区,以扩大我国经济发展的国际空间,认真实施"走出去"战略,发展我国的跨国公司。通过体质创新,增强企业和产业的国际竞争力,提高利用国内外两种资源、两个市场的水平。正确把握开放节奏,运用国际通行做法,合理保护国内产业和市场、增强抵御外部冲击的能力,建立有利于在全球化进程中扬长避短和趋利避害的经济体系,更好地谋求经济全球化的利益。

(5)推进制度创新。在新的发展阶段,仍然需要高举改革的旗帜,通过体制创新,形成和巩固全国统一大市场,建立面向世界贸易体系的、多种所有制共同发展的、追求社会公正和共同富裕的、法制健全的社会主义市场经济体系,进一步加深经济的市场化程度,为经济发展注入新的活力。既要遵循国际通行规则,履行我国加入世贸组织的承诺,也要根据中国经济发展和社会承受力的实际情况,及时总结经验,坚持走中国特色的经济体制改革道路。

(6)健全协调社会矛盾的有效机制,提高社会和谐程度。目前,社会活力在增加,社会矛盾也较过去复杂。过去一些协调社会矛盾的机制已经不起作用,因此要用适当的经济政策和社会政策防范和化解社会矛盾,实现社会和谐。主要包括调节收入分配关系,解决贫困问题和维护社会公正;加强教育,提高国民素质;健全处理社会矛盾的协调机制和沟通途径,增强社会整合能力。

我们在错综复杂的国内外环境中促进经济增长与发展,并不是一帆风顺和轻而易举的,必然还会遇到许多困难。从长远战略眼光看,我们所遇到的困难,是经济进步和发展进程中的困难。中国经济发展的光明前景是可以期待的。

五、新经济增长理论概述

1. 新古典增长理论的缺陷

新古典增长理论也日益暴露出一些不足或缺陷:①生产规模报酬不变的假定与事实越来越不相符合。大多数工业化国家由于资源配置合理化、部门协调效率较高、信息传递有效等,其经济资源的利用率高,产生了规模报酬递增的现象,而发展中国家则由于种种原因出现了规模报酬递减的状况。②该模型无法对劳动力增长率和技术进步率做出解释,也未能对控制人口增长、提高技术进步速度提出相应的建议。在新古典增长模型中,稳态增长率即人口增长率,是外生变量,但人口增长率与技术进步率对经济增长至关重要。所以,许多西方学者认为增长率的外生化是新古典增长模型在理论上的主要缺陷。③新古典增长理论在解释现实方面显得无力。新古典增长理论的一个重要结论是,具有相同的技术和相同人口增长率的不同国家的增长率具有趋同性,但许多国家的增长率存在着较大或相当大的差异的现实却与新古典增长理论的趋同论相悖。

2. 新经济增长理论概述

正是在这样的背景下,出现了"新经济增长理论"。新经济增长理论是用规模收益递增和内生技术进步来说明长期经济增长和各国增长率差异的理论总称。新增长理论的重要特征是将增长率内生化。在规模收益递增的原因上,新增长理论大多强调技术的溢出效应。企业采用了新技术而增加了技术知识,从而对整个社会产生了有利影响,技术的这种正的外部性就叫技术的溢出效应。新增长理论还特别论证了知识对经济增长的极端重要性。

新经济增长理论中,罗默的增长理论与实际情况较为符合。罗默在 1983 年写的题目为《外部因素、收益递增和无限增长条件下的动态竞争均衡》的博士论文,标志着新增长理论的兴起。罗默的新增长理论表现在以下几个方面。

(1)承认知识是一个生产要素,与获得资本一样,知识必须通过放弃当前的消费才能得到。

（2）过去投入的资本可以使知识得到积累，并且知识又能刺激投资，投资的持续增长能够永久地提高一国的经济增长率。

（3）知识能够提高投资收益。

（4）资本、人力资本、非熟练劳动、专利等都属于生产要素，这些生产要素的组合使得规模报酬递增。

（5）国际贸易有利于将新技术、新知识及人力资本引入一个国家，会促进一国的经济增长，使世界经济具有持续的增长动力，各国经济增长的差别源于不同的知识、人力资本等。

罗默的新经济增长理论奠定了随后出现的增长理论的基础。

卢卡斯依据人力资本理论，沿着罗默的思路，进一步研究了一般的人力资本与个人的、特殊的人力资本的区别，提出"私人人力资本积累带动经济增长"的卢卡斯模式，认为必须重视人力资本的投入，重视包括在职训练、边学边干等形式的教育，不断积累人力资本，多对研究与发展进行投资。这样，国家才能实现长期、稳定、均衡的经济增长。

牛津大学经济学教授斯科特认为，应当用资本即总投资的变化来说明产出的变化。他把总投资与技术进步看成是一回事，认为发明是由预期的利润所激发和促成的，这与促成投资的因素是完全相同的。

美国哈佛大学的巴罗认为，穷国追赶不上富国的原因并不是穷国缺乏投资，而在于穷国缺乏人力资本，即对教育投资不够。

在技术进步的原因方面，新增长理论的经济学家有不同的看法。罗默认为技术进步表现为私人厂商投资于研究活动而生产出新知识，卢卡斯认为技术进步是教育部门进行人力资本投资的结果，巴罗认为技术进步表现为政府提供服务所带来的私人厂商生产率与社会生产率的提高。

另外，新增长理论还对税收、国际贸易等影响经济增长的因素进行了分析。

从新增长理论的内容来看，新增长理论具有重要的政策意义。如果一个国家的政府认真考虑教育、投资、研究与发展、税收与贸易政策等问题，并实施正确的政策，就能够促进一国的经济增长。

【案例运用】

试用经济周期的理论分析我国1978—2004年GDP指数的变动情况。

解析： 从表11－1可以看出，我国经济总体上保持了持续稳定增长，增长率的波动也不是很大。其中，值得注意的是下述几个年份：1979年我国增长率明显下降，由上一年的17.7%降到7.6%，这主要是由于1978年的超高速增长带有恢复被"文化大革命"破坏的国民经济的性质。1989年和1990年我国经济增长率明显下降，主要是由于政府为抑制经济过热采取了宏观调控措施，以及1990年我国出现少见的进口额减少的情况所致。

但是，在计划经济年代，我国曾出现过严重的经济衰退。如"三年困难时期"，我国经济衰退不亚于西方国家20世纪30年代的大萧条。这说明改革和开放政策为我国摆脱传统意义上的经济周期提供了制度保障。

表 11 - 1　我国历年国内生产总值（GDP）指数

年份	GDP 指数	年份	GDP 指数	年份	GDP 指数
1978	117.7	1987	116.6	1996	109.6
1979	107.6	1988	111.3	1997	108.8
1980	107.8	1989	104.1	1998	107.8
1981	105.2	1990	103.8	1999	107.1
1982	109.1	1991	109.2	2000	108.0
1983	110.9	1992	114.2	2001	107.5
1984	115.2	1993	113.5	2002	108.3
1985	113.5	1994	112.6	2003	109.1
1986	108.8	1995	110.5	2004	110.4

（资料来源：中华人民共和国国家统计局，http://www.stats.gov.cn/tjsj/ndsj/）

关键术语

经济周期　消费不足理论　投资过度理论　技术创新理论　理性预期理论　乘数—加速数理论　国内生产总值增长率　国民生产总值增长率　经济增长

练习与思考

一、选择题

1. 一般将经济周期划分为（　　）阶段。

A. 繁荣　　　　　　B. 衰退　　　　　　C. 萧条　　　　　　D. 复苏

2. 经济周期的两个大阶段是（　　）。

A. 扩张　　　　　　B. 衰退　　　　　　C. 谷底　　　　　　D. 峰顶

3. 经济周期的两个转折点是（　　）。

A. 扩张　　　　　　B. 衰退　　　　　　C. 谷底　　　　　　D. 峰顶

4. 经济学家认为中周期一般为（　　）。

A. 3—5 年　　　　　B. 5—7 年　　　　　C. 9—10 年　　　　　D. 10—15 年

5. 根据经济周期的一般定义，经济周期是指（　　）。

A. 人均 GDP 值上升和下降的交替过程　　　B. GDP 值上升和下降的交替过程

C. GDP 值增长率上升和下降的交替过程　　　D. 以上各项均正确

6. 朱格拉周期是一种（　　）。

A. 短周期　　　　　　　　　　　　　　B. 中周期

C. 长周期　　　　　　　　　　　　　　D. 库兹涅茨周期

7. 康德拉季耶夫周期是一种(　　　)。

A. 短周期　　　　　　　　　　　　B. 中周期

C. 长周期　　　　　　　　　　　　D. 创新周期

8. 下述有关经济波动的叙述中,正确的是(　　　)。

A. 经济波动在衰退阶段是总需求和经济活动下降的时期,表现为 GDP 值的下降

B. 乘数作用导致总产出的增加,加速作用导致总产出的减少,乘数和加速数的相互作用造成经济的周期性波动

C. 在一定时期内,经济波动是围绕长期的经济增长趋势而上下波动

D. 如果政府不进行政策调控,经济波动将无限地扩张和收缩

9. 经济活动之所以发生周期性的波动,是由于(　　　)。

A. 乘数的作用　　　　　　　　　　B. 加速数的作用

C. 乘数和加速数的相互作用　　　　D. 技术变动的冲击

二、简答题

1. 简述经济周期的阶段和类型。

2. 简述经济周期的成因理论。

3. 简述经济增长的衡量指标。

4. 简述新古典经济增长模型。

三、技能训练

1. 结合经济周期理论阐述当今世界经济走势。

2. 结合经济增长的决定因素谈谈我国可以通过哪些途径来提高经济增长?

3. 如果税法一直是年年修改,当政府宣布增加"永久性的"所得税时,你预计消费支出会大量减少吗? 为什么? 在同样的情况下,当政府宣布对购买汽车征收"永久性的"税时,为什么你可能预期汽车购买量会大量减少?

参考文献

[1]萨缪尔森,诺德豪斯.经济学:第17版[M].北京:人民邮电出版社.2004.

[2]斯拉法.李嘉图著作和通信集(第一卷)[M].郭大力,王亚南,译.北京:商务印书馆,1997.

[3]蔡继明.宏观经济学[M].北京:人民出版社.2003.

[4]陈恳,吴卫华.西方经济学习题精编[M].北京:高等教育出版社,2003.

[5]范一青.经济学基础[M].北京:北京理工大学出版社,2008.

[6]高鸿业.西方经济学:第三版[M].北京:中国人民大学出版社,2004.

[7]范里安HR.微观经济学:现代观点[M].费方域,译.上海:上海三联书店,上海人民出版社,1994.

[8]何璋.西方经济学[M].北京:中国财政经济出版社,2000.

[9]李冲.现代西方经济学原理[M].广州:中山大学出版社,2003.

[10]厉以宁.西方经济学[M].北京:高等教育出版社,2002.

[11]梁小民.微观经济学[M].北京:中国社会科学出版社,1996.

[12]史美麟.西方经济学原理[M].上海:立信会计出版社,1996.

[13]隋维林,王丽,梁莹.经济学教程[M].哈尔滨:东北林业大学出版社,2005.

[14]王文举.诺贝尔经济学奖获得者学术思想举要:1969—2010[M].北京:首都经济贸易大学出版社,2011.

[15]斯密.国民财富的性质和原因的研究(上卷)[M].郭大力,王亚南,译.北京:商务印书馆,1972.

[16]张东辉.西方经济学习题集粹[M].北京:经济科学出版社,2004.

[17]张淑云,李文和.西方经济学教程[M].北京:化学工业出版社,2004.

[18]张五常.佃农理论[M].北京:商务印书馆,2000.